数字营销实战人才培养丛书

中国商务广告协会数字营销研究院　虎啸奖组委会
指导编写

视频直播营销

程然　高广英　郑丽勇
主编

林琳　刘洁　胡菡菡
参编

本书首先从视频直播营销的基础概念、发展历程、作用和特征着手，逐步深入介绍视频直播营销的实操步骤，包括需求梳理、方案策划、执行统筹、现场准备、现场执行、后续宣传与复盘总结；然后介绍视频直播营销的团队建设，以及做好视频直播营销的关键岗位与核心能力；最后通过不同行业视频直播营销高手的操盘经验与心得分享，让读者能够直观了解这个领域的底层逻辑与实操做法。

本书内容重视实践应用、步骤清晰、案例丰富，既可作为视频直播营销相关人员的学习用书，也可作为高等院校传播学、新媒体、广告学、市场营销等专业的教材，还可作为新闻与传播研究人员的参考用书。

图书在版编目（CIP）数据

视频直播营销 / 程然，高广英，郑丽勇主编 . — 北京：机械工业出版社，2022.6
（数字营销实战人才培养丛书）
ISBN 978-7-111-70832-2

Ⅰ.①视⋯ Ⅱ.①程⋯ ②高⋯ ③郑⋯ Ⅲ.①网络营销 Ⅳ.①F713.365.2

中国版本图书馆CIP数据核字（2022）第086354号

机械工业出版社（北京市百万庄大街22号 邮政编码100037）
策划编辑：朱鹤楼　　　　责任编辑：朱鹤楼
责任校对：韩佳欣　王明欣　责任印制：李　昂
北京联兴盛业印刷股份有限公司印刷

2022年7月第1版第1次印刷
169mm×239mm·21.5印张·1插页·293千字
标准书号：ISBN 978-7-111-70832-2
定价：88.00元

电话服务　　　　　　　　　网络服务
客服电话：010-88361066　　机 工 官 网：www.cmpbook.com
　　　　　010-88379833　　机 工 官 博：weibo.com/cmp1952
　　　　　010-68326294　　金 书 网：www.golden-book.com
封底无防伪标均为盗版　　　机工教育服务网：www.cmpedu.com

数字营销实战人才培养丛书编写委员会

主　　　任：丁俊杰　中国高等教育学会广告教育专业委员会理事长、中国商务广告协会副会长、中国传媒大学教授

执行副主任：丁玉青　中国商务广告协会数字营销研究院执行副院长、中国东方教育集团市场运营部副部长

副　主　任：张　翔　中国高等教育学会广告专业委员会执行秘书长、中国传媒大学广告学院教授、国家广告研究院副院长

　　　　　　　陈海娟　机械工业信息研究院副院长、机械工业出版社副社长

学术委员（排名不分先后）：

陈素白　厦门大学新闻传播学院副院长、教授、博导

廖秉宜　武汉大学新闻与传播学院广告学系副主任、教授、智能营销传播研究团队负责人

李华君　华中科技大学新闻与信息传播学院副院长、教授、博导，中国公共关系学会副会长兼秘书长

刘德寰　北京大学新闻传播学院副院长、教授、博导，新媒体研究院副院长

王　菲　中国人民大学新闻学院副教授，现代广告研究中心主任

王　昕　中国传媒大学广告学院副院长、副教授

杨海军　上海大学新闻传播学院教授、博导，上海广告研究院院长

姚　曦　武汉大学新闻与传播学院教授、博导

阳　翼　暨南大学新闻与传播学院教授，数字营销研究中心主任

郑丽勇　南京大学中德数字营销实验室主任

张殿元　复旦大学新闻学院院长助理、教授

张宏邦　西安交通大学新闻与新媒体学院副院长、教授，应用新闻传播学研究委员会常务理事

专家委员（排名不分先后）：

李　黎　网易传媒集团首席执行官

马旗戟　国家广告研究院研究员、中国商务广告协会数字营销研究院院长

毛海峰　快手磁力引擎副总裁、内容商业化中心负责人

潘　飞　蓝色光标传播集团首席执行官

石立权　京东集团副总裁

孙　学　华扬联众首席运营官

袁　俊　中国商务广告协会数字营销研究院秘书长、中国商务广告协会数字营销专业委员会常务副秘书长、伏蛮匠智创始人

曾　怿　搜狐公司市场副总裁

郑晓东　利欧数字集团首席执行官

丛书序

树欲静而风不止
——写在"数字营销实战人才培养丛书"面世之前

在"数字营销实战人才培养丛书"面世之前，有幸落笔，感触颇深。

作为数字互联网生态的前沿与支脉，营销数字化伴随中国互联网超过20年。这20多年间，数字营销的前进步伐始终紧跟数字互联网的进化方向，从数字内容生产机制，到数字内容创意载体，再到数字内容分发方式，快速迭代，极速进化，从营销链条的几乎所有环节尝试提升数字化效能。

作为"新生事物"，数字营销成长过程中迎接过持续不断的创新红利，也经历过一次又一次试错探索，我们应该庆幸自己工作、学习、生活在这样一个精彩的数字时代，成为营销数字化的推动者、参与者与见证者。

数字营销的"新生"特质，存在着极为显著的外延与内卷特征。以外延特征审视，会发现数字化互联技术作用于营销，正让营销告别传统认知中的业务职能，正让营销成为商业价值驱动力与组织数字化变革的重要基石；以内卷特征探寻，则会发现可以被视为一个整体的数字营销，同样在不断进行"细胞分裂"与"分支进化"。其中"细胞分裂"直接决定数字营销日新月异的新陈代谢，而"分支进化"则在20余年间，衍生出像素级的数字营销细分领域——外延与内卷，决定了数字营销的蓬勃生命力以及从未放缓过的竞争力爆发速度。

高速变化的数字商业环境，给营销领域的人才培养机制带来挑战！

在相对稳定与渐进的商业环境中，显性学科教育主导的高等人才培养，促进研学一体化的人才规模化成长；而在瞬变与突进的商业环境中，一切学术理论均需在变境中探索和延展，快速适配环境且具备理论结合实战能力的人才打造机制，便显得格外重要。

感谢"数字营销实战人才培养丛书"的每一位参与者，让这套丛书不再局限于理论教育，而立足于实战角度的数字商业流量环境，将可应用于实战的教育内容进行结构化、系统化与内容化。对于本系列丛书的使用者，无论是教学者还是求学者，相信都能从书中找到理论结合实践的切实面，进而体会在实战认知、思维、方法、技能、资源等方面，如何形神兼备实现数字营销产业的探索与掌握。

再次致敬这个数字驱动的时代，让我们每一个人能身在其中观察变化、感知变化、体验变化，也再次致敬每一位在"数字营销实战人才培养丛书"中投入心力、脑力与体力的参与者，由于各位的努力，数字营销实战人才培养机制的未来将大有不同。

丁俊杰
中国传媒大学教授
中国商务广告协会副会长
中国高等教育学会广告教育专业委员会理事长

推荐序 1

在数字营销变革时代下的"先知先觉"

近年来,随着互联网、大数据、云计算等技术加速创新,数字经济飞速发展,可以说,其深刻影响并重塑了全球的经济结构与竞争格局。基于开放的网络环境,中国电子商务 30 年的发展史当中,传奇的故事并不少,最新的一个也是在当下令你我感受深刻的,就是视频直播的普遍应用。

在此,不使用"直播带货"这一名词,是为了让读者从一开始就意识到它与视频直播营销的显著区别。视频直播这一形式,最初从游戏娱乐行业兴起,在短短几年的时间里就成了电子商务领域的重要风口。经过学界、业界的广泛讨论,直播媒介如今正在向着直播经济不断迈进。直播形式适应了社会文化的发展需求,展现出了一种无法替代的价值。

就国家而言,这样的新业态需要及时监督与规范。2021 年 5 月,我国开始施行《网络直播营销管理办法(试行)》,通过法规体系的不断完善,加强了互联网直播营销信息内容的服务管理,明确了网络平台、网络直播者的法律责任和义务,促进了行业在规范中发展。

就教育而言,探索新知识领域需要进一步打通产学研。站在人才培养的角度上,让学生们实时感受到新的行业动态,进行实践经验的积累是十分重要的。《视频直播营销》一书的内容,作为学界与业界专家的智慧结晶,不仅为读者夯实了理论基础,更提供了实操方法论上的细腻指导。

就企业而言,这样的新营销形式已经在消费端、平台端拓宽了场景与内容，令企业的视频直播营销走入一片蔚蓝大海。而《视频直播营销》作为一本工作指南，为读者提供了规范进行直播营销活动的工作内容和方法，可以说是企业直播营销学习者的"必读图书"。

在信息技术发展下实现的高通量、低延时、万物互联的数字营销新时代正在逐渐清晰，数字消费增长空间广阔。面对数字经济的新产业生态，以营销部门的视角和职责来看视频直播营销，在业务与运营上对于诸多企业都有长远的价值。且数据与营销不分家，在安全合规的前提下，未来视频直播营销对于企业的意义不只局限于带货，在品牌建设与用户洞察上有更深层次的应用可能。任何业务上的创新与变革，都必须伴随着组织文化上的创新与变革，"变革"是企业发展路上永恒的议题。在新冠肺炎疫情的背景下，企业的获客困境进一步加剧，不论企业体量大小，数字化程度深浅，都应通过学习掌握新方法来达到更好的营销效果，推动自身持续增长。《视频直播营销》一书不仅梳理了世界范围内的视频直播营销优秀案例，还有诸多实战专家分享的操盘经验与心得体会。在企业数字化紧迫的大趋势下，对于企业来说，如果能从中汲取养分，不论是全面转型还是单点突破，都会是一种积极的"先知先觉"。

陈徐彬
虎啸奖创始人
中国商务广告协会副会长
中国商务广告协会数字营销专业委员会秘书长

推荐序 2

让视频直播点亮营销

古希腊哲学家赫拉克利特说:"人不能两次踏入同一条河流。"他认为,万物都处于流变之中,对于可感知的事物,人类不可能有确定的认知。

具体到现在的营销领域,我们明确感觉到:"万物皆可直播"的时代已经到来,视频直播正成为企业营销的新工具。

在这个直播时代,只要打开手机,世界就在我们眼前,我们就在世界眼前,人人都有机会被看到,并有机会影响数百万人。正如安迪·沃霍尔的名言:"未来,每个人都可以成名 15 分钟。"在这可以举世闻名的 15 分钟里,你的企业将如何利用直播实现增长?

吃到那颗草莓

技术的升级已使直播无处不在,人人都在玩直播,但并非人人都能玩转直播。

如同你知道"草莓"一词在不同语种中的发音,但如果你从未品尝过草莓的味道,那么知道那些发音就没有任何意义。

那营销人该如何吃到"视频直播"这颗草莓呢?

视频直播营销是一项系统性的工程,既要有覆盖"前—中—后"的运营,也要打造直播矩阵,维护用户体验。但是,要想真正做好,任重而道远。作为中国最大的企业级直播平台和解决方案服务商,微吼为 40 万家企业服务了 3000 万场次的直播。据微吼直播研究院数据显示,超过 60% 的直播人认为其直播仍处在起步和初级阶段,即从无到有和品牌效应阶段;仅有 5% 的直播人将其直播归为最成熟阶段,即直播系统与业务系统打通的全链接系统阶段。

《视频直播营销》由直播领域兼具业务实操与战略分析能力的专家团队完成。在写作方式上，采用教材的编写体例，步骤清晰、逻辑严谨，让读者可以循序渐进地进行系统性的学习，快速打开直播领域的认知之门，理解企业到底需要什么措施来落地直播，帮助读者吃到"那颗草莓"。

先知先行，让视频直播点亮营销

12年前（2010年），微吼开拓了中国的企业直播行业，见证了企业直播从内容传播的工具，成长为数字化的基础设施。随着应用级技术——5G、AR、AI技术的完善和提升，视频直播可以提供的服务和玩法越来越丰富。通过视频直播可以高频与客户互动，并且赋能渠道伙伴，加强企业与各渠道的沟通，帮助企业搭建起多边合作的营销生态。

视频直播正在成为主流的营销方式，要想迎风超越，玩转企业的视频直播运营，需要有一套自己的科学认知体系。

《视频直播营销》系统梳理了视频直播营销的基础知识框架和方法步骤。通过"需求梳理—方案策划—执行统筹—现场准备—现场执行—后续宣传与复盘—团队建设"几个步骤，剖析视频直播，让读者清晰了解"直播前—直播中—直播后"的运营侧重点。并对近年来世界500强及中国500强企业的优秀实践经验进行梳理总结，让理论知识匹配实战经验，形成切实可行的视频直播营销方法。

本书适合对直播行业感兴趣的所有读者阅读，既可作为高等院校传播学、新媒体、广告学等专业的教材，也可供营销领域的从业者学习使用，还可作为新闻与传播研究人员的参考用书。我建议每一位读者都认真阅读此书，它将为你打开一个全新的营销世界。

这是一个市场变换、营销更迭的时代，这是一个技术赋能、媒介变革的时代，唯有拥抱变化才能掌控未来。相信本书的出版能为读者掌控视频直播营销新风向提供有效的指引。

林彦廷

微吼创始人、CEO

作者序

面对视频营销巨变时代，这是我们给出的答案

超长写作的一年

用了一年多的时间，这本《视频直播营销》的写作才算完成。对比快餐式的知识付费作品产出，这本书堪比蜗牛速度了。

2020 年 11 月 28 日在中国数字营销发展大会的晚宴上，数字营销实战人才培养丛书编写委员会执行副主任丁玉青老师询问我是否有兴趣写这本书，我欣然答应，也表示写作的难度不小，估计写作时间需要半年左右。然而实际情况还是超出我的预期，当书稿内容全部完成，写这个序言的时间已经是 2022 年 2 月 18 日。

就在这一年间，新冠肺炎疫情的反复无常、商业领域的波云诡谲，许多人都承受着突如其来的变化、压力，被迫做出困难的决定。我也一样，写作本书的这一年间，经历了人生中的艰难时刻。2021 年年初搬回到父母家，照顾身体每况愈下的父母。5 月，家母突然病重住院，病情又反复发作，此刻家母依然处于昏迷之中。我性格当中的良善与细致，是继承家母的基因，某种意义上，我希望用这本书的写作来回报家母的养育之恩。

非凡跨界的合作

这本书的写作完成，源于整个作者团队的共同努力，我们完成了一个几乎不可能完成的任务。与商业畅销书不同，一个新领域形成教材，需要知识的充分积累与足够的时间沉淀。而对于视频直播营销这个新兴的领域

而言，许多优秀经验和案例还封存在世界500强及中国500强企业的保密文档中。

凭借高广英老师和林琳老师在视频营销领域多年的实战积累和总结、南京大学郑丽勇老师与胡菡菡老师的精准梳理、丁玉青老师细致入微的提升与打磨，就像接力赛一样，一棒一棒地多次传递，才最终有了这本教材的精彩呈现。

有几个时点，令我记忆非常深刻。高广英老师不满足已经步骤清晰的内容陈述，将自己多年的经验不断浓缩提炼，反复对比输出语言的准确度。对于困扰我许久的难题，郑丽勇老师能够迅速切中要害、给出解决之道，极大提升了本书的学术水准。胡菡菡老师对于内容的准确把握和精准简述，为这本书增彩不少。还有邀请的七位视频营销行业一线操作大咖，真心真意地讲述了自己在本行业的心路历程。也因此，读者才会看到本书内容的诸多精彩之处。

经验总结的传承

高广英老师和林琳老师在视频营销，特别是视频直播营销领域实战多年。她们秉持专业、精致的工作理念，并愿意为这个领域的更好发展，无私奉献出她们最优秀的经验和项目案例。读者会发现，书中介绍的许多营销方式，是以往同类书籍中未曾见到、甚至是读者们未曾想到的。这些内容是做好视频直播营销的关键诀窍。正是她们二人的无私奉献，这些内容才能出现在读者眼前。

用高广英老师的话讲，"视频直播营销领域的发展才刚刚开始，将团队这几年的操作经验系统化地整理形成书籍，传递给更多互联网视频营销领域的从业人员，激发更多年轻人的思维潜能，使大舞台上的精英更多，一起合作创新，这个领域才会更热闹、更好玩、更有意思。"

一起完成视频营销时代的新考卷

营销已经从传统的图文时代,迈进到视频时代。对于企业和营销领域来说,必须要应对挑战,才能完成视频营销时代的新考卷,才能在这个充满不确定性的时代,为自己打造出生存和发展的新能力。

研究、培训、咨询、落地执行,我们是视频营销的实践者,希望通过自己的踏实工作,从不同维度,和企业一起做真正专业的网络视频营销,特别是直播营销。

谨以此书,致敬这个巨变的年代。

程然 Henry
新视界研究院院长
2022年2月18日深夜
北京海淀
联系方式
微信号 NewHenryCheng

前言 Preface

视频直播营销正在迅速成为最受欢迎的数字营销方式,其背后的原因有多个。

(1)技术的支持。5G时代的到来,网络传播能力得到指数级增强,受益最大的就是视频传播,无论是速度、容量还是体验质量都得到了极大的提升。

(2)平台的发展。首先,从早期的腾讯、爱奇艺,到近期的抖音、快手等,短视频平台的发展颠覆了传统的电视传播格局。特别是视频的个性化推荐,实现了内容与使用者需求的匹配,增强了用户黏性。其次,平台对视频直播营销的重视也是一个重要因素,最初,平台只为视频直播提供技术支持,随着视频直播营销的发展和企业需求的增长,深度视频直播服务开始发展起来。

(3)智能手机的普及。近年来,不仅是年轻人,一些三四线城市的中老年人都成为视频平台的高黏性使用人群,为视频传播带来海量的流量。老年人有大量闲暇时间,他们为视频传播带来巨大的流量增量。

(4)数字营销观念和策略的演变。近年来私域营销兴起,一方面是因为公域流量的成本越来越高;另一方面是因为各种数字营销工具的兴起支持企业的私域营销的可执行性。当然还有私域本身的优势,比如成本低,老顾客对品牌的认同度高,基于老顾客的裂变营销可以为私域带来新的有效流量。

(5)外部推动因素。宏观层面,新冠肺炎疫情的影响在加速全球经济的数字化转型；微观层面，在企业线下营销受到直接影响的情况下，在线营销成为企业唯一的选择，从而加速了视频直播营销的普及和发展。

视频直播营销，是利用互联网视频直播的方式进行市场营销。视频直播营销也被称为网络直播营销或互动直播营销，强调网络和互动的特质。视频直播营销就是"视频"+"直播"+"营销"。视频本质上是一种连续变动的画面，比静止的画面增加了一个动态的维度。视频不仅有画面，还有配音。因而，视频实际上比图画高两个维度，可以承载更多的信息。所谓字不如图，图不如剧。传统大众传播时代，电视之所以成为第一大众传媒，就是因为视频具有高维度信息密度的优势。电视本质上是一种视频，但电视的制作和传播方式决定了只有专业机构才有能力参与。移动互联时代的到来改变了视频传播的生态，视频传播进入全民时代，每个人都可以制作和传播视频，人人都可以参与，这是视频直播营销兴起的一个重要原因。直播在广播电视行业内被定义为节目的后期合成和播出同时进行的播出方式。在理论层面，网络直播与传统的电视直播是相同的。只不过直播的形态更多样化，可以是视频直播，也可以是声音和文字直播。差异点在于网络直播兼具双向互动功能。

视频直播的特点和优势为当下营销环境中的企业提供了一种营销利器。视频直播可以满足企业营销的循环需求。

（1）引流。视频已经成为流量最大的在线平台，企业通过视频直播可以直接吸引公域流量，增加品牌曝光度和知名度。将线下用户引至线上，便于企业通过数字手段洞察用户。

（2）认知。视频直播可以传达丰富的内容说明，让顾客达成品牌认知。

（3）互动。视频直播可以让使用者参与实时互动，激发顾客需求，建立品牌信任，增强用户黏性，积累品牌用户资产。

（4）实时交易。直播带货已经成为当下最为火爆的在线销售模式，实时高效转化是所有营销者的理想目标。总之，视频直播可以为企业达成各种营销目标，比如产品或服务的营销推广、塑造品牌形象、促进销售、加快转化周期、沉淀用户、成为连接企业和用户的新渠道、提高内部和外部沟通效率、降低成本、提升效益等。

视频直播营销的快速发展，满足了商业领域对于营销的升级发展需求。本书将近年来世界500强及中国500强企业的优秀实践经验进行梳理总结，在营销学术领域初步建立了视频直播营销的基础知识框架和方法步骤。

本书共9章。第1章视频直播营销概述，主要讨论了视频直播营销的基本概念，视频直播营销的起源、历史及发展，视频直播营销的基本类型、运用场景、工作流程、法则等相关知识。第2章视频直播营销需求梳理，介绍了视频直播活动需求的内涵以及梳理工作的基本操作步骤。第3章视频直播营销方案策划，介绍了如何开展直播活动的事前框架搭建工作，帮助读者理解方案策划与企业整体发展战略之间的关系以及活动方案的内容构成。第4章视频直播营销执行统筹，主要介绍了视频直播营销开始之前如何做好事前统筹以及为方案的执行做好铺垫，包括直播活动涉及的人、物、事等各个细节。第5章视频直播营销现场准备，主要介绍了直播活动现场准备工作的基本内容、原则和进程，以及风险防范。第6章视频直播营销现场执行，介绍了在直播现场执行工作的内容和关键要点以及直播的专业技巧。第7章视频直播营销的后续宣传与复盘总结，介绍了视频直播营销复盘总结工作的基本内容以及视频直播营销的二次传播和二次触达工作。第8章视频直播营销团队建设，介绍了视频直播营销团队建设的相关知识，包括视频直播营销团队包含的岗位、团队组建的方式和团队需要的核心能力等。第9章企业直播营销高手实录，介绍了7位行业专家对企业视频直播营销的实际操盘经验与心得分享。

本书可作为企业视频直播营销相关工作人员系统、完整的操作指南，也可作为高校相关专业的教材或辅助资料。在写作方式上，本书采用教材的编写体例，步骤清晰、逻辑严谨，让读者可以循序渐进地进行系统性学习。参编团队拥有多年相关行业从业经验以及高校学术研究和教育经历。书中大部分内容都属于视频直播营销实际工作的经验总结，其中更归纳总结出视频直播营销工作的专业化和标准化执行步骤流程与方法，具备的高度实践指导性是本书一大特点。本书编写人员包括：新视界研究院院长程然先生，南京大学中德数字营销实验室主任郑丽勇教授，乐播传媒首席策略官高广英女士，中国商务广告协会数字营销研究院执行副院长丁玉青女士，南京大学新闻传播学院应用传播学系主任胡菡菡副教授，乐播传媒视觉呈现顾问林琳女士，中关村智博青年人才就业创新促进中心前副理事长刘洁女士。本书引用的实际案例主要来自于乐播传媒提供的客户服务案例与第十二届虎啸奖获奖案例。

视频直播营销是一种新兴营销方式，无论是实践还是理论的积累都还处于初级阶段，同时，由于编者知识水平有限，书中难免存在欠妥之处，由衷希望广大读者朋友和专家学者能够拨冗提出宝贵的意见。

联系邮箱：917902912@qq.com。

支持单位

乐播传媒。作为视频直播商业领域的先行者，近年来实际操盘了1000多场直播活动，为大中型商业机构、国企和政府机构，提供了形态多样、实效显著的营销实践。

南京大学中德数字营销实验室。由南京大学、德国哥廷根大学及中国商务广告协会共同发起成立，旨在促进前沿学术研究，并推动社会科学和计算机科学在商业传播领域的应用。自成立以来，三方充分嫁接利用相关技术资源、学术资源、行业资源，共同探讨设定研究项目，合作研发，成果共享。同时，定期组织学者、学生到实验室及中德社会计算所访问学习并开展合作研究。

中国商务广告协会数字营销研究院。作为中国商务广告协会在数字营销领域的第三方研究机构，数字营销研究院旨在汇集业界力量，聚焦数字产业，挖掘前沿价值，致力于集产业链各环节优秀成员之力来共同促进数字营销产业的健康发展。

新视界研究院。聚焦视频营销的研究、培训、咨询与图书写作工作。

目录 Contents

丛书序
推荐序 1
推荐序 2
作者序
前　言

第 1 章
视频直播营销概述　001

学习指导　...001

1.1 理解互联网视频直播　...003
1.1.1 视频直播的由来　...003
1.1.2 视频直播的定义与发展历程　...004
1.1.3 视频直播内容的类别和表现形式　...006
1.1.4 方兴未艾的视频直播　...007

1.2 理解互联网视频直播营销　...013
1.2.1 视频直播营销的定义　...013
1.2.2 视频直播营销的特点　...013

1.3 视频直播营销的作用与类型　...015
1.3.1 视频直播营销的作用和适用性　...015
1.3.2 视频直播营销的兴起与常见类型　...016
1.3.3 视频直播营销常见类型的主要特征　...019

1.4 如何做好视频直播营销　...027
1.4.1 营销部门的新职能　...027
1.4.2 视频直播营销的过程管理与实操　...028
1.4.3 视频直播营销"实操六步法则"　...031

实践作业　...031

第 2 章
视频直播营销需求梳理　　　　033

学习指导　　　　...033

2.1 视频直播营销需求梳理概述　　　　...035
- 2.1.1 何为需求梳理　　　　...035
- 2.1.2 需求梳理的重要性　　　　...036
- 2.1.3 需求梳理与团队沟通　　　　...037

2.2 需求梳理的基本步骤和关键点　　　　...040
- 2.2.1 需求梳理的基本步骤　　　　...040
- 2.2.2 明确需求　　　　...041
- 2.2.3 判断选择　　　　...045
- 2.2.4 维度分析　　　　...047
- 2.2.5 确定思路　　　　...054

2.3 需求梳理的常见问题及解决方案　　　　...056
- 2.3.1 似是而非的直播活动目标　　　　...056
- 2.3.2 信息不对称　　　　...057
- 2.3.3 直播营销活动的多重目标　　　　...058
- 2.3.4 直播营销活动的部门目标差异　　　　...059
- 2.3.5 直播需求过度　　　　...060

实操模板　　　　...060
实践作业　　　　...060

第 3 章
视频直播营销方案策划　　　　061

学习指导　　　　...061

3.1 视频直播营销方案的构成和思路　　　　...063
- 3.1.1 企业战略和营销目标　　　　...063
- 3.1.2 视频直播营销方案的内容　　　　...065
- 3.1.3 方案策划的思路　　　　...065

3.2 视频直播营销方案的策划过程和步骤 ...068
3.2.1 视频直播营销方案的策划过程 ...068
3.2.2 方案策划步骤1——策划直播营销活动的规划方案 ...068
3.2.3 方案策划步骤2——策划直播营销活动的执行方案 ...073

3.3 视频直播营销策划的素质要求和实操技巧 ...096
3.3.1 "视觉先导"原则 ...096
3.3.2 视觉意象主题 ...100

实操模板 ...103
实践作业 ...103

第4章 视频直播营销执行统筹 105

学习指导 ...105

4.1 执行统筹的内容和重要性 ...107
4.1.1 执行统筹的主要内容 ...107
4.1.2 执行统筹的作用和重要性 ...108
4.1.3 组建直播实操团队 ...110

4.2 执行统筹的实施步骤 ...112
4.2.1 预算与规模 ...113
4.2.2 人员岗位配置 ...126
4.2.3 时间节点 ...129
4.2.4 执行排期 ...134

4.3 执行统筹的优化 ...144
4.3.1 重点预算安排 ...144
4.3.2 重要岗位配置 ...144
4.3.3 时间节奏安排 ...145
4.3.4 精确执行排期 ...145

实践作业 ...146

第 5 章 视频直播营销现场准备   147

学习指导   ...147

5.1 现场准备的内容、基本原则和进程管理   ...149
- 5.1.1 现场准备的主要内容   ...149
- 5.1.2 现场准备的基本原则和进程管理   ...150

5.2 现场准备的五大模块   ...153
- 5.2.1 直播现场的场地准备   ...154
- 5.2.2 直播现场的道具、脚本和物料准备   ...162
- 5.2.3 直播现场的设备准备   ...171
- 5.2.4 网络信号和网络直播间准备   ...176
- 5.2.5 活动宣传的物料准备与推广引流   ...179

5.3 现场准备的风险意识和防范工作   ...182
- 5.3.1 直播风险防范   ...182
- 5.3.2 常见的直播问题和分类   ...182
- 5.3.3 解决直播问题的常用方法   ...183

实操模板   ...184
实践作业   ...184

第 6 章 视频直播营销现场执行   185

学习指导   ...185

6.1 现场执行的工作内容和关键要点   ...187
- 6.1.1 现场执行的工作内容   ...187
- 6.1.2 直播前的三项重点工作   ...187
- 6.1.3 直播营销活动的三个保障环节   ...193

6.2 现场执行的实操步骤   ...197
- 6.2.1 直播营销活动彩排   ...198
- 6.2.2 直播营销活动执行   ...203
- 6.2.3 直播营销活动清场   ...208

6.3 活动直播技巧与策略 ...210
  6.3.1 直播营销活动的营销策略和技巧 ...210
  6.3.2 现场导演的专业调控 ...216

实操模板 ...220
实践作业 ...220

第 7 章
视频直播营销的后续宣传与复盘总结　　221

学习指导 ...221

7.1 直播营销活动的后续宣传 ...223
  7.1.1 直播营销活动的二次传播 ...224
  7.1.2 直播营销活动的二次触达 ...226
  7.1.3 后期宣传反馈 ...228

7.2 复盘总结的作用、难点和资料整理 ...229
  7.2.1 复盘总结的作用 ...229
  7.2.2 复盘总结的难点 ...230
  7.2.3 复盘总结的文字记录和资料清单 ...231

7.3 复盘总结的步骤和主要内容 ...233
  7.3.1 复盘总结的两个方向与三个维度 ...233
  7.3.2 流程复盘和内容复盘 ...236
  7.3.3 数据复盘 ...238
  7.3.4 直播活动的内部经验总结 ...244

实操模板 ...246
实践作业 ...246

第 8 章
视频直播营销团队建设　　247

学习指导 ...247

8.1 视频直播营销的能力需求和发展路径 ...249

8.1.1　视频直播营销能力 ...249
　　　8.1.2　视频直播营销的发展路径 ...250
　　　8.1.3　视频直播营销的人才缺口 ...252
　8.2　视频直播营销的团队合作、业务协作与核心能力 ...254
　　　8.2.1　视频直播营销的团队合作 ...254
　　　8.2.2　视频直播营销的业务协作 ...255
　　　8.2.3　企业直播营销的核心能力 ...255
　8.3　视频直播营销的关键岗位 ...258
　　　8.3.1　视频直播营销的素质要求 ...258
　　　8.3.2　视频直播营销的三个关键岗位 ...258
　　　8.3.3　直播营销策划师 ...261
　　　8.3.4　现场导演 ...267
　　　8.3.5　直播主播 ...271
　实践作业 ...274

第 9 章
企业直播营销高手实录　275

　9.1　视频直播快速发展亲历记 ...276
　9.2　从 MCN 到直播电商代运营的转型心路——
　　　火星文化业务转型创新的第一年 ...282
　9.3　家居定制行业视频直播营销探索 ...288
　9.4　丁香人才，让视频直播助力医生求职 ...294
　9.5　企业自播引领营销方式转变 ...303
　9.6　直播电商的前世今生与营销变革 ...308
　9.7　Z 世代营销人的视频营销创业之路 ...317

第 1 章
视频直播营销概述

学习指导

任务描述:

本书所指的视频直播营销,是基于互联网技术的视频直播营销,强大的传播效果使其成为营销的主流方式之一。对于初学者来说,本章的学习任务是打好基础。首先,理解视频直播营销的概念。对视频直播营销工作中会涉及的高频名词做到"能懂得,会使用"。其次,了解视频直播营销的特点。能够从视频直播营销的传播特点出发,理解视频直播营销成为主流营销方式的历史和原因。再次,掌握视频直播营销的类型。对前沿的视频直播营销常见类型及其不同的运用场景做到有了解,能识别。最后,形成系统认知。对开展视频直播营销前会涉及的具体工作流程、法则,形成初步认知。

学习目标

知识目标:

- 打好概念基础,深入掌握相关定义

- 认识传播特点，把握视频直播营销发展的历史和原因
- 理解工作内容，能够掌握具体流程、法则

能力目标：

- 能够使用专业概念体系分析一个实际的视频直播营销案例
- 能够识别不同的视频直播营销类型及其特点
- 能够梳理视频直播营销涉及的核心工作内容

任务导入

尝试梳理本章各节出现的有关视频直播营销的主要概念及其定义；描述和解析视频直播营销的特点及其勃兴原因；绘制视频直播营销核心工作的流程图。

任务解析

本章内容主要围绕视频直播营销的概念—特点—类型—流程来安排。初学者可以通过逐节学习，分步骤达成知识目标和能力目标。本章使用多个案例，有助于知识的直观呈现。

1.1 理解互联网视频直播

人类进入工业社会之后，需要借助大众媒体来进行大规模生产所需要的营销信息传播，报纸、杂志、广播和电视等媒介形态成为营销主流。

20世纪末，互联网技术的提升不断催生新的网络传播形式。门户网站、垂直网站、社会化媒体的微博、社交媒体的微信等新媒体不断涌现。每一种新的网络媒体都会倒推整合营销的升级。

尤其是移动互联网以及视频技术的发展，使得互联网短视频和视频直播成为令人关注的新媒介形态。特别是互联网视频直播，为商业发展注入新的活力，也成为营销中的热点领域。

互联网视频直播与电视视频直播（简称为电视直播）不仅在技术层面有差异，并且基于互联网的基本属性，使得互联网视频直播拥有更为便捷的互动和沟通功能。本书中将"互联网视频直播"简称为视频直播。

1.1.1 视频直播的由来

从视频媒介沿革的角度讲，视频直播的前世是电视直播。随着互联网、移动互联网和视频技术的发展，视频直播得以普及。下面我们先来了解一下从电视直播到视频直播，以及视频直播从1.0时代进展到如今3.0时代的整个发展历程。

1. 脱胎于电视直播的视频直播

电视发明于 1925 年，随后迅速发展成为大众主流媒体和营销的主要媒介之一。对于热门的电视直播新闻，足球、篮球的赛事直播，人们喜闻乐见。可以说，电视直播的形式、器材和人才，为现今的视频直播提供了专业的、丰富的前期准备。当然，视频直播有自己独有的特征、内容类型和表现形式。视频直播的工作者应当向电视直播致敬，并认真学习先驱者的经验。

2. 2020 年，视频直播走上 C 位

随着互联网、移动互联网的发展和普及，视听领域的形态越来越丰富。在视频领域中，以淘宝为代表的电商直播，以花椒、YY 为代表的秀场直播，以斗鱼、虎牙为代表的游戏直播，以抖音、快手为代表的生活娱乐直播，不断涌现并且为观众津津乐道。

特别是到了 2020 年，新冠肺炎疫情的突然爆发使得许多人只能选择居家生活和工作的方式，于是人们会更多地利用视频直播来观看新闻、进行购物、娱乐、学习和工作，这使得视频直播在社会和商业生活当中蔚然成风。在新冠肺炎疫情的大环境下，商业企业不得不更多利用线上方式来进行营销，视频直播成了营销工作的标配。于是，视频直播这种新兴媒介形态就走上了 C 位。

1.1.2 视频直播的定义与发展历程

1. 视频直播的定义与特征

名词解释 视频直播（Video Webcast），全称为互联网视频直播或网络视频直播，是基于视频音像的采集技术和互联网视频传输技术，以视频

直播方式进行的一种新型的网络行为,观众可以在直播平台上观看以视频为表现形式的内容,并与直播方以即时通信的方式进行实时交流互动。

视频直播与电视直播的本质区别,在于实时互动!

视频直播与电视直播的差别首先在于,视频直播是通过互联网进行数据信号的传输。但更为重要的差别在于,电视直播只是单向的信号传输,观众无法参与电视直播。而视频直播在直播过程中,观众与直播方可实时进行互动交流,观众可以参与并影响视频直播(见图1-1)。

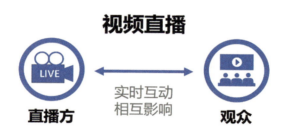

图 1-1　直播方与观众在视频直播中实时互动

这种实时互动,构成了视频直播与电视直播之间的根本性差异。因而,有的业界专家将视频直播称为互动直播,意在强调视频直播中实时互动的重要作用。

2. 视频直播的发展历程

视频直播的发展到今天历经了1.0、2.0和3.0时代,其形式、内容以及商业价值,已经有了非常大的改观和成长。起始于2008年的秀场和游戏直播是视频直播1.0时代的开端,随着各类垂直内容的增多,在2016年左右视频直播进入了2.0时代。之后视频直播与各个传统行业进行深度融合,从2019年开始进入3.0时代(见表1-1)。

表 1-1　视频直播的发展史

发展历程	主要特征	特点
2008—2015 年 视频直播 1.0 时代	秀场和游戏直播	平台：秀场直播和游戏直播，用户主要在电脑上观看、互动。 内容：演唱、聊天和游戏
2016—2018 年 视频直播 2.0 时代	丰富的 垂直内容直播	平台：移动直播，主播用电脑、手机等设备拍摄，用户主要通过手机等移动设备观看。 内容：游戏、体育、社交、音乐等垂直内容演化
2019 年至今 视频直播 3.0 时代	直播与传统行业全面融合	平台：传统行业主要采用专业设备进行拍摄。 内容：电商直播、演出直播、教育直播、新闻直播等

1.1.3　视频直播内容的类别和表现形式

1. 视频直播内容的类别

视频直播的内容异彩纷呈，而且在不断的创新发展当中。某种意义上可以说，万物皆可直播。视频直播内容的常见类别如下（见表 1-2）。

表 1-2　视频直播内容的常见类别

常见类别	特点
才艺直播	主播展示音乐、舞蹈等方面的才艺，吸引粉丝群体
游戏直播	主播对游戏过程进行直播讲解，主播通常具有较高的游戏水平
教育直播	主播为中小学、成人类教育机构教师，进行知识、技能类直播分享
电商直播	主播对商品进行详细介绍，并与用户积极互动，促使用户产生购买行为
新闻资讯直播	权威媒体利用短视频、直播平台进行新闻直播
泛生活类直播	主播分享生活日常，与用户互动聊天

2. 视频直播内容的表现形式

虽然视频直播内容在不断丰富，但大体可分为以下几种表现形式（见表 1-3）。

表1-3 视频直播内容的表现形式

表现形式	特点
播报类	对新闻事件或话题，以播报形式进行视频直播
访谈类	主持人与单个或多名嘉宾，以相对轻松的方式进行访谈
微综艺	以小型综艺的形式，由主持人和嘉宾进行视频直播
剧情类	以剧情的表演方式进行视频直播
竞技比赛	对竞技比赛进行视频直播

3. 视频直播吸引观众的原因

视频直播是媒体形态的升级，其内容的真实有趣、多样化、实用性强，有我喜欢的主播，是视频直播受到观众喜爱的主要原因（见图1-2）。

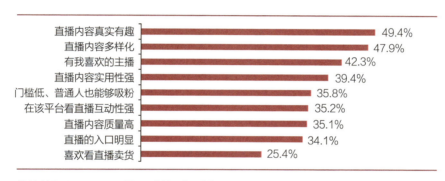

资料来源：QuestMobile调研，中信证券研究部。

图1-2 2019年6月短视频用户观看直播的原因◯

1.1.4　方兴未艾的视频直播

1. 网络直播的用户人数不断增加，且成长空间巨大

截至2021年6月，中国网络直播用户规模达63769万人，占网民整体的63.1%（见图1-3）。庞大的直播用户体量，为视频直播营销的发展提供了基础和动力。

◯ 图片来源：中信证券，《直播电商研究专题：直播电商，万亿GMV下的新风口》。

图 1-3 2018.6—2021.6 网络直播用户规模及使用率○

据 CNNIC（中国互联网络信息中心）的统计数据显示，网络直播类应用在手机网民总使用时长中的占比，从 2019 年 6 月的 4.3%，增长到 2020 年 6 月的 7.3%，显示了用户对网络直播类应用的使用强度明显增加，并且还有非常大的成长空间（见图 1-4）。

图 1-4 2019 年年中至 2020 年年中网络直播类应用在手机网民总使用时长中的占比○

2. 社交性、互动性强的电商直播深受消费者喜爱

从 2008 年最早期的秀场直播和游戏直播开始，不断推陈出新的视频直播吸引了越来越多的用户，庞大的用户体量为直播电商发展打下了观众基

○ 图片来源：CNNIC，《第 48 次中国互联网络发展状况统计报告》。
○ 数据来源：易观分析，《市场升温蕴藏机会，消费场景左右未来：企业直播新观察 2021》。

础。淘宝的数据显示，2020年淘宝直播日均活跃用户大幅度提高，同比增长100%，且年成交额增速超过100%；截至2020年12月31日，淘宝直播带来的GMV（成交总额）超过4000亿元（见图1-5）。

日均活跃用户数同比增长 **100%**　　淘宝直播年成交额增速 **100%+**　　淘宝直播带来的GMV **4000亿元+**

图1-5　2020年淘宝直播用户数据与成交数据⊖

3. 电商直播市场规模持续快速增长

根据艾瑞咨询《2021年中国直播电商行业研究报告》的数据显示，2020年中国直播电商市场规模已达12379亿元，同比增长197%。预计未来几年将持续高速增长，到2023年规模将接近50000亿元水平（见图1-6）。

图1-6　2018—2023年中国直播电商市场规模及增速⊜

⊖　数据来源：淘榜单&淘宝直播ONMAP,《专业重塑价值：淘宝直播2021年度报告》。
⊜　图片来源：艾瑞咨询,《2021年中国直播电商行业研究报告》。

4. 企业直播市场高速增长

企业一直是各种新营销方式的热心关注者和主要使用者。最初在 2009 年左右，互联网和移动互联网的发展为企业视频直播提供了技术上的可能性。当时，企业只是把视频直播作为辅助性的传播工具，在进行商务会议或产品发布会时，让不能到达现场的人员可以同步收看视频内容。

2016 年左右，在直播电商兴起的同时，企业开始利用视频直播进行营销工作。时至今日，视频直播已经成为企业进行产品宣传、品牌传播、内外部营销的重要方式，是实现营销数字化转型的重要抓手。

2020 年企业直播的观看人数高涨，月均同比增长在 2 月份甚至达到了不可思议的 2055%。之后的月份中增速虽然趋于平缓，但月平均在线观看人数始终保持在 2 亿人左右（见图 1-7）。

图 1-7　2020 年企业直播用户量月均同比增长㊀

㊀　图片来源：CMO 训练营 & 微吼，《2021 年企业直播营销研究报告》。

5. 专业咨询机构预计，视频直播领域将持续增长

（1）艾瑞咨询：2022年直播电商占网络购物的比例将提升到20.3%

艾瑞咨询《2020年中国直播电商生态研究报告》中的数据显示，直播电商2019年的成交额达到4512.9亿元，预计到2022年将达到28548.3亿元。预计2022年的直播电商规模增速为46.4%，直播电商占网络购物的比例将提升到20.3%（见图1-8）。

图1-8　2017—2022年中国直播电商交易规模及增速㊀

（2）易观分析：中国SaaS级（软件即服务）企业直播市场规模将持续增长

随着视频直播的发展，为企业提供视频直播技术服务的商业市场规模也在不断扩大。易观分析研究报告中的数据显示，仅以中国SaaS级企业直播市场规模为例，从2015年年初时的4.9亿元，到2020年已经发展到117.7亿元。未来一段时间，依然会保持两位数的增长，预计到2025年将达到318.0亿元的市场规模（见图1-9）。

㊀　图片来源：艾瑞咨询，《2020年中国直播电商生态研究报告》。

图 1-9 2015—2025 年中国 SaaS 级企业直播市场规模预测○

○ 数据来源：易观分析，《市场升温蕴藏机会，消费场景左右未来：企业直播新观察 2021》。

1.2 理解互联网视频直播营销

1.2.1 视频直播营销的定义

名词解释 互联网视频直播营销，简称为视频直播营销（Video Webcast Marketing），是利用互联网视频直播技术，进行宣传推广的营销方式。

视频直播营销，也被称为网络直播营销或互动直播营销，强调网络和实时互动的特质。

从营销的专业视角出发，这种利用视频直播的新兴营销方式，可以提供更高效、更多维的营销价值。

1.2.2 视频直播营销的特点

1. 视频直播营销的基础特性

视频直播的呈现方式和效果，比平面媒体和录播视频更为直接、生动，使得视频直播更具信服度。同时，视频直播可以进行实时互动，使得视频直播更具有吸引力。视频直播营销的六个基础特性，分别是：视觉性、即时性、参与性、全民性、便利性和多样性（见图1-10）。

图 1-10　视频直播营销的六个基础特性

2. 视频直播营销的营销闭环

由于拥有这些基础特性，视频直播营销能够形成完整的营销闭环，成为新的营销利器。

视频直播内容的影像化，让用户能够身临其境地感知产品、强化品牌认知。再通过实时互动，建立观众与品牌的信任度、塑造品牌的美誉度。随着双方的深度沟通，可增加用户黏度、积累品牌的用户资产。利用在线交易功能，实现销售转化。随着品牌曝光和知名度的提升，形成流量价值，为优质内容提供更多的观看流量（见图1-11）。

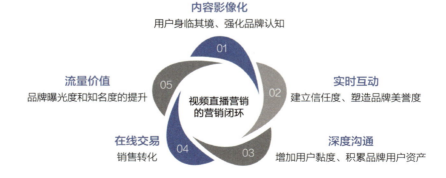

图 1-11　视频直播营销的营销闭环

1.3 视频直播营销的作用与类型

1.3.1 视频直播营销的作用和适用性

1. 视频直播营销的作用

视频直播营销的作用随着媒介环境的变化以及商业竞争加剧,正在不断增强。视频直播营销可以帮助企业实现以下目标:

- 产品或服务的营销推广
- 塑造品牌形象
- 促进销售、加快转化
- 沉淀私域用户
- 成为连接企业和用户的新渠道
- 提高内部和外部的沟通效率
- 降低成本、提升效益

2. 视频直播营销的适用性

虽然视频直播营销的适用性很广,但在以下六种情况下,企业使用视频直播营销的效果更为突出。

(1)时空受限

- 跨地域员工沟通、协作范围受限

- 员工众多、工作内容差异大
- 线下组织活动的时间成本高昂，耗资巨大

（2）信息不对等

- 异地协作信息不对称、沟通效果难量化
- 线下培训反馈间隔长

（3）公域获客成本高

- 人口红利消失，公域流量营销成本逐渐提高

（4）用户转化周期长

- 高客单价
- 产品复杂
- 用户决策因素多

（5）客户群体垂直

- 无法通过泛媒体平台进行精准触达

（6）私域流量无法变现

- 拥有大量的私域用户，急需通过直播进行运营转化盘活，提升用户价值

1.3.2 视频直播营销的兴起与常见类型

1. 直播带货和企业自播

直播带货的缘起，是淘宝在2016年利用视频直播方式进行卖货的尝试，在与其他营销方式（如图文营销、短视频营销）的比拼中，直播带货因效果显著而脱颖而出。

直播带货是由直播达人、网红、KOL（关键意见领袖）或明星在直播或电商平台上，销售企业产品的行为。许多企业通过与直播带货的主播或

团队合作，销售自己的产品。直播带货的主角是网红、明星或个人主播，其目的和形式比较单一，就是通过整合和提升供应链的效率，获取所销售产品业绩的提成。对于企业而言，直播带货是一种新型的销售渠道，是企业外部的渠道销售行为，一般由企业的销售部门负责管理。

近年来，直播带货逐渐成为驱动电子商务领域发展的新生力量，独立成为一种电商类型——直播电商。无论是传统的电商网站（如淘宝天猫、京东商城），还是社交型应用（如快手、抖音），都开设了直播频道或提供直播功能，搭建起自己的直播电商业务板块，形成了各具特色的电商直播平台。

与此同时，许多企业开启了自营电商直播销售业务，称之为"企业自播"，其内容与形式与直播带货基本相同。直播带货与企业自播的差别主要是主体不同。与单纯追求销售业绩的直播带货相比，企业自播还要兼顾企业战略、业务创新、品牌推广、渠道扩展、价格保护等多方面的利益和诉求。

2. 营销活动借助视频直播进行升级与创新

随着视频直播技术的成熟，传统营销活动开始借助这种新媒介形态进行营销升级。一方面，视频直播为常见的外部营销活动提供了新的活力，如产品推广、品牌营销、事件营销。另一方面，许多传统的企业内部营销行为，甚至许多原本不由营销部门负责的工作，因为使用了视频直播，成为更有效率、更有实效的营销行动，如：内部培训、内部会议。

企业不断进行视频直播营销的创新，形成复合型的新营销形态。从营销专业的视角来看，视频直播营销将原本分属在企业不同业务单元中的营销、销售、产品、运营和培训，打通并串联在一起。不难发现，开展视频直播营销的企业营销部门，其话语权和实际管控范围正在逐渐扩大。

3. 视频直播营销的类型

直播带货、企业自播以及传统营销活动利用视频直播的升级创新，共同造就了视频直播营销这种新型的营销方式。视频直播营销可以实现多种不同的商业目标。

视频直播营销与以往大众营销形式有所区别，只有深入直播营销活动当中，才能感受、体会其营销价值和魅力。大多数世界500强及中国500强企业，通过多年实践的经验累积，在视频直播营销领域已经颇有心得。而这些成功经验以及成功案例，许多企业和营销从业者往往还不知晓。

经过多年的发展和实践，视频直播营销已经形成体系，以直播方进行视频直播的核心营销目标为区别，形成了六大类型，分别是：

- 会议展会直播营销
- 事件直播营销
- 品牌直播营销
- 产品直播营销
- 培训直播营销
- 销售型直播营销

这六大类型又可根据采取的具体形式，分为十二个细分类型（见表1-4）。

表1-4 视频直播营销的常见类型

常见类型	会议展会直播营销	事件直播营销	品牌直播营销	产品直播营销	培训直播营销	销售型直播营销
细分类型	会议直播营销 展会直播营销	社会事件直播营销 商业事件直播营销	品牌活动直播营销 客户活动直播营销	产品推广直播营销 新品推广直播营销	内部培训直播营销 外部培训直播营销	企业自播 直播带货

区分视频直播营销的类型，目的在于帮助企业在纷繁复杂的市场竞争中，根据类型的差异，厘清自己的核心营销目标。视频直播营销的类型，

对于直播营销活动的实操具有指导意义。由于视频直播营销能够同时实现多种营销效果，因而直播方需要在直播活动之前，明确核心的营销目标，避免在直播营销活动的策划、筹备和执行过程中造成纷扰。

1.3.3 视频直播营销常见类型的主要特征

热火朝天的直播电商、直播带货，带动了各种视频直播营销形式和内容的创新与实践。借助视频直播平台，事件营销、品牌推广和产品展示，以及新型的展会直播、会议直播和培训直播，显示出了百花齐放、争奇斗艳的视频直播营销新玩法。下面介绍几种常见的直播营销类型的主要特征。

1. 会议、展会直播营销

会议、展会原本就是企业营销的重要手段，但限于举办传统会议、展会所需人、财、物的投入很高，往往无法成为企业的日常营销活动。而视频直播可以规避时空的局限、大幅度降低成本费用，同时直播等视频技术也能给会议、展会提供更为多样化、更优秀的展示效果和互动方式，使得会议、展会的视频直播活动，能够成为企业营销的日常工作。

（1）核心营销目标：聚拢目标/潜在目标受众

无论是To C还是To B类型的企业，在会议、展会这种专业场景当中，都可以很好地展示企业的产品、品牌。而借助视频直播，企业可以不受时空条件的约束，面向更精准或更广泛的目标受众，进行宣传推广。

（2）细分类型和主要特征

1）会议直播营销

极大降低了召开会议和展览的时间和费用成本，可以提高企业进行内外部沟通的效率和频次。同时，由于视频直播的自身特征，它能够提升企业与观众之间的沟通深度。如今，会议直播营销的常见形式有：

- 线上峰会
- 网络研讨会
- 线上沙龙

2）展会直播营销

无论是企业自己主办的展会，还是参加行业协会或媒体主办的展会，到场观展人数的限制一直是展会营销的难题，而视频直播营销解决了这个老难题。同时，如何利用直播更好地进行全方位展示，又成为展会营销的新难题。展会直播营销的常见形式有：

- 博览会
- 行业展会
- 招商大会

（3）会议展会直播营销的示例

图1-12　区域招商直播推介会

图1-13　isle 2021 国际大屏幕显示技术展览会

2. 事件直播营销

成为社会或商业领域的热门话题，是企业、品牌和产品扩大营销效果的诀窍。事件营销经常以产品或品牌营销的活动形式出现，其真实的目的并不在于短期的推广产品或取得销售业绩，而在于通过事件或话题的传播，带来企业知名度的爆发性提升。

（1）核心营销目标：制造新闻事件或传播话题

企业为了获得社会或商业领域的关注，需要制造出受人瞩目的新闻事件，从而达成营销目标。特别是善于利用网络传播以及视频传播的特性，使事件或话题的关注度得到提升和快速传播。

（2）细分类型和主要特征

1）社会事件直播营销

企业可以借助以下这些具有关注度的社会话题，推广产品或品牌。

- 社会公益活动
- 扶贫助农
- 环保宣传

2）商业事件直播营销

战略发布会、业绩发布会、代言人活动等，都是企业可以借助的商业事件，可以彰显企业优异或独特的业绩、文化和价值观。例如：

- 战略发布会
- 业绩发布会
- 代言人活动

（3）事件直播营销的示例

 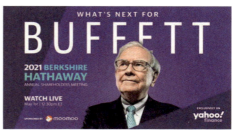

图1-14　2020年武汉火神山医院建设视频直播　　图1-15　2021年巴菲特股东大会直播

3. 品牌直播营销

塑造品牌一直是企业营销的终极目标，企业需要在产品和销售之上进行品牌建设，才能在激烈的商业竞争中赢得胜利。在视频营销时代，利用新的营销方式，打造出新的品牌形象和价值，是营销人的新课题。

（1）核心营销目标：建立或彰显品牌价值

视频营销时代，品牌价值尤为重要。对于老品牌、已有品牌来说，需要在新媒介中彰显品牌价值；对于新品牌来说，需要建立起品牌价值。利用视频直播的真实感和即时感，可以使得用户对品牌的认可度和好感度快速提升。

（2）细分类型和主要特征

1）品牌活动直播营销

以企业品牌为中心的直播活动，是用于建立和传播企业的品牌形象和知名度的重要方式。例如：

- 战略发布会
- 品牌发布会
- 巡展
- 路演

2）客户活动直播营销

以客户为中心的视频直播活动，用以建立企业与客户之间良好的关系。例如：

- 客户答谢会
- 工厂开放日
- 粉丝活动
- 会员活动

（3）品牌直播营销示例

图 1-16　2020 年老乡鸡战略发布会　　图 1-17　苏州 W 酒店"云健身"

4. 产品直播营销

企业营销的核心任务之一就是推广产品，观众只有对产品有了一定时间和深度的了解之后，才会进行购买选择和购买行动。

（1）核心营销目标：推广产品或服务

企业需要通过各种营销活动扩大产品的知名度、维持已有产品的存在感、推广新产品，让观众了解、熟悉产品的各项特征。视频直播可以更好地展示产品的各项特征以及使用过程中的各种细节。

（2）细分类型和主要特征

1）产品推广直播营销

已有产品不同于新产品，有了一定的知名度、产量或库存，利用直播营销可扩大销量或清理库存。企业需要根据产品相应的生命周期营销策略，安排产品的直播营销工作。例如：

- 产品推介会
- 产品体验
- 产品评测
- 产品观赏（慢直播）

2）新品推广直播营销

新产品缺乏市场知名度以及消费者认知度，借助直播营销，可以迅速达成推广宣传的目的。新产品的推广是营销活动的重头戏，是企业能够不断持续发展的重要保证。例如：

- 新品发布会
- 新品体验

（3）产品直播营销示例

图 1-18 LA MER 海蓝之谜"海生万象 奇迹无限"直播

图 1-19 屈臣氏 #10 万公里美丽接力 #移动直播综艺秀

5. 培训直播营销

以往培训往往属于人力资源部门的工作，但随着直播能够提供跨区域、高频率的技术支撑，越来越多的企业将直播培训作为进行内外部业务提升的常用手段。

（1）核心营销目标：以培训提升业务能力

员工业务能力的提升，对于企业发展来说至关重要。无论是企业内部人员的业务能力，还是外部合作机构或客户的能力，都可以通过新型的视频直播培训，更高效、便捷地提升。

（2）细分类型和主要特征

1）内部培训直播营销

进行企业内部的业务、管理能力提升，例如：

- 业务培训
- 管理培训

2）外部培训直播营销

对渠道、潜在客户和售后服务客户，提供及时、丰富的业务培训。例如：

- 合作伙伴培训
- 渠道培训
- 潜在用户培训

（3）培训直播营销示例

图1-20　vifa威法家居开启的"网络讲堂"

图1-21　和君集团总裁王明夫的线上培训直播活动

6. 销售型直播营销

销售工作是企业的重点工作之一，无论是企业老板、高层还是普通的销售人员，都需要对此尽心竭力。

（1）核心营销目标：销售产品

无论是新产品还是已有产品，都需要销售类的活动进行支撑。在视频直播中，可以进行多种促销活动以及观众互动，促进观众的购买行为。

（2）细分类型和主要特征

1）企业自播

企业利用直播电商平台开展销售的活动，称之为企业自播。由企业作为主办方的企业自播在进行产品销售的同时，还需要综合考虑经营策略，比如：保护产品价格体系、保护渠道商和代理商的利益等。

企业自播有以下几种形式：

- 老板/高管/销售直播带货
- 经销商/门店/代理商直播带货
- 在线团购
- 在线看车、看房等

2）直播带货

网红、达人或明星，以个人或自己的企业为主办方，在电商平台上通过视频直播进行产品或服务销售的行为，就是直播带货。常见形式为：

- 网红带货
- 达人带货
- 明星带货

（3）销售型直播营销示例

图 1-22　小米公司的新产品发布会

图 1-23　携程 CEO 梁建章快手直播

小结

以上是视频直播营销的常见类型和主要特征。视频直播营销的不同类型，区分的关键在于核心营销目标的差异，掌握这一点对于直播营销活动的策划、筹备和执行工作来说至关重要。

1.4 如何做好视频直播营销

1.4.1 营销部门的新职能

1. 视频直播营销的核心工作

视频直播营销的目标，是由每一场直播营销活动来具体实现的。以往的企业营销方式是由 1~2 个人就能开展的图文营销，如公众号营销，工作难度并不大。而视频直播营销是一项综合性的跨领域工作，一场规范的直播活动往往需要多个专业小组的协同配合才能完成。

以往的营销活动往往是由营销部门为主、相关部门配合即可完成。而视频直播营销的活动，需要跨专业、跨部门的通力合作才能实现。一场直播营销活动主要涉及五个维度：技术、营销、视觉、业务和运营，并且每个维度的工作都具有非常强的专业性（见表 1-5）。

表 1-5 直播营销活动的专业复杂度

技术	营销	视觉	业务	运营
·网络技术 ·视频技术 ·影视技术	·视觉营销新思维 ·产品策略 ·品牌策略	·视觉创意 ·视觉呈现 ·视频录制及制作	·销售业务 ·业务链 ·供应链	·及时互动 ·粉丝维护 ·销售转化

企业想做好视频直播营销，真正的难点就是做好每一场直播活动。为

了便于读者阅读，本书中将"视频直播营销活动"，简称为：直播营销活动。

对于视频直播营销来说，核心工作就是做好直播营销活动的策划、筹备和执行，如果不能高效、优质地完成这项核心工作，那么环绕在周围的各种运营战术和布局，如"种草—拔草"、公域引流、私域裂变，就会成为无源之水，无从发力。

2. 做好直播营销活动，是营销部门新的基本功

如今许多人对于视频直播并不陌生，但大多看到的是个人直播、网红或是明星的带货直播，并且是从手机屏幕中看到的场景，并不了解真实的直播现场，特别是专业级的直播营销活动。这就如同几乎每个国人都会打乒乓球，但与专业乒乓球运动员的水平差距极大一样。对于视频直播营销中的网络技术、互动营销和业务流程，大多数人并不熟悉。

做好直播营销活动、达成视频直播营销的目标并非易事，特别是企业把实现发展战略、业务创新、产品推广、营销数字化转型等诸多重要工作放在视频直播营销上时，视频直播营销人员的责任和压力会越来越大。

因此，做好直播营销活动，已经成为营销部门新的基本功。本书的目标，即帮助视频直播营销的学习者，以做好直播营销活动为核心，构建视频直播营销的实操团队和核心能力。

1.4.2 视频直播营销的过程管理与实操

1. 视频直播营销的过程管理

由于视频直播营销的技术和专业要求较高，想要做好视频直播营销，过程管理就尤为重要。

大多数企业内部难以建立完整的视频直播营销工作团队，有些关键岗位和工作往往需要借助外部合作机构或专业人士。但企业在视频直播营销

方向的整体策划和布局，最好由营销部门的负责人或高管来直接负责。因此，营销部门可以根据自身的实际情况，建立负责视频直播营销的专业小组，或是指定专人负责此项工作的联络对接。

在营销实践中，企业作为视频直播营销的直播方，一般由直播需求方和直播实操团队，两方来协同工作。直播需求方负责根据企业营销的整体计划，提出直播活动的具体需求，再经过双方的共同努力实现目标。直播需求方代表企业利益和营销诉求，对视频直播营销的整体效果和业绩负责。

直播实操团队是直播活动的具体执行者，对直播营销活动的具体成效承担责任。直播需求方与直播实操团队之间有可能是上下级的管理关系，有可能是企业中不同部门的合作关系，也有可能是企业与服务商之间的协作关系。无论是直播需求方或直播实操团队，都需要设立专人作为总负责人或总联络人。

2. 直播营销活动的实操执行

由于视频直播营销的专业性和复杂度，想要完成其核心工作——直播营销活动，就需要由专业人员，以协同工作的方式来实现。承担直播营销活动实操工作的所有人员将组成直播实操团队。直播实操团队以专业分工不同可划分为多个小组，常见的专业小组有：

- 策划小组
- 录制小组
- 场地小组
- 运营小组
- 主播小组
- 网络技术小组
- 内外部协调小组

每场直播营销活动的目标不同，其所需岗位也有所不同，主要岗位如下（见表 1-6）：

表 1-6 直播实操团队的专业小组与主要岗位

专业小组	岗位名称
策划小组	总负责人（直播营销策划师）
	文案策划
	行业专家
录制小组	现场导演
	现场导演助理
	摄像师
	导播
	灯光师、道具师
	音响师、录音师
	视频制作（短片、后期）人员
场地小组	舞台设计/布景设计师
	搭建或工程人员
运营小组	平面设计人员
	媒介经理
	数据分析师
	客服
	直播助理
主播小组	主播经纪人
	主持人
	主播、嘉宾
	化妆师、服装师
网络技术小组	直播推流工程师
	直播网络服务器保障工程师
内外部协调小组	外部商务人员
	外部场控人员

每场直播营销活动的直播实操团队，需要根据实际需求进行调整和组合，因而从某种意义上可以说，每一场直播营销活动都是特别定制的。

1.4.3 视频直播营销"实操六步法则"

视频直播营销所涉及的专业领域复杂，主要有互联网传送技术、视频录播技术、舞台表演技术、媒介传播、营销销售、电子商务。视频直播营销的核心工作是直播营销活动的实操执行。只有将视频直播营销的核心工作做好，实现营销目标之后，其他相关工作才有成功的可能性。

一场规范的视频直播营销活动可以划分为三个阶段，分别是：策划阶段、筹备阶段和执行阶段。这三个阶段又可以细分为六个工作环节——即视频直播营销"实操六步法则"（见表1-7）。本书的主要内容，从第2章到第7章，就是按照直播时间进程进行详细讲解。

表1-7 视频直播营销"实操六步法则"

三个阶段	策划阶段	筹备阶段	执行阶段
六个环节	1-需求梳理 2-方案策划	3-执行统筹 4-现场准备	5-现场执行 6-后续宣传与复盘总结

实践作业

1. 观看一场专业的视频直播营销活动，分析这场直播营销活动属于视频直播营销的哪种类型？分析这场直播营销活动是否达成了营销目标，原因是什么？
2. 观看一场企业主办的产品销售直播活动（企业自播），一场达人带货的直播活动（直播带货），对比两场直播活动的相同点与不同点。分析企业主办直播活动的思路，以及与达人直播带货的不同之处。

第 2 章
视频直播营销需求梳理

学习指导

任务描述:

需求梳理是视频直播营销的起点性工作。它指的是直播需求方与直播实操团队对最初的简单想法进行多维度的分析和研讨,最终确定直播活动目标和核心思路并达成共识的过程。本章的学习任务是理解需求梳理工作的内涵及其重要性,掌握需求梳理工作的基本操作步骤。

学习目标

知识目标:

- 明确何为直播活动中的需求梳理工作
- 了解需求梳理工作是直播需求方与直播实操团队共同完成的
- 知晓需求梳理工作的关键步骤包含哪些

能力目标：
- 能够对相关案例中的需求梳理工作进行解析
- 能够按步骤开展给定的需求梳理工作

任务导入

概括需求梳理工作的完成主体，复述需求梳理工作的概念界定，绘制需求梳理工作的思维导图。

任务解析

本章着重强调了需求梳理工作由直播需求方和直播实操团队共同完成。学习者可以从这一基本认知出发理解需求梳理工作的内涵、要求和步骤。

2.1 视频直播营销需求梳理概述

现在我们要开始学习视频直播营销的核心工作"直播营销活动的实操"。进行一场规范的直播营销活动主要有三个阶段：首先是策划阶段，列出规划和执行方案；然后是筹备阶段，为直播执行做好全面准备；最后是执行阶段，在现场维护好直播活动并做好复盘总结（见图 2-1）。

图 2-1　视频直播营销活动的三个阶段

2.1.1　何为需求梳理

在视频直播营销活动的策划阶段，第一个环节是需求梳理，第二个环节是方案策划（见图 2-2）。

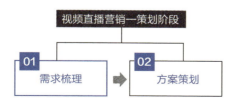

图 2-2　直播营销活动策划阶段的两个环节

由于以往常见的营销活动的套路已经约定俗成，营销人员对于活动的目标和思路都有一定的基础共识，因而在这个阶段不会付出太多时间和精力。

而对于视频直播营销来说，从企业高层到营销部门，能够深度了解其专业性和复杂度的人是不多的。甚至许多人只是作为观众看过几场直播，就想当然地认为自己了解视频直播营销。基于这样的状况，在直播活动实操的最开始就需要有需求梳理环节。

需求梳理并不是弄清楚视频直播营销活动的目标这么简单的工作。需求梳理是一个过程，是从最开始直播需求方产生一个关于活动的初步想法，中间经过多维度的分析和研讨，直到最后直播需求方与直播实操团队一起达成直播营销活动目标和核心思路共识的过程。

为此，直播实操团队从直播需求方接收到直播营销活动的初步需求，通过沟通明确活动的真实目标，之后通过分析判断这个活动是否适合直播以及哪些部分适合直播，再进行更深的多维度分析，最终确定进行直播营销活动的核心思路，并且由双方——直播需求方与直播实操团队达成共识。

2.1.2 需求梳理的重要性

缺乏实操经验的人接到直播营销活动的需求后，往往会立即开动脑筋设计各种好玩的创意和场景。然而，规范、专业的直播营销活动策划，要从需求梳理开始，循序渐进。

有的人会觉得需求梳理这个环节的工作不重要，只是走个过场而已。实际上，需求梳理这个环节如同建造房屋时打的地基，看似十分基础，实则非常关键。如果这个环节出现了偏差或是遗漏，后续工作中可能会出现严重问题。因此，真正的视频直播营销高手，对待这个环节是非常谨慎的，需要反复沟通、分析并最终确认后，才算真正完成。

需求梳理，对于直播营销活动的双方——直播需求方与直播实操团队——都非常重要。对于直播需求方来说，是逐步明确直播营销活动目标和主要方式的过程。对于直播实操团队来说，是确定活动需求是否适合视频直播、哪些部分可以用视频直播，以及分析研讨出实现营销目标的核心思路的过程。这个环节相当于组队比赛前的准备，双方都需要对这次比赛的策略形成共识，同时进行相互了解，促进合作顺畅。

2.1.3 需求梳理与团队沟通

1. 直播需求方与直播实操团队需要通力合作

提出直播营销活动的需求的一方，可能是企业的上级领导或其他部门、甲方客户机构，也可能是营销部门自身，这就是"直播需求方"。直播需求方可能是一个人，也可能由多个部门的人员组成。

而在实际执行直播营销活动的"直播实操团队"中，可能有营销部门的内部人员，也可能有其他部门的人员或是合作机构的人员（见图2-3）。

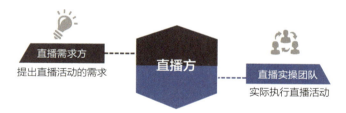

图2-3 直播需求方与直播实操团队

在直播营销活动的策划阶段，两方是合作关系。而进入筹备阶段和执行阶段，就以直播实操团队为主导、直播需求方作为协助（见表2-1）。

表2-1 直播需求方与直播实操团队的工作分工模式

各阶段	策划阶段	筹备阶段	执行阶段
直播需求方	合作	协助	协助
直播实操团队	合作	主导	主导

大多数情况下，直播需求方与直播实操团队并不是同一批人，有时也不在同一个企业。一方面，直播需求方对于直播营销活动的技术复杂度和实际工作状况并不太了解；而另一方面，直播实操团队对于直播需求方的具体情况和真正需求，也缺乏深度理解。这就会造成双方有一定的认知差异，从而导致工作中出现各种不顺畅情况。

在需求梳理这个环节，直播实操团队主要是策划小组的成员（参见表 1-6）。直播实操团队需要与直播需求方通力合作，促进双方相互之间消除认知差异、加深理解，才能做好这个环节的工作。

2. 使用"同一话语体系"

（1）"同一话语体系"的重要性

通过需求梳理环节，直播需求方与直播实操团队共同分析、研讨并形成直播营销活动的营销目标和核心思路。在这个过程中，特别需要双方使用同一话语体系。同一话语体系，指由商务、业务、技术中使用的各项专业词汇构成的体系。

如果不在合作最开始就厘清这些词汇的真实含义，形成并使用同一话语体系，就会成为在直播营销活动过程中随时可能爆发的隐患，最终导致问题。

（2）直播需求方的内部专有词汇

如果直播需求方提出过多的企业内部专有词汇，就需要直播实操团队弄清楚这些专有词汇的确切含义，并在后续直播营销活动的整个过程中统一使用这些专有词汇。

例如，一家国内知名的快消品公司，在活动需求里提出要求让集团"行政人员"担任直播主播。后来经过询问才知道，这个集团的"行政人员"其实是企业内部销售经理的称呼。为了让总部销售经理有更好的服务精神，企业内部将所有销售经理都称为"行政人员"，而并不是传统意义中的公司后勤部门的"行政人员"。

（3）直播实操团队的常用专业词汇

此外，如果直播实操团队内部有常用的专业词汇，双方使用同一话语体系对于保证直播营销活动的顺利进行非常重要。

例如，直播营销活动执行现场的负责人是现场导演。为了保证直播的顺利进行，无论是直播需求方还是直播实操团队的人员，都应当称呼这个岗位的工作人员为"导演"，而不要直呼其名。这样可以保证在直播现场的所有工作人员都知道"导演"是直播现场的最高负责人，避免有人不听指挥造成混乱的局面。

2.2 需求梳理的基本步骤和关键点

2.2.1 需求梳理的基本步骤

需求梳理环节就是通过沟通和分析，厘清直播营销活动的目的并确定核心思路，具体分为以下四个步骤（见图2-4）。

图2-4 需求梳理的四个步骤

1. 明确需求

直播实操团队作为直播营销活动的策划者和执行者，在接收直播需求方提出的需求后，需要向直播需求方澄清需求的目标指向和细节情况。这个过程中，直播实操团队可以通过与直播需求方沟通、讨论视频直播营销具体类型的方式，明确直播活动的实际营销需求。

2. 判断选择

直播实操团队对直播需求方的直播营销活动需求进行判断，确定其是否适合运用视频直播的方式来进行。对直播需求方的需求进行选择，选出其中适合视频直播的部分。直播实操团队在判断和选择之后，形成直播营销活动需求工作清单，即哪些是可以进行视频直播的内容。

3. 维度分析

直播实操团队对直播营销活动需求工作清单进行多维度的深度分析，提出适合的视频直播形式，并形成直播营销活动策略建议。

4. 确定思路

直播实操团队将直播活动营销策略建议提交给直播需求方，经过沟通说明后双方达成一致，确定直播营销活动的核心思路。

2.2.2 明确需求

1. 直播营销活动的常见情况

需求梳理的第一步，就是接收并明确来自直播需求方提出的直播营销活动需求。下面，我们先来看看常见的几种情况。

（1）大型活动中的直播活动

例如，isle（国际大屏幕显示技术展览会）是每年一度的大型展会，在2021年的展会当中，安排有三种形态的直播活动，即直播间直播、云逛展和专访直播（见图2-5）。

图2-5 案例：2021 isle（国际大屏幕显示技术展览会）

（2）以直播为核心的营销活动

例如，LA MER（海蓝之谜）的"海生万象 奇迹无限"品牌营销项目，平衡了当下热门的直播形式和品牌调性之间的匹配度，通过与跨领域艺术家合作，展现海洋艺术舞台，持续强化品牌渴望度和向往度（见图2-6）。

图2-6 案例：LA MER"海生万象 奇迹无限"直播活动

（3）规律性的直播活动

随着视频直播营销成为企业标配，直播活动成为日常化的营销工作。这时，企业就可以为直播活动设计标准化流程，形成规律性的直播活动，如周播或日播活动（见图2-7）。

（4）系列直播活动

屈臣氏打造全国首档美妆个护的移动直播综艺秀。10万公里巡游中国大中城市，42天×24小时全天候直播。移动直播路上，屈臣氏能

图2-7 案例：机械工业出版社图书直播活动

够洞察亿万消费大数据，探索大中城市美妆个护的消费喜好，深度挖掘各大城市的美丽特质/美丽态度/美丽风向（见图2-8）。

图2-8 案例：屈臣氏"10万公里美丽接力"移动直播综艺秀

2. 厘清视频直播营销类型的真实目的

直播需求方在提出直播活动的最初需求时，往往并不明确、也不清晰。这时直播实操团队可以通过与直播需求方确定视频直播营销具体类型的方式（见表1-4），让直播需求方能够逐渐深入了解视频直播营销，然后确定直播营销活动的基本方向。

例如，"我们想做一场宣传新产品的直播带货活动"，就是模糊不清的直播营销活动需求。其一，直播带货是第三方渠道销售的行为，而企业自己主办的电商销售活动是企业自播。其二，新产品推广与产品销售是两个不同的营销目标。虽然视频直播营销中确实可以实现既宣传新产品又实现销售的效果，但必须有主次目标之分，否则就会顾此失彼。介绍产品最好由产品经理来做，而卖货最好由直播主播来完成。除非是大众日常的消费品，对于许多品类而言，在一场直播营销活动中刚刚推出新产品就进行各种促销，会让观众产生反感情绪，使直播营销活动既没能把新产品宣传好，也无法实现好的销售业绩。

在沟通过程中，直播实操团队需要向直播需求方讲解视频直播营销的常见类型及主要特征，让直播需求方使用专业词汇来说明自己的需求，同时了解企业的专用词汇，即让双方使用"同一话语体系"来沟通和交流。为了让直播需求方更直观地理解视频直播营销，直播实操团队往往需要展示项目案例，或是邀请直播需求方到现场观看自己实操的直播营销活动。

3. 直播营销活动需求基础信息清单

对于直播实操团队来说，只弄清楚视频直播营销的具体类型是不够的，还需要获得更为细致的、清晰明确的信息，这就是直播营销活动需求基础信息清单。

在实际工作中，直播实操团队经常遇到直播需求方提出模糊、含混的直播活动需求。比如，一家著名的国际贸易展览公司提出，希望在自己主办的展会上增加直播环节，为参展商提供更有价值的服务。至于直播营销活动的具体方式和内容，并没有提出想法和要求。此时，直播实操团队就可以通过让直播需求方填写清单，明确此次活动的真实需求。

直播营销活动需求基础信息清单，包括以下事项（见表2-2）。

1）直播的活动背景和活动目标。

2）直播主题、直播内容、直播重点。

3）希望进行直播的时间、地点和平台。

表2-2 直播营销活动需求基础信息清单

机构/部门名称	
联系人和电话	
活动背景	
活动目标	
直播主题	
直播内容	
直播重点	
希望进行直播的时间、地点和平台	

遇到填写不清晰或缺漏主要事项的，直播实操团队一定要向直播需求

方进行询问，让对方给出明确的回复，不能想当然。

2.2.3 判断选择

需求梳理的第二步是直播实操团队要对活动需求进行判断和选择，确定这个需求是否适合视频直播，以及哪些部分适合视频直播。

1. 是否适合视频直播

视频直播营销是有较高技术要求的营销形式，并非所有营销活动都适合视频直播。比如在高铁上，特别是山区路段，信号难以得到保障，就不适合视频直播。还有工厂的车间里，噪声很大，也不适合视频直播。虽然在某些场景内直播对于产品来说是更为真实的展示，但所需要的设备和技术的专业度要求也更高，不是常规营销活动的预算可以支撑的，不适合常规品牌做常规营销活动使用。

2. 哪些部分适合视频直播

在大型营销活动中，运用视频来呈现已经是常见的形式。其中，强调即时性、互动性和现场感的内容，适合视频直播；而强调美感、精致的内容，则适合录播视频，如短视频或视频广告。

此外，一个历史悠久的企业，其企业总部展馆的参观视频，就适合采用录播的方式，而不是直播的方式。用户使用产品的视频，也适合使用录播的方式，特别是短视频的方式。这时，直播实操团队就需要对直播营销活动的需求进行仔细分析，选择出哪些部分适合视频直播，哪些部分不适合视频直播，也可以在后续的策划方案中，将录播和直播两种方式结合使用。

3. 判断选择的四项原则

判断活动需求是否适合视频直播，需要满足视频直播的四项原则：即时性、现场感、互动性和真实感（见图 2-9）。如果营销活动可以展现以上四项原则，就非常适合用视频直播的方式。如果符合其中三项原则，就要进行一些分析。如果只符合两项，则需要审慎考虑。

图 2-9　视频直播判断选择的四项原则

（1）即时性

提问：活动内容是否具有即时性？

活动需求中的直播内容是否具有即时性，是判断其是否适合采用直播营销的重要原则。如果某项活动错过这个时间点，无法再现或是没有再次拍摄的机会，则具备即时性。例如在某个节日庆典、特别天气现象时举办的直播活动等。

如果活动内容不具备即时性，可以选择录播等方式来实现。例如，体育赛事是值得直播的，但运动员的日常训练就没有必要做常态化直播。

（2）现场感

提问：活动内容的现场感如何？

视频直播营销打动观众的特征之一，就是拥有现场感，让观众有身临其境的感觉。现场感通常是在一定特殊的场景中，如婚礼现场、发布会现场。直播场景应该与现场环境有一定的融合性，让观众有更为强烈的带入感。例如世界杯赛场中设置的媒体转播区，实时直播了现场的狂热球迷，非常好地呈现了现场感。

如果现场不太适合做直播的主场景，可以用单机位或者游走机位，与直播主场景搭配，增加现场感。或是设立单独的空间区域，形成动静对比的场景，也可增强现场感。但是，如果场景中完全没有现场感元素，例如在大家习以为常的办公环境中，就不适合进行事件营销类活动的直播。

（3）互动性

提问：主持人/主播跟观众有什么互动吗？

在直播营销活动中需要有互动，并且是有价值的互动。可以是点赞、送礼物的轻互动，或者是问答、抽奖的重互动。直播过程中的互动是非常重要的，没有互动的直播，就是自说自话的实况转播而已。

但是，无意义的互动会让观众感觉不舒服，导致观众离开直播间。互动内容和环节的强弱既要根据活动自身的需求，也要根据直播方的运营能力来定。而过量的互动会冲淡直播营销活动本身的流程和节奏，也会超出直播方的运营能力。

（4）真实感

提问：直播中能否呈现或是打造出真实感？

如果在直播中缺乏真实感，会让观众产生距离感、失去信任，降低继续观看直播的兴趣。有一些直播过度追求美感，而冲淡了营销活动中的真实感。也有一些直播过度追求纪录片味道的真实感，使观众在观看过程中感到乏味。

2.2.4 维度分析

需求梳理的第三步是直播实操团队需要在判断选择的基础上进行深度分析，设想出初步思路，形成直播营销活动策略建议（见表2-3）。

表 2-3 直播营销活动策略建议

直播营销活动名称	
品牌分析	
产品分析	
用户分析	
市场分析	
媒介分析	
调性分析	
综合建议	

1. 分析目的

完成了前面的工作之后,直播实操团队需要深入分析直播营销活动需求的深层问题。洞察分析是为了让直播实操团队能够在虚虚实实、风云变幻的市场环境中,找到真正值得实现的目标方向,并设想出具备可行性的初步思路。

直播营销活动的需求大体有两种状况。一种状况是,在一个大型活动中有一部分内容需要直播。这种情况下,对于直播营销活动来说像是体操比赛中的规定动作,需要在大营销活动的整体策划下设计直播营销活动的部分,方案设计会比较局限。另一种状况是,单独以直播营销活动为核心的营销活动。在这种情况下,直播活动类似体操比赛中的自选动作,有比较大的自由度。

2. 分析维度

当直播实操团队对直播营销活动需求有了判断选择之后,就要进行深入分析,提出有实效的营销策略。对直播营销活动需求进行洞察分析可从以下六个维度入手:

- 品牌分析
- 产品分析
- 用户分析
- 市场分析
- 媒介分析
- 调性分析

从每一个维度分析的目的，都是要更好地贴近客户、影响客户和打动客户。只有不断地对比分析，才能找到更好地达成营销目标的策略。

（1）品牌分析

无论是知名品牌还是新品牌，在商业竞争中都会遇到挑战。品牌的不同状态会产生不同的营销需求。我们可通过以下案例，来看看如何通过品牌分析找到适合的策略。

案例 青岛啤酒面临的挑战：2020年如何在"百年国潮"的命题下创造热议？如何推行品牌年轻化战略，赢得年轻群体的认同？青岛啤酒在全国打造首家"百年酒馆"，与数千万粉丝共同见证青岛啤酒1903国潮罐新版首发（见图2-10）。

图2-10 案例：青岛啤酒2020年国潮项目直播活动

(2)产品分析

产品在视频直播中可以有多种呈现方式。最常见的就是在不同使用场景——室内、室外、静态或动态来展现产品。视频内容可以展现产品制作和使用的不同阶段,如设计阶段、生产阶段、主播介绍阶段或是客户使用阶段。

视频直播特别适合通过现场体验、现场评测、现场拆箱等方式,让观众对产品产生信任感。对比制作精美的视频广告,观众更相信即时的实景直播内容。

案例 移动直播路上,洞察屈臣氏亿万消费大数据,探索大中城市美妆个护消费喜好,深度挖掘各大城市的美丽特质/美丽态度/美丽风向。安排不同城市的KOC(关键意见消费者)领克车主加入直播间展开对话,解密所在城市年轻人的美丽风尚秘诀(见图2-11)。

图2-11 案例:屈臣氏"10万公里美丽接力"移动直播综艺秀

(3)用户分析

直播营销活动需要面向哪类用户,或是哪类用户会喜欢这场活动,都是需要进行深度分析的内容。如果面向的用户类型选择错误,那将是一场失败的直播营销活动。

面向不同的观众人群，需要利用不同的视频直播表现形式。比如面向老年人，可以采用专家访谈的直播形式；面向中年人，可以采用现场发布会直播的播报类形式；面向年轻人，可以选择娱乐化的微综艺或剧情类的形式。

> **案 例** 以拟人化的营销策略为主，由乐蜗女孩共同发起一场"蜗在一起，唤醒新美好"的睡前计划，契合90后消费群体的心智，与"她们"进行深层互动和沟通（见图2-12）。

7月19日LOVO乐蜗品牌升级 专场直播 与两位乐蜗女孩@小乐小主、@削梨Sherry 蜗在一起，畅聊睡前小小仪式感及对乐蜗空间的想象！家纺界首次专场夜话直播，也是首次品牌与人气主播进行连麦，营造乐蜗睡眠小世界。

图2-12 案例：乐蜗家纺2020年品牌焕新升级项目中的直播活动

（4）市场分析

直播实操团队需要根据不同的市场类型和差异，选择适合的直播营销类型和表现形式。由于产品面向不同的市场，呈现的形式也不能千篇一律，需要有所侧重和选择。

> **案 例** 某著名国际化品牌，计划继续强化国际市场的开拓。作为一个全球化布局的品牌，必须关注不同区域市场的特征。因而，在直播营销活动中要选择不同区域的重点场景，甚至采用这个地区的特色歌曲

作为直播背景音乐（见图2-13）。

用户篇： The Beer Singer——**全球的布局**

海外连线：The One Plus One

国外经销商和海外市场区域负责人连线

彰显全球定位，以欧美为主，亚非地区为辅

与每一个国家连线时，直播背景音乐设置成有当地特色的音乐

最好是共唱一首当地的民族歌曲
美国、加拿大、英国、法国、德国、意大利、澳大利亚、韩国、日本、丹麦、俄罗斯等。

图2-13 案例：某著名国际品牌的策划方案

（5）媒介分析

不同的媒体拥有不同类型和喜好的观众。直播营销活动的深度洞察可以从媒介分析入手，找到最适合的用户。

媒体可以面向不同的人群，除了大众人群，还可以是非常聚焦的小众人群。在垂直类互联网媒体中，虎牙、斗鱼就是典型代表。

案例 丁香园是一家通过医学专业权威内容交流与分享、丰富全面的医疗数据积累、高质量的数字医疗服务，连接医生、科研人士、患者、医院、生物医药企业和保险企业的互联网媒体和内容平台。丁香人才是给丁香园的医生用户提供的人才求职招聘服务平台。

2020年春季，丁香人才通过汇总医院官方发布的招聘资讯、各大医学院校发布的招聘会信息及规培基地发布的招聘公告，陆续在平台上更新4000多条招聘资讯；与头部医院合作进行直播带岗，邀请医院招聘负责人现身直播间与求职者互动，更直观呈现医院优势和招聘条件（见图2-14）。

图 2-14　案例：丁香园·丁香人才秋招节"带岗直播"活动海报

（6）调性分析

调性是视频营销中的一种关键因素，是可以通过各种视觉元素、视觉呈现方式以及主播的表达创造出来的。

因而，当直播实操团队洞察出直播营销活动需要某一种调性时，就要将这种调性的打造方式分析出来，为直播营销活动提供具体的策划方向。

> **案例**　vifa 威法家居的商务礼品内部订货会直播。威法家居是定位于高端定制的家居品牌，其对直播的灯光和画面品质要求很高，必须完美地展示其产品的品质感。在准备阶段，直播实操团队选择了 vifa 威法现有的西式厨房作为直播场地，对灯光和背景做了专门设计，画面质感非常高级（见图 2-15）。

图 2-15　案例：vifa 威法家居的商务礼品内部订货会直播

第 2 章　视频直播营销需求梳理

3. 直播营销活动策略建议

在填写完直播营销活动需求基础信息清单的基础上，进行多维度的洞察分析之后，直播实操团队要给出直播营销活动的初步思路——直播营销活动策略建议。

直播实操团队为国内某品牌形成的直播活动策略建议框架（见图 2-16 方案中的前三部分）。

图 2-16　案例：国内某品牌活动策略建议框架

2.2.5　确定思路

需求梳理的第四步是确定思路。对直播营销活动需求进行了多维度的深度洞察分析之后，直播实操团队就形成了直播营销活动策略建议；经过讨论、修改、得到直播需求方的确认之后，也就是明确了直播营销活动的核心思路之后，才算是最终确定了直播需求，完成了需求梳理环节的全部工作。

1. 直播营销活动策略讨论

在形成直播营销活动策略建议后，直播实操团队会将该建议回复给直播需求方，等待直播需求方确定直播营销活动的最终需求。该建议必须以正式的文件方式，如 Word 文档或是 PPT，发送给直播需求方。直播实操团队最好能够与直播需求方一起开会，对策略建议中的每一项做出解释说明，让直播需求方能够理解其中的缘由。最后经过双方的沟通达成共识，也就确定了直播营销活动的核心思路。

基于直播营销活动策略建议形成的直播营销活动核心思路，是直播营销活动实操的下一个环节——方案策划的起点和重要组成部分，是视频直播营销工作规范化、专业化的表现之一。

2. 直播营销活动核心思路

直播营销活动核心思路的内容主要包括：

- 直播营销活动的定位
- 直播营销活动的基本策略

直播实操团队为"某啤酒品牌交易会直播活动"需求提出的直播活动策略建议见图 2-17。

某啤酒品牌交易会直播活动策略建议　　　　　**关键词**

定位：最大限度地进行企业发声与品牌营销　　　　年轻、酷、精力充沛
操作：企业直播频道化，系统化，不仅服务于本次交易会，
　　　更为了交易会后品牌的长线发展做铺垫　　　　多种口味、多种场景、新奇、冒险
互动：视频销售互动交流，服务渠道
视频化：工厂视频化、产品库视频化、企业形象视频化、
　　　　企业线下操作转到线上操作的视频化　　　　自发的、鼓舞人心的、大胆的、有进取心的
国际化：直播分为国内直播与全球直播　　　　　　　全球布局、百年企业，开拓创新，与时俱进

图 2-17　案例：某啤酒品牌交易会直播活动策略建议

2.3 需求梳理的常见问题及解决方案

直播需求方可能不太熟悉视频直播营销，与专业的视频直播营销人员有着不小的认知差距。而直播实操团队对于直播需求方的基础情况和整体营销策略往往了解得不够深入。因而，在直播活动实操过程中经常出现各种问题是正常的。但有些问题必须在需求梳理环节就解决掉，否则到了后续环节会产生更严重的问题。下面列出常见的几个问题，以及应对的解决方案。

2.3.1 似是而非的直播活动目标

1. 随意设定的营销目标

近年来视频直播火爆异常，在如此火热的情景下，就出现了似是而非的直播活动需求。

例如，国内一家大型航空企业希望为新开发、即将发布的 APP 做直播宣传，并且希望直播营销活动能够吸引很多 APP 新用户下载。然而，直播实操团队经过多次沟通才发现，这家企业真正的目标是想利用最新的视频直播营销来宣传企业成立 50 周年的庆典活动，而 APP 下载量的需求只是希望顺带完成而已。

2. 直播营销活动的真实目的

直播营销活动是具体落地的工作，为了能够做好直播营销活动，直播实操团队需要通过了解企业营销战略或年度营销策略，来明确直播营销活动的真实目标。当然，有时直播实操团队难以获得企业营销战略这样的企业级深层信息，但仍然要尽力而为。

还要注意，如今许多企业正在进行营销数字化转型或者是业务创新，希望利用视频直播营销来进行试验或测试。即使预计到了单场或者某系列的直播营销活动可能效果不佳，但仍然要去做尝试性、测试性的执行。

通过以上描述就会发现，原来看似简单的需求梳理工作，却有着很高的复杂度和重要性。直播实操团队可以用多种方式来了解直播活动的真实目标，比如利用选项或问句，探寻直播需求方是更看重直播活动的销售业绩还是观看直播活动的总体人数。

2.3.2 信息不对称

1. 信息不对称导致营销目的不清晰

这是个真实发生的案例，某公司领导交代下属要进行一次直播营销活动，由公司领导亲自带货。表面上看，这是一次以产品销售为目标的直播营销活动，营销部门也就按照带货思路进行了准备。但是，在实际直播时公司领导对推销产品并不是很上心，反而更多地讲述公司良好的发展现状和未来发展前景。直播活动完成后，公司领导批评了营销总监，指出其没有策划准备好本次活动。

营销总监非常疑惑，明明是按照公司领导的指示做的活动，为什么最后公司领导不满意呢？实际上，公司领导没说出来的是，由于新冠肺炎疫情的原因，公司原本正常的融资进展并不顺利，为此要做一系列的公关行动，以彰显公司的情况发展良好、完全没有受到疫情的影响。但这种背景情况，公司领导是不可能直接说出来的。

2. 解决方案

这种由于信息不对等造成的活动目的不清晰的情况，在企业营销中经常出现。这就需要直播实操团队通过加深需求梳理的深度和范围，来澄清企业真正的需求是什么。

有三个工作节点可以解决这个问题。第一个工作节点是，讨论视频直播营销的具体类型。第二个工作节点是，向直播需求方确认直播营销活动需求的基础信息清单。第三个节点是，请直播需求方确认直播营销活动的策略建议。

从上面这个案例可以看出，市场总监作为这次直播活动的负责人，如果在这三个工作节点中与直播需求方的公司领导进行了专业的沟通讨论，就能够避免问题的出现。

2.3.3 直播营销活动的多重目标

1. 营销是一个过程，必须循序渐进

直播需求方往往想在一次直播活动中同时实现多个目标，比如做新品推广的同时实现不错的销售业绩，这就会造成直播的混乱。在直播时，到底是应该更多介绍新产品的特征和使用场景，让观众和消费者逐渐了解这个产品，还是更多使用促销手法，让观众和消费者立即下单购买？这种核心目标不明确的状况，就会在直播时主持人或主播的行为中表现出来，造成观众和消费者的观感不佳。

2. 解决方案

观众和消费者对于产品和品牌的认知和认可，需要一个循序渐进的过程。除了快消品这类日常生活刚需的产品，对于大多数耐用消费品、ToB

的产品来说，观众和消费者都需要一个"初识—了解—熟悉—信任"的过程。

直播实操团队可以通过案例让直播需求方理解，一场直播活动中同时存在多个营销目标会导致直播混乱，一定要确定直播营销活动的核心目标。直播实操团队面对直播营销活动的需求，可通过多维度的分析，形成直播营销活动策略建议，并与直播需求方一起研讨分析，得出双方认可的营销目标，来解决这个问题。

2.3.4 直播营销活动的部门目标差异

1. 多部门间的营销目标差异

有时，一场直播活动中有多个部门参与，而不同部门对于直播营销的需求往往会有差异。最常见的情况是，处于不同产品生命周期的产品在直播活动中同时出现，使得直播内容摇摆不定。

在一个真实的案例中，直播需求方为了搞好与相关部门的关系，邀请了另一个部门的项目经理在直播中介绍其新推出的研学产品。直播中，这位项目经理只是口头介绍了一下产品的基本情况，但当时该新研学产品的价格、上线时间还没有确定，甚至连一张宣传海报都没有。因而对于这个新研学产品而言，这是一次无效的直播活动。

2. 解决方案

对此，直播实操团队就需要先明确每个部门的需求，特别是产品宣传的关键点是什么。通过对直播节奏的调整，对直播顺序、时长、衔接等事项做出安排。

直播实操团队需要通过多维度的分析，遵循产品生命周期的规律，设定不同的营销目标，并进行活动中的组合和顺序设计，才能实现在一场直播营销活动中满足多个部门不同营销目标的活动需求。

2.3.5 直播需求过度

1. 直播热潮带来的盲目需求

直播带货的模式虽然火爆，但也存在一些无法实现的营销需求。有时直播需求方提出的需求并不适合视频直播。比如，要求直播视觉效果像广告片一样精致，但广告片的视觉效果是经由大量后期剪辑技术处理过的。又如，对没有品牌知名度的新产品，或是没有极致优势供应链资源的新产品，贸然提出过高的直播销售业绩目标。

2. 解决方案

直播实操团队需要冷静对待过度的需求，利用专业知识和案例，向直播需求方提供专业的建议。

实操模板

表 2-2　直播营销活动需求基础信息清单
表 2-3　直播营销活动策略建议

实践作业

1. 某高校 9 月开学为欢迎新生举办直播活动，请确定这场直播活动的类型、梳理出需求基础信息清单、形成直播营销活动策略建议。
2. 观看一场你喜欢的企业直播营销活动，反推出这场直播营销活动的核心思路（直播营销活动策略建议）。

第 3 章

视频直播营销方案策划

学习指导

任务描述：

方案策划，指的是直播实操团队对如何开展直播营销活动进行的事前框架搭建工作。本章的学习任务，一是理解方案策划工作与企业整体发展战略之间的关系；二是知悉如何为做出更好的方案策划进行准备；三是了解直播营销活动方案的内容构成，并能进一步分析案例，理解实际工作。

学习目标

知识目标：

- 明确方案策划工作的基本内涵
- 了解方案策划工作与企业整体发展战略之间的关系
- 熟悉方案策划工作的内容构成

能力目标：
- 能够站在企业整体发展战略的宏观视角理解方案策划工作
- 掌握方案策划工作的具体要求，并能开展实践尝试

任务导入

分析为什么需要站在企业整体发展战略角度理解方案策划工作，概括方案策划的准备工作内容，绘制方案策划工作的内容构成表格。

任务解析

本章强调了必须站在企业整体发展战略的层面上开展方案策划工作。学习者需要了解方案策划所具有的目标性及其隐含的内在逻辑。方案策划的工作内容丰富，且结构清晰，学习者可以通过模拟实战的方式加深对知识的理解。

3.1 视频直播营销方案的构成和思路

经过需求梳理形成了核心思路之后，我们就进入了直播活动的第二个环节：方案策划（见图3-1）。方案策划环节，是直播实操团队中负责活动策划的人员将直播营销活动的基本框架勾画出来。方案策划过程中需要直播需求方的通力合作，并最终经过直播需求方的确认同意，直播活动才能进入后续的环节。

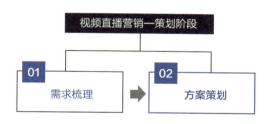

图3-1　直播活动策划阶段的两个环节

3.1.1 企业战略和营销目标

1. 企业营销的整体逻辑推导过程

直播营销活动是企业的营销手段之一，而所有的营销手段都是服务于企业整体的营销目标。"企业战略—营销目标—营销计划—营销手段—视频直播营销策划方案"是一个完整的逻辑过程。因而在策划直播活动之前，直播实操团队要了解、熟悉企业战略和营销目标，在策划方案时才不会偏离方向（见图3-2）。

图3-2　从企业战略到视频直播营销策划方案的推导过程

2. 策划方案之前需要了解的情况

（1）企业和行业的背景情况

直播实操团队需要大致了解一下企业所在行业的基本状况、企业在行业之中的排名和地位，企业的总体规模、品牌的历史和现状等。如果是细分垂直行业的直播营销活动，更要了解行业的基本情况。比如，做一场医学专家的直播活动前，需要对医疗行业的基本状况和规则有一定的了解。

（2）企业整体的营销目标和一定阶段的营销计划

如前所述，每一个营销计划都是为了实现一定阶段的营销目标。这场直播营销活动在营销计划中的作用和任务是什么？这场活动举办的前后，企业还有什么营销手段来做配合？这场活动举办的前后，是否还有其他的直播营销活动，每一场直播活动分别承担的责任是什么？这些都是策划人员需要了解的。

当以上情况有所了解之后,直播实操团队就可以开始做本场直播活动的策划方案了。

3.1.2 视频直播营销方案的内容

直播营销活动的策划方案分为两个部分,分别是规划方案和执行方案,两个方案中的主要内容如下(见图3-3)。

总的来说,规划方案是确定直播营销活动的整体框架,执行方案是落实可操作的执行细节。

图3-3 视频直播营销策划方案的主要内容

3.1.3 方案策划的思路

1. 观众视角的视频直播活动

直播营销活动的方案策划过程中,时刻要关注观众视角,这是"视觉先导"原则的具体运用(关于"视觉先导"原则在3.3中讲解)。视频直播活动的观众视角主要有四个维度:场景、人物、产品和创意(见图3-4)。

图3-4 视频直播活动观众视角的四个维度

场景，是需要展现出整个直播营销活动的调性和氛围。人物，是要求主持人、主播或嘉宾的衣着，要在与背景环境风格和谐的前提下，做到突出醒目。产品，要做到以直播平台、直播背景为衬托，成为画面中的亮点。创意，是要做到既出人意料，又在情理之中。

2. 选定直播营销活动的策划路线

直播营销活动的策划路线，是指根据活动的场景类型不同，在策划过程时需要考虑不同的设计路线。如同从北京发一批货到海南三亚，有陆路或空运两种不同的货运方式，对此可选择不同的包装方式。因此，不同的策划路线，对于整个直播活动策划方案是有决定性影响的。

视频直播的内容类别和表现形式多种多样，但从场地角度来看可分为两大类：室内直播、户外直播。从专业角度来讲，室内直播和户外直播是两种完全不同的策划路线，所以要在策划直播活动方案的一开始就明确下来。

无论是室内直播还是户外直播，可选的场景越来越多，而且还有一些特殊场景不断出现。下面是一些室内直播的常见场景（见表3-1）。

表3-1 室内直播的常见场景

室内直播的常见场景
品牌直播间
客厅
厨房
酒店会议厅
会议室
礼堂
展厅

室内直播中最具代表性的场景是直播间直播，无论是几平方米还是上

千平方米的直播间都属于室内直播的场地。直播间直播可以有实景直播或虚拟直播，在方案里需要考虑到制景搭建。

而户外直播的制景搭建受限较大，或者根本没有办法做任何搭建，无法做到室内直播间那样可控的环境和对话氛围。下面是一些户外直播的常见场景（见表3-2）。

表3-2　户外直播的常见场景

户外直播的常见场景
工地
田园、草原
海滨、沙漠
运动场
广场

随着直播营销的蓬勃发展和企业直播营销需求的增长，涌现出越来越多的特殊场景（见表3-3）。这时需要直播实操团队进行专案分析，看看哪种策划路线更符合直播需求落地，同时要考虑到这种特殊场景的特别之处。

表3-3　直播的特殊场景

直播的特殊场景
汽车
高铁
地铁
飞机
电影院
博物馆
游乐园
健身馆
篮球馆

3.2 视频直播营销方案的策划过程和步骤

3.2.1 视频直播营销方案的策划过程

在企业战略和营销目标的指导下,直播实操团队可根据现实情况和实际需求,开始直播营销活动的方案策划。通过需求梳理,确认直播需求方的核心思路后,就可以策划直播活动的规划方案,之后再策划执行方案(见图 3-5)。

图 3-5 视频直播营销方案的策划过程

在实际工作中,如果是大中型的直播活动,直播实操团队会先完成规划方案,在获得直播需求方的认可后,才会开始执行方案的策划。如果是小型的、常规的直播活动,规划方案和执行方案可以同时策划出来。

3.2.2 方案策划步骤 1——策划直播营销活动的规划方案

1. 直播营销活动的规划方案的四个关键内容

在直播营销活动的规划方案当中,主要有四个相互影响、相互支撑的关键内容，分别是定位、主题、形式和风格（见图3-6）。

图3-6　直播营销活动的规划方案的四个关键内容

（1）定位

定位是一场直播营销活动最重要、最基本目标的阐述，也是在需求梳理环节最后形成的核心思路的具体体现。

例如：如果本场直播营销活动的定位是一场推广新产品的发布会，那么宣告产品上线就是本场直播营销活动的主线。在活动中，代言人出场是为了辅助新品上线，经销商的销售辅助活动是为了辅助新品上线，抽奖互动也是为了辅助加深用户对新品的印象，不能单纯地为了抽奖而抽奖。总之，活动中所有设计的内容都是为了辅助新品上线，不能喧宾夺主，更不能主次不分，因为这是一场新品的发布会。

一旦直播营销活动的定位确定，并且直播需求方与直播实操团队达成一致，这个定位就成了从活动策划到活动结束后复盘总结，检验所有环节和步骤的最重要标准。检验时可以使用二八原则，来看看在活动的时间安排、环节安排、场景安排等执行环节中，体现定位的部分是否占了最重要的比重。

（2）主题

一场直播营销活动的定位确定后，可以从多个不同的角度来阐述和解析，每一个角度都可以延展成一个活动主题。直播活动的主题可以从不同维度切入，关键是能够突出活动的亮点。比如：

从"活动的主体内容角度"做主题规划；

从"产品特点角度"做主题规划；

从"本次营销活动的亮点或主线的角度"做主题规划；

从"参与的嘉宾或知名人士特点的角度"做主题规划；

从"本场活动的销售政策角度"做主题规划；

等。

例如，在一个美白护肤新品上线的直播营销活动中，可以突出这个护肤产品的特点是自然和健康；也可以以产品研发过程中的亮点、主要成分或是制作流程当中的特点为主题；还可以以产品使用以后带来的附加值、附加感受为直播活动主题。

直播活动的主题也可以利用网络传播的特点，突出直播的时间，如"就在618"，也可突出直播间嘉宾，如"XXX做客直播间"。

如果这场直播营销活动是在某个整体的营销事件之中，那么直播主题要首先符合整体营销事件的大主题，如果这场直播是一场独立的直播，那么言简意赅地突出活动的主题即可。

（3）形式

直播活动的形式有很多种，并且还在不断地创新发展当中，最常见的形式有：

- 播报类
- 访谈类
- 脱口秀
- 微综艺
- 剧情类
- 竞技比赛

如果直播需求方想要做的是一场互联网科技新品的发布会，那么可以选择播报类、访谈类的形式。

（4）风格

直播活动有许多种表现风格，例如温情的、搞笑的、二次元的、土味的、职场的、时尚奢华的等。

如果是电竞类的直播活动，那整个的直播风格可以设计得偏二次元、去严肃化、更多的趣味化，强化比赛感。如果是年终培训暨优秀员工优秀业绩的颁布活动，那么策划的风格可以在职场感的基础上增加互动感，激发共同荣誉感。

2. 撰写直播营销活动的规划方案

以直播营销活动的定位为主线，以主题、形式和风格为支撑，就形成了直播营销活动规划方案的主要内容。应当特别注意的是，规划方案的写作和呈现要有画面感。通过规划方案，使得活动画面呼之欲出。一份常规的直播营销活动规划方案，需要包含以下几项内容元素（见表3-4）。

表3-4 直播营销活动规划方案的内容元素

项目		项目说明
基本情况	品牌	企业品牌 产品品牌 其他品牌背景
	直播产品或内容	如果是实物产品直播，主要内容为产品基本材料、成分、功效、特色、价格定位等。 如果是虚拟内容直播，比如培训直播，就是培训的主要内容等。 如果是活动直播，内容就是活动的主要环节、特色亮点、主流程等。 总之，是活动主要需要展示和承载的内容
	时间	时间点或者应处于某个时间段

（续）

项目		项目说明
项目背景	营销目标	直播活动背后的阶段性营销目标是什么
	营销方案	综合的营销方案中都包含哪些营销手段
	直播需求	直播活动在整体营销方案中需要承载的作用和目的
	其他综合情况	品牌方可提供的支持 大的行业背景 同行的情况
直播规划	定位	宣传品牌的活动 宣传产品特色的活动 电商型的活动 内部活动或外部活动 To B 的活动或 To C 的活动 等
	主题	从"活动的主体内容角度"做主题规划 从"产品特点角度"做主题规划 从"本次营销活动的亮点或主线"做主题规划 从"参与的嘉宾或知名人士特点的角度"做主题规划 从"本场活动的销售政策角度" 做主题规划 等
	形式	播报类、访谈类、脱口秀、微综艺、剧情类、竞技比赛 双人、三人、多人直播 有观众的、无观众的 室内的、户外的 区域性的、全国性的、国外的 单一平台的、多平台的 等
	风格	温情的 搞笑的 二次元的 土味的 职场的 时尚奢华的 等

在实际工作中，直播实操团队需要先将规划方案（Word 版本或 PPT 版本）递交给直播需求方，在审核确定后才会开始执行方案的策划。

3.2.3 方案策划步骤 2——策划直播营销活动的执行方案

1. 直播营销活动执行方案的主要内容

直播营销活动的执行方案，由直播实操团队负责策划，因为实操执行过程中的技术、细节和技巧，往往只有直播实操团队能够掌握。当然也需要直播需求方的通力合作，提供各类资源，比如企业内部的主持人、主播、嘉宾或明星。同时，也会提出各种限制性的条件，比如企业高管能够参加直播活动的时间、企业能够提供的场地和条件。

直播营销活动的执行方案主要包含五个部分，每个部分对其他部分都起到了支撑和限制作用（见图 3-7）。

图 3-7 直播营销活动执行方案的五个部分

（1）时间与内容

一般而言，直播营销活动的执行方案，首先从策划直播的时间与内容开始，包含直播日期和时段、时长、内容焦点和创意。

1）直播日期和时段

大部分直播营销活动的时间是跟着某个整体的营销事件的时间节点来安排的。需要注意的是，在这个时间设计的过程当中，既可以借力，也可以避开无关的热点时间点。如果是非电商类的直播活动，应该尽量回避各大电商平台的促销节点，如"618""双11"等。反之，如果是电商类的直播活动，可以选在这些网民购物热情比较高的时间节点进行。

直播营销活动的时间选择，除了日期之外，还要注意具体的时段。有数据表明，与电商直播高峰期多在晚上不同，企业直播的观众主要集中在三个时间段：9:00-10:00、14:00-15:00 和 19:00-20:00。

选择直播营销活动的时段，还需要注意目标观众的地域特征。北方南方、东部西部观众的生活节奏有一定差异，需要在时段选择上注意。如果是面向国外的观众或客户，则需要注意时差、选择当地时间适合的时段。

2）直播时长

直播营销活动的时长可以是十几分钟的微直播，也可以是几个小时、几天甚至十几天的系列直播。直播的时长根据活动需求来确定，但不是时间越长越好，也不是时间越短越好，与直播类型和内容息息相关。如果是产品发布会，往往在两个小时左右。而大型的展会直播，往往需要 2~3 天。

直播营销活动时长的设置，还需要注意观众收看的习惯。如果直播时间过于冗长而没有内容，丰富度不足，观众就会失去耐心，但是直播总时长过于短暂也没有办法将想讲的主题和内容说清楚、说透彻。

3）内容焦点

在前面的规划方案中，直播营销活动的主题已经确定了。但是直播营销活动主题的焦点是什么，往往是企业直播营销活动策划时容易忽视的问题。因为企业直播的时间一般较长，因而直播需求方总想同时达成多个目标，这就可能使得直播的内容过多，失去焦点。

视频直播的即时性非常强,观众往往会很快忘记前面的内容,因此必须确定直播营销活动的焦点,让其反复出现和强调,才能达成营销目标。不同类型的直播营销活动中,主题焦点各不相同。比如,一场新产品的直播发布会中,焦点就是一个或几个重点新产品。

4)内容创意

内容创意要根据直播营销活动的需求而定。有的活动,如展会、会议、内部培训等,需要根据企业制定的内容要求严格执行,这样的直播活动不需要太多的内容创意。而有的活动,如事件营销、新品发布会,就需要依赖创意才能获得观众的关注。

(2)主播、主持人与嘉宾

1)直播活动中的关键人物——直播主播

> **提示**
> 播,主要的含义是传播、传扬。主播,有通过自己的表达去传播的含义。
>
> 持,主要的含义是掌握、掌管。主持,就多了掌控掌管的含义。

所以,在单人或者是以单人讲述为主的直播营销活动中,主播只需要把控自身的直播内容和节奏即可。在多人的活动中,除了把控自己的内容和节奏以外,主持人还需要兼顾其他嘉宾的内容和节奏,需要兼顾现场观众和活动的整体节奏,那么除了"播"的作用,主持人增加了"持"的行为和意识。

在视频直播营销发展的过程中,主播和主持人的概念与界线不再那么绝对和清晰,一般简单统称为"主播",所以,在本书后面的讲述中,对主播和主持人,使用直播主播作为统称。

企业直播营销活动中,直播主播的作用尤为重要:一是起到串联的作用,二是起到掌握现场节奏的作用。不同类型的直播活动,需要不同类型的直播主播。如果活动主题主要是企业内部的内容，最好由企业内部人员来做直播主播。如果活动主题主要是企业外部的内容，最好请专业主持人或行业大咖来做直播主播。

2）直播主播的常见类型和特点

直播主播是直播营销活动中的关键人物，在方案策划时就必须要确定下来。相对于技术因素，人的因素更是复杂多变，在策划时需要更加注意。下面我们先来了解一下直播主播的常见类型和特点。

第一类，流量型直播主播。例如明星艺人。他们自带流量，只要一上台就特别吸引眼球，可以为品牌带来新的流量，引发大众对这场直播的关注度。

但是流量型主播通常对于企业或产品的了解程度不深，对于直播节奏的把控、直播规则的了解都不够。如果这类人的人设过强，主观意识也较强，直播过程不顺利，造成直播翻车的可能性也比较大，直播中的小问题也可能因为名人效应被"放大"。

第二类，专家型直播主播。这类人往往是企业家或者是某个行业的领军人物。这一类的直播主播对于企业或产品的优势都很熟悉，对于所处的行业也非常了解，这种专业性会让他们在专业领域避免出现一些基础性的问题。比如食品专家不会在一场食品类直播当中出现一些简单的健康知识错误。

但是这一类主播往往对网络视频、对直播本身不了解，不懂得镜头展示的技巧和技术。很多专家型主播见到镜头以后就会紧张，还有部分专家型主播的语言表达能力不强。

第三类，专业主持型直播主播。这类主播大多是播音主持专业毕业的相关人士。他们的镜头表现力非常强，懂得与现场导演相配合，控制直播节奏，对台词脚本的记忆能力也很强，不会随意进行个性化发挥，执行能力很强。

但是他们在直播的时候，由于对商业或行业的了解不足，仅靠文案和脚本赋能，进行专业对答时略显单薄。

第四类，达人型直播主播。达人型直播主播大多是垂直类网红、KOL、KOC 或者 MCN 机构（孵化、管理网红的企业）培养的主播。这一类主播对直播平台的规则、规律非常了解，对于自身服务的品牌或者行业也有一定的认知，对于大众来讲具有亲切度。

但是他们对于行业的理解不足，只能充当直播中的一个环节，难以做到对直播营销的全面理解和协助。

3）直播主播的组合设计

在整场直播营销活动中，直播主播无疑是最亮眼的明星、最关键的角色。主播团队的设计，要考虑本场直播的营销目标、直播品牌的调性、直播产品的适用人群等综合因素。

主播团队的设计不能和品牌调性相违背，如果被宣传的是一个传统型的、亲和力非常强的品牌，那么太前卫的直播主播就会有悖于品牌的定位。如果是一场以销售为目的的直播，那么直播主播要有一定的销售能力。如果一场直播营销活动中推广的产品适用者是年轻人，而直播主播全部都是年龄大的专家，也不合适。总的来讲，挑选主播与品牌挑选代言人的思路是大体一致的。

- **单人主播**

如果主播能掌控全场，如前面提到的专业主持型直播主播、应对能力特别强的达人型直播主播，可以自己一个人上台自说自唱，做单人主播。

- **双人主播**

上文提到专家型直播主播往往了解行业情况，但是自身的表现力不够强，这就需要有人来给他抛梗、提问，再由专家来回答关键内容点。这时可以给专家型直播主播配备专业主持型直播主播，或者配备达人型直播主播，形成双人主播互问互答的搭配。

- **多人主播**

一场直播也可以采用不同的人承担不同角色的多人主播形式。比如一场直播活动中有四五名人员入镜，角色有轻有重，由专业主持型直播主播进行串场，由达人型直播主播或流量型直播主播来活跃气氛，由专家型直播主播带出关键的产品知识或者关键干货内容。多人综合的直播可以融入一些娱乐的元素，让这场直播的可看性更强。

直播主播团队的设计会影响到直播画面的构成，单人主播画面的包容性、兼容性及可适用性会更广泛一些。一旦采用多人直播，竖屏呈现的效果就会受到影响，需要调整到四分之三屏或是横屏。所以主播团队的组成，对于整场直播最后输出画面的结构影响很大。

4）直播主播选择与搭配原则

直播主播是一场直播里的必备元素，那么主播本身的风格、主播的特点也是方案策划中的重要部分。

直播主播的选择是需要仔细策划的。选择男主播、女主播，专业型的、娱乐型的效果都不一样。严谨型的直播主播比较适合介绍科技类的产品，而娱乐型的直播主播就比较适合介绍一些活泼的产品、活泼的直播主题。如果是在工厂或研究院里做直播，那么科研型的直播主播形象就会比较符合。

不仅直播主播的个人特质是固定的，其外貌气质也是有属性的。如果一场活动中先设定好主播，再来做场景和情节设定，那么创意就会跟着主播的特征走。如果是先有场景和情节创意，直播主播可调整、可选择，那么就是直播主播跟着场景和情节来做调整。

无论是单人主播，还是双人或多人主播，主播之间的性别搭配、风格搭配，也会让直播呈现不同的风格和调性。

5)直播主播与嘉宾能力互补是基本原则

直播主播与嘉宾是相互配合的关系,有的活动直播主播是主角、嘉宾为配角,而有的活动则相反。但无论是直播主播还是嘉宾,作为直播活动的前台出场人,都需要进行仔细选择和组合。

直播主播和嘉宾的选择,可以通过下面的选择模型来进行,影响力(内容覆盖)、粉丝/用户覆盖、行业/专业、兴趣/话题,是进行选择的四个维度(见图3-8)。最完美的组合是直播主播与嘉宾的能力互补,将四个维度都达到最大值。

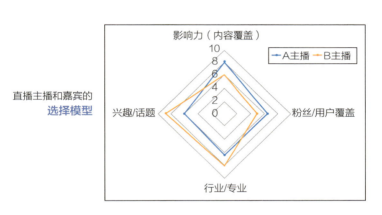

图3-8 直播主播和嘉宾的选择模型

6)直播主播的形式多元化与泛娱乐化趋势

随着视频直播的日益普及化,越来越多的直播形式出现。并且,随着新一代观众成为主流消费人群,直播形式和内容越来越具有泛娱乐化的特征,也就需要直播主播的形式更加多元化与泛娱乐化。

(3)场地与拍摄

在策划场地与拍摄方案时,现场的实地踩点非常重要。在踩点过程中,能够发现对于直播营销活动的有利和不利条件。比如,有很好的场地背景和空间、交通便利,这都是有利条件,而噪声、场地面积狭小是对活动不利的条件。同时，还要注意天气条件，以及当地社会环境条件对于直播营销活动的影响。

无论是室内直播还是户外直播，都是在一个特定的空间当中。整个空间中的环境背景、直播主播、物品以及言语风格，都需要细致的布局，并且讲究调性的搭配。这个空间布局，就是将"视觉意象主题"（关于"视觉意象主题"在本章第三节中讲解）在"视觉先导"理念下真正实现出来的效果。

1）制景方案

直播活动的场地需要有制景方案，常见的方案是在直播需求方提出的主视觉要求的基础上，进行本次直播的风格设计，包含3D效果图、机位图和说明文字。在直播活动执行方案的策划中，是否有制景方案，是辨别直播活动策划是否专业的要素之一。

制景方案中需要考虑：直播分区、面积分配、设计风格、材料选择、色彩搭配、灯光等。同时还要考虑制景方案的风格是否符合整体的直播主题，是否符合直播方的品牌调性或产品调性等因素（见图3-9和图3-10）。

实景演播参考案例

图3-9　直播场地实景①

图 3-10　直播场地实景②

制景方案的重要作用在于，将规划方案中的种种设想落地为实际可行的方案。如果缺乏制景方案，整个直播活动的策划方案还只是空中楼阁，是否实际可行是存在风险的。

2）拍摄方案

现场直播的拍摄主要有两种：采用固定机位的直播拍摄，比如论坛会议或者某一个活动的直播拍摄；其次是游走式的移动直播拍摄，比如马拉松比赛中的跟跑直播拍摄。

拍摄方案中既要确定拍摄人员、技术支持、画面方案、互动拍摄方案等，同时还要确定现场各种器材设备与安排，包含摄像机位、导播台、调音台、音响、灯光等（见图 3-11 和图 3-12）。

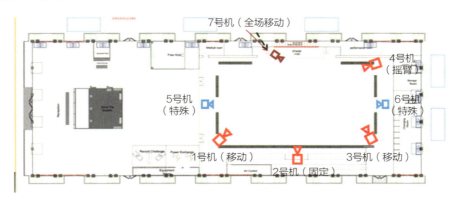

图 3-11　直播场地——室内

图 3-12 直播场地——户外

（4）直播技术方案与直播平台

1）选择直播的底层技术服务方案

直播营销活动的技术难度之一，就是网络直播信号传输的实现和保障，这其中包括视频内容以及网络的信号传输。虽然这些技术问题主要由专业技术人员来负责，但作为视频直播营销领域的工作者，也要对整个技术的流程有所了解。以下是视频直播中的技术流程（见图 3-13）。

图 3-13 视频直播的技术流程

下面来介绍从直播图像到最终观众观看图像的整个技术系统，分为直播内容采集系统、直播后台系统和直播内容播放系统。有了这个系统的支撑，观众才能在手机或电脑上，看到高清晰度、流畅的直播内容（见图 3-14）。

在实际的视频直播中，往往需要能支撑多个不同的网络系统，让观众能够从多个不同的入口观看直播内容，例如从 APP、小程序、H5 页面或是 PC 端（见图 3-15）。

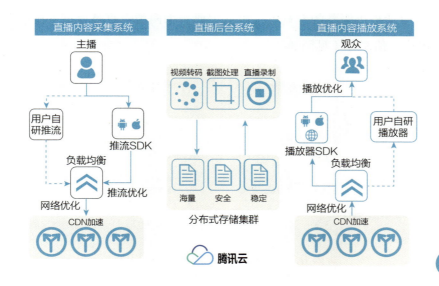

图 3-14 视频直播的技术系统（示例）⊖

图 3-15 视频直播的主要技术服务架构（示例）⊜

⊖ 图片来源：亿欧智库《"带货"的逻辑：直播电商产业链研究报告 2020》。
⊜ 图片来源：亿欧智库《"带货"的逻辑：直播电商产业链研究报告 2020》。

为直播提供服务的专业电信服务主要分为两类：直播电商基础服务和直播电商增值服务（见图3-16）。

图3-16　视频直播的综合解决方案（示例）⊖

在策划直播执行方案时，要选定适合的技术实现方案，以及相应的技术服务商。随着企业直播的发展，越来越多的企业直播技术服务商提供了多种类型的服务（见图3-17）。

企业直播厂商的发展离不开基础云服务商的能力支撑

企业直播所提供的产品是云服务的一种类型，其本身也十分依赖基础云服务商（如供给IaaS服务和PaaS服务的阿里云、腾讯云）提供的云计算服务，但是其业内厂商（如微赞）也需要有较强的技术实力。除此之外，企业直播服务还需要向客户提供与直播产品配套的解决方案，这样才能使直播与客户的业务达到快速融合的效果。

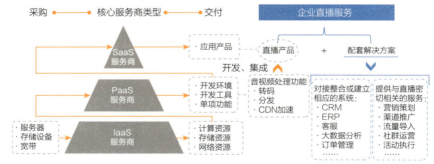

图3-17　企业视频直播的服务解决方案⊜

⊖　图片来源：亿欧智库《"带货"的逻辑：直播电商产业链研究报告2020》。
⊜　图片来源：易观分析《市场升温蕴藏机会，消费场景左右未来：企业直播新观察2021》。

2）选择适合的直播平台

直播实操团队在选择、确定了网络技术解决方案之后，还需要选择进行直播的媒体平台。根据直播活动的需求，可以选择企业自己的网络直播平台，也可以选择公众开放的直播媒体平台，或选择多个平台同时进行直播。

- **熟悉不同公众直播平台的基本特征**

有了好的活动主题和创意，还需要有合适的战场，那就是适合的视频媒体平台。因为不同的视频媒体平台，各自的调性特征和观众类型都不同。比如，适合年轻人的活动创意就需要选择以年轻人为主的视频平台。

相同的内容在不同的视频媒体平台进行直播，效果会差异巨大。因此，选择好适合的视频媒体平台，对于直播营销活动能否达成效果非常重要。对于企业直播来说，直播平台是需要慎重选择的。企业需要确定活动定位和明确活动的目标人群之后，先对各个主要的直播平台进行调研分析，特别是了解 To C 的直播平台与 To B 的直播平台的区别。

淘宝、抖音、快手等直播平台更适合电商市场的生态搭建与流量吸引。企业级直播平台、企业自媒体和直播系统是垂直领域和私域流量的阵地，所以企业要根据自身定位选择适合的直播平台（见表3-5）。

表3-5 主要的视频直播平台

根据直播营销活动策略和内容创意，选择视频直播平台	
电商平台	淘宝、天猫、京东、抖音、快手、拼多多、小红书等
发布平台	网易直播、B站、36氪、腾讯等
游戏平台	虎牙、斗鱼、CC直播等
教育平台	腾讯课堂、钉钉、腾讯会议等
专业平台	丁香园等

- **企业要遵守直播平台的规定**

利用公众直播平台提供的流量,是企业直播时需要特别注意的事项。视频直播平台拥有主导权,体现在以下三个方面(见图3-18)。

—— 流量分配

—— 制定规则

—— 场景服务

图3-18 直播平台的主导权 ⊖

企业在选择直播平台时,要仔细研究不同直播平台的特征能否满足直播营销活动的营销需求。特别要注意的是,如今的直播平台正处于快速发展、不断变化的状态中,需要策划人员实时跟进了解这些直播平台的最新发展状况(见表3-6和表3-7),以及最新的规则规定。

表3-6 不同直播平台的差异比较 ⊜

平台	淘宝直播	京东直播	小红书	拼多多
平台属性	电商	电商	内容+电商	电商+社交
电商载体	站内成交	站内成交	站内成交为主	站内成交
带货KOL属性	头部主播高度集中	全力扶持商家自播与代表主播	美妆和时尚博主居多	目前以中小主播为主,顶级主播粉丝数约82万

⊖ 图片来源:亿欧智库《"带货"的逻辑:直播电商产业链研究报告2020》。

⊜ 资料来源:艾瑞咨询《2020年中国直播电商生态研究报告》。

（续）

平台	淘宝直播	京东直播	小红书	拼多多
带货商品属性	淘宝体系内全品类，价格区间广	全品类，依靠"孵化超级红人+推荐优质产品"	美妆类为主，商品价格偏高	低价品牌商品为主，家具生活类最多，其次为服饰食品
带货模式	商家自播和达人导购模式	为超级网红提供优质商品	种草笔记为主，直播+测评笔记共同发力	直播更像是一种展示工具和服务形式
机会点	内容矩阵、流量扶持以及强大的供应链	商家持续入驻和庞大的用户基础	用户活跃度与黏性高，流量精准，适合品牌产品推广	与微信的生态系统打通，适合店铺私域流量的运营
转化率	很高	未知	未知	未知
客单价	低中高	较高	较高	较低

表3-7 抖音与快手的差异 ⊖

	抖音	快手
内容资源配置方式	中心化 市场+计划，计划>市场	去中心化 市场+计划，市场>计划
内容调性	突出美好	记录生活
内容分发	智能+社交分发 初始：90%标签+10%关注	社交+智能分发 初始：60%~70%标签+30%~40%关注
内容消费	一二线城市与三四线城市较为均衡	70%来自于三四线城市
平台属性	媒体属性强，KOL赞评比42:1	社区属性强，KOL赞评比13.05:1
发展路径	高爆发性，成长迅速，具有较强的可复制性	逐步发展，积累深厚，可复制性相对较弱
平台变现	广告>直播、电商	直播>广告、电商

⊖ 资料来源：方正证券《2020年抖音vs快手深度复盘与前瞻》。

- **活动直播的平台组合搭配**

单一的直播平台往往达不到企业直播的营销需求,这时就需要进行直播平台的组合搭配,让营销传播的效果最大化。

例如,一场新科技产品的发布会可以选择三个主要的直播平台,覆盖直播活动期望的目标受众。

—— 根据直播活动的定位,选择互联网科技垂直媒体新浪科技

—— 兼顾直播的流量来源,选择腾讯视频

—— 照顾到爱好探索硬核科技的爱好者,选择B站

- **企业选择直播平台的常见问题**

有的企业由于对直播平台的认知不足,在直播平台的选择上往往会出现问题。最常见的误区是,借助娱乐视频直播平台来进行企业的视频直播营销。

虽然娱乐直播平台的流量巨大,用户众多,但这些直播平台对于垂直行业的企业来说并不精准,也不能形成用户沉淀和转化。如果希望触达真正的受众人群,还是要选择细分的直播媒体或平台,才能实现目标。

同时,企业还需要注意直播平台的发展变化。近年来,原本泾渭分明的电商平台和内容平台正在相互学习借鉴,增加对方的优势功能。因此,企业在进行活动策划选择平台时,要考虑到这些变化的情况(见表3-8)。

表3-8 电商平台的内容化与内容平台的电商化 [一]

电商平台的内容化	内容平台的电商化
核心工作: 通过内容化,提高转化率 增强用户黏性和信任	核心工作: 拓展流量变现渠道 增强流量变现能力

[一] 资料来源:亿欧智库《"带货"的逻辑:直播电商产业链研究报告2020》。

（续）

电商平台的内容化	内容平台的电商化
难点/痛点： 培养用户在售卖平台上进行内容阅读的习惯需要时日 打造内容体系耗时费力	难点/痛点： 自建电商链条耗时耗力 用户在内容平台上的消费习惯需要时间养成

互联网电商与媒体平台在竞争中不断发展，因此企业在选择直播平台时要更加谨慎。对于互联网媒介的发展变化，无论是直播需求方还是直播实操团队，都需要保持关注。

（5）宣传推广方案

在直播营销活动的执行方案中，除了策划活动的内容，还需要做好活动的宣传推广方案。

1）直播营销活动的宣传推广策略

直播营销活动的宣传推广策略，就是通过宣传造势来引流，为活动现场带来更多的观众。直播营销活动的类型有很多，有面向大众群体的商业事件营销，也有面向小范围的内部培训营销。因此，面向观众群体与主要直播媒体的匹配，是推广策略的重要部分。推广策略还包括，制造亮点或噱头来进行营销宣传，这些亮点和噱头需要符合宣传媒体的用户特征。

- **宣传推广策略的三个关键点**

制定直播营销活动的宣传策略，可以借助以下三个关键点，围绕三个关键点的交集进行设计（见图3-19）。

通过对目标或潜在观众群体的分析，制定宣传推广的策略的关键，包括确定潜在观众群体喜欢活动的平台、喜爱的形式和接受的频率。

图3-19 直播营销活动宣传推广策略的三个关键点

- **不同类型直播营销活动的流量使用原则**

大家需要注意的是，不同类型的直播营销宣传推广的策略——即流量使用原则是不同的（见图 3-20）。如果是面向大众的直播营销活动，宣传推广就需要利用公域流量，并且流量越大越好，对精准度的要求并不高。如果是销售类型的直播营销活动，就要强调流量的精准度，实现销售转化，同时便于销售效果的数据化追溯。为了提高销量，可以同时选择公域流量和私域流量。对于垂直细分行业类的直播活动，路径越精准越好，使用纯私域流量即可（见图 3-20）。

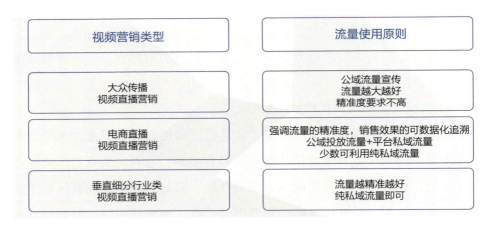

图 3-20 视频直播营销的流量使用原则

2）为直播营销活动的宣传制造或引导话题

优秀的营销人可以利用直播营销活动制造出出圈的营销话题。比如小米的首席执行官雷军，从《参与感》、饥饿营销、"Are you ok？"，到小米造车，不断制造出吸引大众关注的话题。从 2020 年开始，一些直播平台上轰动性的直播活动层出不穷。我们看到了许多商业大佬的第一次直播带货、雷神山火神山医院建设的云监工、央视主持人为湖北武汉进行的直播宣传、演艺明星的第一次网络直播带货等。

当然，不可能每场活动都能制造出轰动性的话题，但是宣传策划人员需要有意识地为直播营销活动创造出话题感。在进行活动策划时，如果直播活动由于主题和内容局限，并不具有特殊的话题性，这时就要从宣传推广的思路上，寻找突破口。

许多情况下，还可以借助社会热点的力量引导话题，将其引向对于直播营销活动的产品或品牌的关注和讨论。下面来介绍几个制造和引导话题的直播营销案例。

• 制造和引导话题的技巧和案例

案例　技巧1　制造噱头，引导关注

360全屋路由新产品发布会——Loading告别仪式

2019年360公司发布新款家用路由器，对于这种如今常见的互联网硬件新产品，360公司独辟蹊径邀请著名主持人韩乔生作为直播主持人，并且设计了"Loading告别仪式"的噱头，引起互联网产品爱好者的关注（见图3-21）。

图3-21　案例：360全屋路由新产品发布会

案例　技巧2　善用时机，借力打力

老乡鸡2020年战略发布会

2020年新冠肺炎疫情的突然爆发，使得许多传统的营销方式无法进行。例如快餐连锁企业的招商活动，往往会选择线下的高大上的营销路线（见图3-22和图3-23）。

图 3-22 案例：2019 年老乡鸡战略发布会①　　图 3-23 案例：2019 年老乡鸡战略发布会②

在新冠肺炎疫情期间，这种线下会议的方式自然无法继续。基于这个特殊时机，老乡鸡利用直播营销的方式，既避免了不能召开大型活动的难题，又体现了品牌低调务实的特征。一时之间，成为大家关注讨论的焦点事件（见图 3-24 和图 3-25）。

图 3-24 案例：2020 年老乡鸡战略发布会①　　图 3-25 案例：2020 年老乡鸡战略发布会②

3）宣传推广的常见引流方式

直播营销活动常见的引流方式如下：

- **硬广引流**

硬广即硬广告的简称。比如企业可以利用官方媒体平台，直接进行直播宣传推广。常见的官方媒体平台包括官方网站、认证微博、官方微信公众号等。由于官方媒体平台属于企业的自有媒体，因此可以直截了当地将直播时间、直播账号、参与嘉宾、抽奖与惊喜等详细列出，完整地告知粉丝，并邀请其将这一信息传达给自己的好朋友。

- **软文引流**

与硬广告相比，软文主要突出一个"软"字。从用户角度描述，在标题、开头、正文等部分看不出任何打广告的迹象，阅读到结尾后才能发现直播的宣传信息。

软文引流需要注意两个细节。第一是相关性，软文需要投放到目标用户活跃的平台或账号，否则推广效果就会大打折扣；第二是目的性，虽然是以软文推广，但也需要引导用户到直播间。

- **视频引流**

视频之于文章，正如电视节目之于报纸。由于视频比文章更容易理解，降低了受众的认知门槛，因此越来越多的企业开始利用视频进行宣传推广。当前人们的生活节奏普遍较快，没有过多的完整浏览时间，所以短视频尤其受到用户的喜欢。在抖音、快手、今日头条等平台，优秀的短视频可以达到上百万甚至千万级的曝光效果。视频与直播有天然的关联关系，所以视频也是直播非常重要的引流方式。

- **直播引流**

直播平台通常有"推送""提醒"和"发布"功能。直播开始时，企业可以将直播消息直接推送给关注直播间的粉丝。因此，在直播开始之前，企业可以在同一直播平台进行预热，一方面鼓励观众关注直播间，积累原始粉丝；另一方面调试软件与硬件，争取在直播正式开始前达到最佳状态。

- **问答引流**

传统的问答网站包括百度知道、搜狗问问等。用户可以在问答网站获得想知道的答案，企业也可以借助问答网站，友好地回答网友的问题，同时为企业做宣传。除了以上传统的问答网站外，知乎问答、头条问答、果壳问答等，也都可以作为企业宣传与引流的渠道。例如企业要策划一场手机新品推广的直播，在直播开始前可以在问答网站回复"请推荐一款好用的手机""哪款手机屏幕比较大"等问题，在友好回复的同时宣传直播，引导网友前往直播间。

- **线下引流**

虽然直播营销属于新媒体营销的一部分，但传统渠道的引流效果也不容小视。如果企业有线下的渠道，如产品体验店、营业厅、线下门店等，完全可以借助线下渠道，以海报、宣传单等形式，宣传直播内容，引导线下消费者关注直播。

在制定宣传推广的细节方案时，要特别注意不同媒体的规则及最新变化。其中，最主流、最潮流的媒体，其规则往往会不断改进和变化。垂直领域的专业媒体往往有一些特殊的红线要求。如，对医疗直播间会有非常严格的审核机制。

4）宣传推广的工作清单

基于前面制定的宣传推广策略和内容创意，直播实操团队就可以安排具体实施的宣传推广工作，工作清单如下：

- **对内宣传的工作清单**

①官方渠道

— 官网 Banner（横幅）位 / 活动专题页 / 微信公众号 / 官方微博 / 官方自媒体 / 官方社群

— 公司员工 / 代理商 / 线下门店

②定向邀约

— 私域用户触达：通过短信、邮件触达

— 数据邀约：通过第三方推送给定向人群

- **外部推广的工作清单**

①媒体推流

— 将直播画面推流到媒体平台，增加公域平台品牌曝光（需提前确定

视频媒体推流计划及推荐位置）

② 媒体推广

- 通过媒体渠道引流到官方直播间，向私域流量转化

- 门户媒体、行业垂直媒体平台、信息流投放等

③ 广告投放

- 百度、今日头条、微信朋友圈等

④ 其他渠道

- 行业社群、KOL、KOC 等

2. 撰写直播营销活动的执行方案

一份常规的直播营销活动执行方案，其执行过程需要涉及方方面面，因此，需要包含多个细节方案（见表3-9）。

表3-9 直播营销活动执行方案中的细节方案和方案说明

细节方案		方案说明
场地方案	《制景方案》	制景方案 效果图 材料说明
技术方案	《设备方案》	设备清单及设备组合说明
	《拍摄方案》	机位设置图 直播输出，构图和拍摄说明
	《网络方案》	网络规划和推流规划
主播	《主播团队方案》	主播候选 嘉宾候选 搭配和分工方案 服装化妆方案
直播平台	《直播平台方案》	哪一个平台做直播 哪几个平台一起直播 相应的平台互动规划
宣传推广	《活动宣传推广方案》	以企业自身的规划做本场直播活动的投放
执行团队	《直播团队方案》	需要哪些岗位以及相应的岗位能力要求

3.3 视频直播营销策划的素质要求和实操技巧

3.3.1 "视觉先导"原则

1. "视觉先导"原则

传统的活动策划方案,大多是以文字概念为起点,然而到了视频直播营销时代,特别是在视频直播营销活动当中,要以视觉为先导。

> **名词解释** "视觉先导"原则,是在视频营销,特别是视频直播营销的活动中,首先要遵从观众的视觉习惯,使用观众喜闻乐见的视觉元素和视觉呈现方式,来进行方案策划、物料准备和现场执行。

"视觉先导"原则起源于电视领域的工作经验,加上互联网视频的应用特征,是一项复杂度较高的专业技能,这是视频直播营销人员需要具备的专业素质之一,具体执行人是直播营销策划师或现场导演,我们将在第9章中详细说明。

"视觉先导"原则贯穿在直播营销活动从方案策划到现场执行的过程当中,也就是说,这是一场优秀直播营销活动需要遵从的基本原则。要掌握好这项原则,需要直播实操团队不断学习思考、通过实践提升专业素质。

2. 以"视觉先导"原则推导出直播策划方案

（1）直播镜头为谁服务

如果营销活动的目的是为了实现企业的营销目标，那么直播画面的镜头到底应该为谁服务呢？是企业，还是观众？可能有人会想当然地认为是为企业服务，而正确答案是，为观众服务（见图3-26）。

图3-26　直播画面的镜头应该为观众服务

由于镜头拍摄的画面最终要呈现在观众的眼前，评价直播营销活动效果好坏的决定权在观众手中，因此需要运用"视觉先导"原则。下面介绍几种常见的在直播活动中镜头的运用原则。

有的直播活动是传统营销活动的补充，直播的目的是为了将这场营销活动做更大范围的传播，让更多的人知道。例如一场线下活动，活动现场有很多观众，并且观众是活动完整性的重要条件。那么，在这场直播活动中镜头需要服务的对象，是活动现场的观众和屏幕前的观众——两类观众的观感都需要照顾到。

举例说明，这场直播活动是一台现场有几百人观看的晚会。在做直播方案策划和执行时，就要考虑现场观众的感觉，不能因为直播而影响到现场观众的观感。比如，不能为了拍摄台上演员的近景而挡住现场观众的视线。

另一种情况是，以直播营销为主体的活动，为了让直播营销活动的氛围更有现场感，在现场安排少量观众，让屏幕前观众的真实感更强。在这种情况下，现场观众只是充当了烘托现场气氛的"气氛组"，而现场观众也明确知道这场活动更多是为了直播平台的播放,所以直播实操团队就不会特别照顾现场观众的观感,而是更多地照顾屏幕前观众的感受。这场活动中镜头的服务对象就是以屏幕前的观众为主,而现场观众为辅。

此外,还有非常纯粹的纯直播营销活动,是完全以屏幕前的观众为镜头服务的对象,这时就以播出的直播平台观众的习惯为主。如果这场直播活动是在PC端、电视端,或横版的屏幕上播放,那么根据"视觉先导"原则,视觉呈现就要以横屏设计为主。但是如果这场直播的播放媒体大多是竖版,如手机屏幕,这时就应该更多地照顾竖版收看观众的视觉感受。

(2)镜头语言的策略选择

"视觉先导"原则的更深一层运用,是面对视频直播的不同类型,选择不同的镜头呈现原则。如果是面向大众的直播营销活动,镜头需要利用反差、聚焦来吸引眼球,呈现出营销活动的亮点。如果是销售类的直播营销活动,就应以产品为核心,镜头要能呈现出产品亮点、价格政策亮点、品质和性价比高等特征。如果是垂直细分行业的直播营销活动,镜头就要呈现出行业人士才能理解和感受的专业度(见图3-27)。

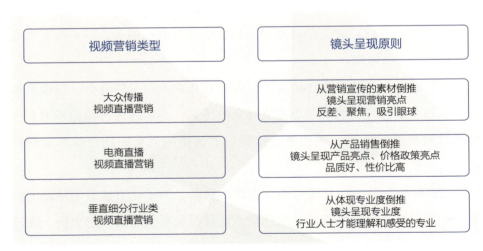

图3-27 不同直播活动类型的镜头呈现原则

（3）以观众画像选择视觉元素和视觉呈现方式

确定了镜头为谁服务以及镜头语言的策略之后，还需要注意具体直播平台的观众特征。需要根据具体直播平台的观众画像，找出观众喜欢的视觉元素和视觉呈现方式。例如，B站的主要观众群是"Z世代"，他们喜欢的是二次元的视觉元素（见图3-28和图3-29）。

二次元的关键视觉元素

（1）二次元审美
"卖萌"——萌化、少女化、拟人化

（2）二次元思维方式
"脑洞"——夸大化、戏剧化、动漫化

（3）二次元精神支柱
"追星"——动漫人设IP、具有二次元形态的偶像

图3-28 "Z世代"二次元风格的关键视觉元素

- 打动"Z世代"的视频营销三原则
  - 真实
  - "不玩梗会死"
  - 有理有据，令人信服

- 打造"Z世代"的视频营销策略
  - 套路1：打造新品
  - 套路2：经典再现
  - 套路3：幻觉梦境
  - ……

图3-29 打动"Z世代"的视频营销原则和策略

3. "视觉先导"原则贯穿整个直播营销活动

"视觉先导"原则不仅要运用在方案策划环节，更要运用在整个直播活动过程当中。例如在现场准备的道具、宣传推广的内容和节奏、现场执行环节的每个步骤、现场导演的调控，都需要有"视觉先导"原则的支撑，这些内容将在后续的章节中详细介绍。

3.3.2 视觉意象主题

1. 用视觉意象主题，勾画出方案的草图

许多人以为直播营销活动的方案策划，是从策划定位或是主题开始的，但真正的营销高手不是这样做的。因为一旦用文字确定了定位或主题，就会局限策划人员的想象力。前面通过需求梳理，直播实操团队已经有了经过直播需求方确认的直播营销活动核心思路，这时直播实操团队中的策划人员就可以来设想直播营销活动的视觉意象主题，勾画出活动方案的草图。

这时，真正的直播活动策划高手会让自己放松下来、闭上眼睛，先在脑海里为直播营销活动构想出一个视觉意象的主题，这个视觉意象主题就如同文章中的中心思想一样，而其他所有内容都是以它为中心、为它服务的。

> **名词解释** 视觉意象不是一个简单的图像，而是加入了人的情感因素。视觉对象成为意象的过程，是一个由人的意识情感充分参与的"自然向人生成"的过程。

直播营销活动中如果有太多的视觉意象就会造成混乱，我们需要一个明确的主题，让观众记忆深刻。

> **案 例** LA MER 海蓝之谜"海生万象 奇迹无限"直播营销项目

在 2020 这个特殊的年份，我们都在经历着一场前所未来的挑战。只有在不断积蓄与沉淀中，我们才能探索出无限可能，见证自我奇迹新生。海蓝之谜从万象深海中汲取灵感，从深海中探索肌肤修护焕新奥秘，带给人们亟待的奇迹修护能量，让身心得以被治愈，与消费者产生更高的情感价值认同。

LA MER 海蓝之谜"海生万象 奇迹无限"直播营销活动，创新舞美效果，打造"沉浸式"深海实景舞台 #LA MER LIVE#。诠释不同意境下的海洋景象，让观众如身临其境般感受海洋的万象之美（见图 3-30）。

图 3-30　案例：LA MER 海蓝之谜"海生万象 奇迹无限"直播营销活动

2. 如何构想出视觉意象主题

优秀的直播营销活动策划人员会像进行艺术创作一样，先在脑海中构想出直播营销活动的视觉意象主题，再以这个视觉意象主题制定出各项方案。

所谓视觉意象主题，可以用这样一句话来表述：谁在怎样的场景当中做着什么。而这个表述，一定要非常有画面感，并能起到营销实效。其中的诀窍在于，一是要有"视觉"场景，而不是抽象的文字含义；二是要有"意象"，表现人在其中特定的行为和理念。

比如，医学性质的医疗专业直播，其视觉意象主题必须和医生医疗的元素相关，直播场地不一定非要在医院，但是书架、书籍，科学严谨、干净整洁利落的视觉氛围要有。而科技企业技术类型的直播，要有炫酷、未来感的意象，营造出科技感满满的氛围。

3. 逐步提升构想视觉意象主题的能力

勾画出有创意的、独特的、有营销价值的视觉意象主题并非易事，需要策划人员对直播技术、视觉呈现、业务执行和营销战略都有深度的把握。

有了视觉意象主题，就像有了主心骨，接下来就可以顺畅地制定直播营销活动的规划和执行方案。如果没有视觉意象主题，整个活动的策划就像无源之水没有依归，只能硬性来拼凑策略，往往会造成直播活动的形散神乱。

构想出精彩的视觉意象主题，是打造优秀直播营销活动的底牌。需要说明的是，构想视觉意象主题也是"视觉先导"原则中的重要组成部分。对这方面有兴趣的学习者可以通过观看、分析影视作品的方式，来提升基础素质。随着视频直播营销的广泛应用以及竞争加剧，学习者应努力提升"视觉先导"原则的意识及构想"视觉意象主题"的能力，从而策划出更加优秀的直播营销活动。

4. 策划视觉意象主题的技巧

由于直播营销活动的创意更多是视觉层面的，因而在进行创意时，要设计出特别的视觉元素和呈现方式。

技巧 1　抽象化活动主题的创意——场景化

许多活动主题是比较抽象的，比如企业的战略发布会，往往都是高大上的词汇。这时，将抽象的主题落地到一个有意义的场景，就会受到特别的关注。比如，2020年新冠肺炎疫情期间，老乡鸡的战略发布会就选择了纯朴的农村会议场景（见图3-31）。

图3-31　案例：2020年老乡鸡战略发布会

技巧2 具象化活动主题的创意——异形化

许多司空见惯的活动主题，比如产品发布会，标准模式都是模仿乔布斯的苹果公司发布会。这时直播实操团队可以将已经很具象化的模式，进行异形化的改造。例如，360新产品——全屋路由器的新产品发布会，就设计成告别仪式的场景（见图3-32）。

图3-32　案例：360全屋路由器的新产品发布会

实操模板

表3-4　直播营销活动规划方案的内容元素

表3-9　直播营销活动执行方案中的细节方案和方案说明

实践作业

1. 策划一场教师节或迎新生晚会的直播营销活动，设计出规划方案和实施方案。
2. 利用高校或风景区中的美景，策划一场户外营销类读书直播营销活动，策划出规划方案和实施方案。

第 4 章
视频直播营销执行统筹

学习指导

任务描述：

执行统筹工作，是承接方案策划工作开展的，同时又要为现场准备和执行做好铺垫。本章的学习任务，主要是理解执行统筹工作所具有的管理特性，完整掌握执行统筹工作中涉及的每一个细节性操作；对执行统筹工作中需要具体面对的人、物、事、硬件和软件，做到熟悉和了解。

学习目标

知识目标：

- 理解执行统筹工作的内容及其重要性
- 熟悉执行统筹工作所涉及的具体事务
- 了解执行统筹工作中可能运用到的硬件和软件

能力目标:
- 能够对相关案例中的执行统筹工作进行解析
- 能够在实际运用中重视并做好执行统筹工作

任务导入

解析执行统筹工作的重要性,分析执行统筹工作对个人素质的要求,复述执行统筹工作中需要涉及的硬件和软件,制作执行统筹工作的内容表单,在此基础上,拟定一份执行统筹工作方案。

任务解析

本章中的细节内容较为丰富,在学习过程中,学习者需要对照基础概念和案例,对执行统筹工作涉及的具体步骤做反复理解。

4.1 执行统筹的内容和重要性

4.1.1 执行统筹的主要内容

直播营销活动在完成了策划阶段的需求梳理和方案策划之后，就进入到筹备阶段的执行统筹环节，这个环节的工作是为直播营销活动的现场准备和现场执行进行通盘筹划（见图4-1）。如果将方案策划比喻成制订作战计划，那么执行统筹就是建立作战指挥部，为开战做好前期准备。

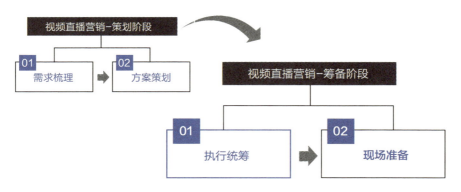

图4-1 视频直播营销筹备阶段的两个环节

执行统筹包含的工作内容项目，主要有：

- 预算与规模：确定直播营销活动的预算并确定活动规模

- 人员岗位配置：根据实际情况配置岗位及人员
- 时间节点：安排现场准备和执行过程的时间节点
- 执行排期：对彩排和现场执行做具体详细的时间规划

4.1.2 执行统筹的作用和重要性

1. 执行统筹工作的作用

直播营销活动进入筹备阶段之后，就变成了完全由细节来支撑并且快速推进的状态。这时直播实操团队首先要做好执行统筹工作，实现对整个筹备阶段和执行阶段的流程管控。执行统筹工作的作用是：

1）将策划方案中的内容落地实施；

2）为直播营销活动能够顺畅执行，而进行岗位职责分工、细化准备实现、安排时间节奏；

3）在统筹过程中发现方案中无法实现或需要改变的事项，提前调整。

2. 执行统筹的重要性

通过前文介绍的执行统筹的内容和作用，可以看出，执行统筹环节的工作，对于直播营销活动能否顺利进行并完成有着重要作用。对于刚刚接触视频直播营销的学习者来说，执行统筹可能还是个有点陌生的词汇；但对于规范化的直播营销活动来说，完成这个环节工作的水平，是直播实操团队专业度的表现。

古语有云"磨刀不误砍柴工"，在直播活动实操工作中，执行统筹这个环节就是"磨刀"。如果没有做好这个环节的工作，将极大增加活动的风险，甚至会导致直播事故。

3. 忽视执行统筹会出现的问题

（1）事项遗漏

直播营销活动的准备和执行过程，是由无数个细节组成的，如果没有执行统筹环节进行总体管控，就会出现某些事项被遗漏的问题。这些遗漏的事项，往往大家在日常准备中意识不到，直到现场执行时才暴露出来，会导致直播出现事故、甚至直播无法正常进行。

例如在一场直播营销活动中，由于直播实操团队的仓促准备，直播主持人的手卡被忘记制作，到了直播开始前一小时才发现。如果没有手卡，直播开始后主持人面对镜头可能会出现口误，记背能力弱的主播，会造成直播过程的不顺畅。

（2）效率低下、风险增加

直播营销活动筹备阶段的细节工作千头万绪，对此必须要进行分组、分工负责。而这个阶段中有的工作项目比较简单、有的复杂许多。如果没有执行统筹的细致安排，就会出现急难险重的工作与不着急的工作同时开始，导致团队总体效率低下。表面上看似大家都很忙碌，但实际整个团队缺乏效率。

企业营销部门会同时开展多项营销活动，如果直播团队的工作效率低下，就会拖慢整个营销部门的效率，影响业务和公司的发展。甚至，还可能出现比效率低下更严重的问题。例如，由于每项准备工作的时间周期不同，会出现难度大的准备工作不能及时完成的情况，导致活动的执行时间被延迟或活动被迫取消。

4. 做好执行统筹的好处

（1）效率提升、多项目同时进行

做好执行统筹工作的好处在于，明确清晰地将需要准备的诸多事项，进行梳理、分组、分工，提升工作效率。各组可以根据实际情况，做时间和精力的调配，使得整个团队能够同时运作多个营销项目。

（2）避免直播营销活动方案中不合理的部分

由于直播营销活动方案大多是在办公室里闭门造车的产物，有可能与实际情况不符合。而执行统筹可以及早发现其中的问题，进行调整。

许多策划方案中的设想最终没能实现、许多直播"翻车事件"的发生，在进行复盘总结时就会发现，大部分原因就在于执行统筹环节的工作不到位。

4.1.3 组建直播实操团队

1. 确定直播营销活动执行的负责人

在工作实践中，往往到了执行统筹环节，才意味着直播营销活动的正式开始。这时，首先要明确直播实操团队的负责人，这位负责人的工作职责一方面是对接直播需求方，另一方面要全面管理直播实操团队。直播需求方也应当明确这场活动的负责人或对接人，以免职责不清、造成混乱。

如果直播需求方和直播实操团队是在同一个企业或部门当中，且非常熟悉直播营销工作，负责人可以由同一人担任。如果双方属于不同的企业或企业中不同的部门，应当设立各自的负责人，共同管理这场直播营销活动。

直播实操团队的负责人最好由直播营销策划师（参见第8章视频直播营销团队建设的相关内容）来担任。就像前线指挥部的总指挥一样，直播实操团队负责人在直播营销活动的准备和执行过程中，负责组织全面工作并拍板进行决策。

> **名词解释** 直播营销策划师，作用类似电影行业中的"制片人+编剧"，负责直播活动的策划、统筹、执行和复盘总结的实操全过程。直播营销策划师需要参与企业设定营销目标、制订营销计划的工作，并在营销目标和营销计划的指引下，对直播活动进行整体把控。

2. 组建直播实操团队

在实际工作中，一场直播营销活动在策划阶段并不会成立完整的直播实操团队，因为这时许多活动的形式和内容并未确定。多数情况下，在方案策划环节往往只有一个直播活动的策划小组。然而到了筹备阶段，从执行统筹开始，企业就需要将直播实操团队组建起来。

首先根据活动的具体情况，设立相关的专业小组（参见表 1-6 直播实操团队的专业小组与主要岗位），并确定每个专业小组的负责人。如果需要企业外部的合作机构，就要尽快确定合作机构的对接人或负责人，明确自身及合作机构分别负责的内容范围和岗位职责。然后，建立整个团队的沟通和联络方式，例如建立直播实操团队的联络群组（见图 4-2）。

图 4-2 建立直播实操团队的联络群组（示例）

4.2 执行统筹的实施步骤

直播营销活动策划方案中的各种创意和美好设想,到了筹备阶段往往会出现各种变数和意外。因此,直播实操团队在执行统筹环节需要将策划方案按照现实条件和具体状况进行调整和实现。一场直播营销活动需要用多少人、多少设备、多长时间,每个具体步骤执行的颗粒度细致到什么程度,这些都需要在执行统筹环节确定、落实下来。同时,为了直播营销活动能够顺利进行、避免出现各种问题,还需要做好风险规避以及预案准备。

执行统筹环节的工作内容都是由各种细节组成的,这些细节串联起来形成支撑着整个直播营销活动实际执行的骨架。按照时间的先后顺序,直播实操团队需要逐个完成以下四项工作(见图4-3)。

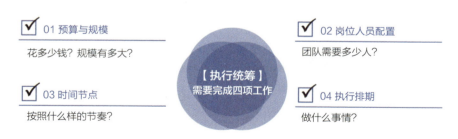

图4-3 执行统筹的四项工作

就像建立前线指挥部的工作流程一样,先确定好规模和财力投入——"预算与规模";再设定部门与人员组合——"岗位人员配置";之后设计好整个时间安排——"时间节点";最后确定好最关键行动的细节时间——"执行排期"。这四项工作是相互影响、相互配合的。执行统筹就是要先建立前线指挥部,才能做好后续环节的管控工作。

4.2.1 预算与规模

执行统筹的第一步是确定直播营销活动的预算金额,再决定活动的具体规模。

1. 直播营销活动预算

(1)直播营销活动预算的测算和确定

直播营销活动需要进行细致的预算规划,做好预算的测算。因为直播活动中需要许多专业设备和专业人员,还可能需要外部合作团队或人员。这些专业设备的费用和人员成本都价格不菲。

直播实操团队负责人或直播营销策划师在预算测算完成后,应将预算清单交付直播需求方确定最终的预算金额。并且让直播需求方明确回复,预算是否有浮动的可能,以便在准备过程中遇到问题时能够及时进行调整。

(2)预算决定了直播营销活动的整体规模

预算决定了直播实操团队的人数和直播营销活动的规模大小。直播营销活动的人员专业水平、器材使用水平、场地选择和场景搭建水平等,这些对于一场活动最终能够实现的整体规模水平和效果,有着直接的影响(见图4-4)。

无论是购买或租用专业器材,还是场景搭建,直播营销活动中的每一项工作都需要费用支撑。不同档次的器材或物品,呈现出来的视觉效果差异巨大。俗话说,一分钱一分货,低质廉价的设备和物品,在聚光灯的照射下,效果肯定不尽如人意。

图4-4 预算决定了直播营销活动的整体规模和效果

但直播活动的预算是有限的,不可能在所有项目上都使用最优质的器材或物品。因此,直播实操团队负责人或直播营销策划师需要精打细算,选择出对直播活动最重要的项目,"把钱花在刀刃上"。

(3)预算中的常见项目

直播活动的地点选在室内还是户外、是小活动还是大型活动,会导致预算的数额差距极大。一场直播活动的预算项目,主要包含以下几个方面(见表4-1)。

表4-1 视频营销直播活动预算中的常见项目

项目名称
策划费用
设计费用
人员成本
器材成本
搭建成本
网络费用
直播物料成本
差旅、运输、交通等费用
宣传推广费用
其他费用

这些都是举办一场直播营销活动需要投入的固定成本。由于直播工作需要的专业性很高，也就意味着使用专业人员和专业设备的成本不低，因此许多岗位的工作量需要以天或以小时计算，否则活动的预算将难以控制。

（4）直播营销活动的宣传推广预算

直播营销活动预算中的宣传推广预算，对直播活动的营销目标能否实现非常重要，因此单独进行说明。

不同量级的宣传推广预算，对于直播营销活动覆盖的范围和力度几乎是决定性的。随着商业领域日趋成熟，市场上很难再出现早期那种空手套白狼的营销项目。因此，营销预算是实现营销效果的基础。但也不是说预算多多益善，一场直播营销活动的营销目标明确，对应的营销手段也就清晰了。一场活动需要的是合理合适的营销预算，过度的营销预算，边际效应的收益并不高。

并非有了足够的宣传推广预算，就一定有好的营销效果。如果选择了不适配的媒体以及宣传内容不够精准，依然难以有好的效果，这时就要看直播实操团队的营销方案和文案设计投放的综合水平了。

直播营销活动的宣传推广预算，是包含在整体直播营销活动预算当中的，主要有两个部分：

- 宣传物料制作费用（网络和实物）
- 活动前中后期的媒体投放费用

大中型企业有年度、季度的推广预算，直播营销活动的宣传预算会在一定的框架范围内。小型或创业企业的直播宣传预算需要谨慎规划，最好是先尝试进行几场小型直播活动，摸索出经验再进行扩大。

2. 确定直播营销活动的规模水平

明确了活动预算的数额，就可以确定直播活动的具体规模水平了。在实际工作中，预算与规模水平是相互影响的。直播活动的规模水平，由三个部分组成（见图4-5）。

图4-5　直播活动规模水平的三个组成部分

　　定制化的企业直播活动

每一场企业直播的需求和执行细节不同，场地不同，那么直播器材受到场地和需求的影响会不同，人员配置也自然有所差异。所以，可以说每一场企业直播活动都是定制化的。定制化具体就体现在，场地的选择和搭建水平、器材的档次和数量、团队成员的岗位和人数这三方面。

下面，逐一讲解直播营销活动规模水平的三个组成部分，需要注意的是，具体到每一场直播营销活动，都需要进行定制化的调整。

（1）直播器材的档次和数量

首先是直播器材的档次和数量。如果是大型直播项目，需要非常复杂的系统和设备。比如在超大型直播营销活动的规划当中，需要有导播系统、摄像机位、特种设备（大型直播车）和定制化直播平台搭建。在实操案例中，各项器材的运用情况如下（见表4-2、表4-3、表4-4、图4-6和图4-7）。

表4-2　超大型直播活动中的导播系统规划（实例）

机位	数量	备注
大型转播车	1	可提前装饰车体为活动主题
24路导播切换系统	1	
在线字幕包装系统	1	活动流程、抽奖提示，网友互动问题等字幕可实时编辑
内部通联系统	10	有线+无线
UP主解说返送系统	1	参考赛车解说席
实时播放	1	直播视频素材播放

表4-3　超大型直播活动中的摄像机位规划（实例）

机位	数量	用途
斯坦尼康	2	迎接车辆通过"超时空通道"，迎接领导上台、活动场地环境展示
摇臂	2	空投舞台、发布舞台各一个
长焦	2	拍摄直升机及空投盒空中特写画面
固定机位	3	发布会拍摄
UP主活动解说	1	参考赛车解说席
航拍	1	提前1天或当天活动开始前拍摄场地航拍画面

大型转播车—可提前装饰车体为活动主题

图4-6　超大型直播活动中的大型转播车（实例）

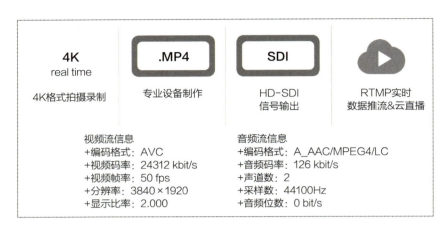

图 4-7 超大型直播活动中的直播平台系统搭建（示例）

表 4-4 超大型直播活动中的主要器材和人员清单（实例）

区域	序号	明细	摘要	数量	单位	天或期
导播系统	1	主切换台	ATEM 4 M/E Broadcast Studio 4K	1	个	7
	2	备切台	ATEM 2 M/E Broadcast Studio 4K	1	个	7
	3	应急切台	ATEM Television Studio Pro HD	1	个	7
	4	面板	ATEM 2 M/E Broadcast Panel	2	个	7
	5	矩阵	Smart Videohub 40×40	1	个	7
摄像系统	6	摄像机	外租机位	3	个	7
	7	镜头	B4 口广角 4.3 大广角	1	个	7
	8	镜头	B4 口标镜	2	个	7
	9	摄像机	BMD4.6K 摄像机	3	个	7
	10	镜头	24–70	3	个	7
音频系统	11	调音台	数字调音台	1	个	7
	12	麦克风	舒尔无线头戴麦（6 个）	6	个	7
	13	麦克风	手持麦（2 个）	2	个	7
	14	耳返	舒尔	2	个	7
	15	导演麦	无线手持麦	2	个	7
	16	PA 系统	现场扩音	1	套	7
	17	内通系统	现场导演组 RTS 16 个点位	1	套	7

（续）

区域	序号	明细	摘要	数量	单位	天或期
推流	18	推流机	LiveU	2	个	7
操作人员	19	导播	是	1	个	7
	20	字幕	是	1	个	7
	21	摄像师	1个摇臂，4个定机位	5	个	7
	22	音频	是	1	个	7
	23	推流	是	1	个	7

（2）直播团队成员的岗位和人数

直播实操团队的人数，是由直播营销活动的需求和预算来决定的。同时，还要根据实际工作量的大小，来增加或减少人员。

有的重要性高、技术难度高的直播营销活动，其工作人员会多达几十人甚至上百人。如果直播营销活动只涉及企业内部1~2个部门，且不需要外部合作机构或人员参与，只需要基础的人员规模（参见表4-10 直播营销活动实施的基本岗位配置表）即可。如果是大型企业的重点营销项目，或是多个企业的联合项目，那么应该增加对接联络人、项目负责人，甚至在同一个岗位，安排几个来自不同企业的、做相同工作内容的人（见表4-5）。

表4-5 直播活动中执行方的岗位和人员配置（实例）

执行方负责						
项目	职能	数量	天数	单价(元)	合计(元)	备注
总体策划	创意策划思路	1			85000	
	细化流程	10				
	脚本制作	10				十场细化脚本
	宣传物料设计	10				每日直播主题、电子邀请、直播海报

（续）

执行方负责						
项目	职能	数量	天数	单价（元）	合计（元）	备注
项目执行管理	执行统筹	1	3	5000	15000	
	执行管理	2	3	2500	15000	
导演组	导演	1	3	5000	15000	
	导演助理	2	3	2000	12000	
	同声翻译	1	3	1000	3000	
				合计	145000	

待确定部分						
项目	职能	数量	天数	单价（元）	合计（元）	备注
网络直播执行管理(三天起，不能拆分)	前台直播间构架工程师	1	12	2000	24000	直播构架技术工程师
	后台直播稳定性测试工程师	1	12	2000	24000	直播信号调控、检测及实时跟踪技术工程师
	直播跟场工程师	1	12	2000	24000	直播现场跟场服务，解决各项设备对接，现场测试及问题解决
	网络搭建及服务器架设	1	11	4000	44000	不含 HLS 并发
				合计	116000	

注：表中价格仅为示意参考。

（3）直播场地的选择和搭建水平

根据前期制定好的策划方案以及预算，能确定具体的直播场地和搭建水平。场地和搭建，在直播活动预算中一般占比较大，可选项也比较多，需要综合进行考虑（见表4-6）。

前期准备时，特别需要进行预算的控制，以及各项限制条件的预先考虑。比如，现场直播时的天气情况，对场地和搭建都有直接影响。

表4-6 直播场地的选择和搭建水平（实例）

项目	职能	数量	天数	单价（元）	合计（元）
演播室搭建	100-120平方米演播室及导播间	1	1	60000	60000
摄播执行	演播室4机位+直播	1	12	30000	360000
合计：					420000

注：表中价格仅为示意参考。

3. 不同规模水平的实操案例

常见的直播营销活动或在室内或在户外，又可分为固定机位直播或是动态机位直播。下面是几个实际案例的情况。案例1是直播间的云直播，案例2是展会里的云逛展，案例3是会议厅中的论坛直播。

直播间的云直播

这是一场在直播间里进行的直播营销活动，是一个大型展会中的组成部分。展会的主办方举办这场直播活动，由参展商报名参加。其直播活动的规模和具体细节如下（见图4-8、图4-9和表4-7）。

图4-8 展会中的直播间（外部视角）

图4-9 展会中的直播间（内部视角）

如今在展会中搭建直播间直播，已经成为展会的重要组成部分，因此其设计、装饰一般非常精致，造价自然也很高。

这是一次比较典型的室内直播间直播活动，有录音师、灯光师、推流师,还有专业的化妆师。由于是外贸展览,还配有英文主播。

在设备上,我们可以看到配置了三个摄像机的机位,以及提词器、灯光、声音处理和导播台等。因为要介绍来进行直播的参展企业,所以需要有商务人员进行沟通,负责联系每个参与直播的企业,并为每个企业设计单独的企业宣传电子物料、实体物料以及直播脚本。

表4-7 [案例1]:直播营销活动的规模和具体细节

展会直播间 直播活动 (彩排:1天;正式:2天)					
报价明细					
序号	项目	内容明细	单位	数量	天数
整体策划设计					
1	商务沟通及现场统筹	前期:与每个参加直播的展方沟通,确定顺序、协调彩排、沟通注意事项等。执行期:跟进每个参与直播的展商,保证直播顺利进行	次	1	
2	创意策划、细化流程、脚本制作	根据每天直播的安排,进行主播的串词,加入展会进行时的简短报道,增加实时感	次	1	
人员技术服务					
1	中英文主播	中英文主播控场及串场	人	1	3
2	导演	专业现场导演,负责切播多路信道	人	1	3
3	导演助理	协助导演协调	人	1	3
4	专业摄像师	有多年摄像、直播经验	人	2	3
5	录音师	现场收音	人	1	3
6	灯光师	现场灯光布置	人	1	3
7	推流工程师	负责直播推流	人	1	3
8	商务及项目统筹	负责整个项目的前中后期进度跟进	人	1	3
9	文案脚本总控	策划、文案,脚本即时调整等	人	1	3
10	化妆师		人	1	2

（续）

序号	项目	内容明细	单位	数量	天数
设备器材					
1	EX-280 高清摄像机	SONY	台	2	3
2	ATEM Production Studio 4K 1M/E 8 路高清切换台	Blackmagic	台	1	3
3	8 路数字调音台	SONY	套	1	3
4	无线话筒	SONY	套	2	3
5	摄影灯光及配件	专业影视摄影灯光组合（10~12 支）	组	1	3
6	采集推流服务器		套	1	3
7	设备及系统搭建			1	1
直播物料					
1	展会整体直播电子物料制作	体现展会总体设计风格 如，开场 KV、主展会视觉等	天	3	
2	直播客户企业单独的电子物料	体现客户信息，如企业 LOGO、人名头衔等	个/客户	10	

案例 2

展会里的云逛展

这个直播活动是云逛展，是国际展会中的一项宣传活动。由直播主播走访展会中的企业展台，并对重点企业的老板或高管进行现场互动体验式采访。

因为云逛展的过程中，全程是移动状态，展场中室内光线照明有保证，因此在岗位配置中没有灯光师。在设备器材方面的特别之处是，需要有摄像机稳定器，帮助摄像师在行进当中保持镜头的稳定。考虑到云逛展直播时网络信号的特殊性，所以配有 4G 背包，由摄像师背在身上。因为不是直播间里的直播，所以没有演示物料。同时，云逛展也不需要专门的场地搭建（见图 4-10、图 4-11 和表 4-8）。

图 4-10 云逛展的直播现场① 　　图 4-11 云逛展的直播现场②

表 4-8 ［案例 2］：直播营销活动的规模和具体细节

展会云逛展 直播活动 （彩排：1 天；直播：2 天）					
序号	项目	内容明细	单位	数量	天数
整体策划设计					
1	商务沟通	前期：与每个展馆的重点展位展方沟通，确定重点展示产品、领导人、企业形象等逛展时展示的内容 执行期：跟进每个重点展位展商的联系，保证逛展时的配合	次	1	
2	创意策划	梳理五大分展馆特点、了解重点客户需求，确定直播思路，直播路线规划，每个展馆的逛展风格定位等	次	1	
3	细化流程	梳理逛展流程，在客户提供的资料基础上，设计客户关键问题等			
4	脚本制作	主持人脚本撰写			
5	专业翻译	如做英文逛展部分，文档进行翻译	次	1	
人员技术服务					
1	中文主播	逛展主持人	人	1	3
2	英文主播		人	1	3

（续）

序号	项目	内容明细	单位	数量	天数
人员技术服务					
3	导演	专业现场导演，负责切播多路信道	人	2	3
4	导演助理	协助导演协调	人	2	3
5	专业摄像师	有多年摄像、直播经验	人	2	3
6	摄影助理	与摄影师配合	人	2	3
7	推流技术	负责直播推流	人	2	3
8	商务及项目统筹	负责整个项目的前中后期进度跟进	人	1	3
9	文案脚本总控	脚本的即时调整	人	1	3
10	化妆师		人	2	2
设备器材					
1	EX-280 高清摄像机	SONY	台	2	3
2	稳定器	常规	台	2	3
3	无线话筒	SONY	套	4	3
4	采集推流服务器	常规	套	2	3
5	4G 背包	三大运营商	套	1	3

案例3

会议厅中的论坛直播

这场直播营销活动是一次大型论坛的直播。因为论坛场地很大，因此需要更为专业的摄像机，配套大型云台等设备。人员方面，因为只是一个论坛的直播，所以只需要摄影师和摄影助理就可以了。不需要专业的现场导演、助理等岗位，也不需要文案策划、脚本等（见表4-9）。

表 4-9 [案例 3]：直播营销活动的规模和具体细节

论坛直播				
3 天论坛录播报价（同场地）				
序号	设备配置	品牌	数量	单位
摄像机控制系统				
1	ursa-mini 4.6K 讯道摄像机	Blackmagic	1	台
2	URSA Studio Viewfinder 7 英寸寻像器	Blackmagic	1	台
3	509HD 摄像机液压云台	Manfutu	1	台
4	545GB 三脚架	Manfutu	1	支
5	HyperDeck Studio Pro-4K 硬盘录像机	Blackmagic	1	台
6	设备及系统搭建		1	
摄影设备及人员费用				
1	摄像师		1	人
2	摄像师助理		1	人
剪辑制作				
1	机房剪辑 – 论坛完整视频，按每天录制的视频场次剪辑出若干场论坛的完整视频（不包括字幕、特效、花絮等）		1	天

4.2.2 人员岗位配置

1. 直播实施中的岗位需求与专业能力要求

关于直播实操团队的专业小组与主要岗位配置，表 4-10 列出了参加直播营销活动准备和执行工作的常见人员。直播营销策划师一般作为直播活动的负责人，组织管理整个直播活动的筹备和执行过程。下面以一场三机位、两小时的直播活动为例，介绍一下标准的直播实操团队构成。

表4-10 直播营销活动实施的基本岗位配置表

编号	岗位属性	岗位	人数	备注
1	统筹管理	直播营销策划师	1人	直播活动总负责人
2	筹备策划	现场导演	1人	
3		文案策划	1人	
4		平面设计	1人	
5		视频剪辑	1人	
6	直播执行	导播	1人	
7		摄像师	3人	根据具体机位数量配置
8		灯光师	1人	
9		音响师	1人	
10		直播流技术工程师	1人	
11		化妆师	1人	
12		直播主播、嘉宾	若干	根据策划需求配置

不同需求、不同水平的直播活动，需要不同水平的专业能力，也就需要不同能力的团队组成。做一场简单的访谈直播与做一场花费上百万元的音乐会直播，工作过程中所需要的技能和创造力水准不同、层次不同。但是，都需要直播营销策划师进行规划、需要摄影师进行构图，以及需要直播主播进行演绎。

2. 团队协作与人才现状

视频直播营销活动，对于视频技术和商业运营的能力都有较高要求，需要专业人员和成熟团队来合作完成。许多大型企业或者是市场化营销经验特别丰富的企业，在企业内部建立了专门的直播团队，配备了专业的直播器材，拥有专业的直播执行能力。但这需要比较大的资金投入和人力投入。

对于许多中小型企业来说，视频直播营销还是个新兴事物，在真正的实际工作当中，参与人员的专业度和团队的成熟度都不足。更多的企业，一时无法组建非常完备的直播团队，或是在短时期内没必要组建这样完备的直播团队。

鉴于直播营销的专业性，市场上诞生出许多的专业直播服务公司，它们可以帮助企业来制订营销策略和活动策划，并进行直播营销活动的实操执行。企业选择专业化的分工，与其合作，可以更好地结合在一起完成直播活动。

如今，一场标准的直播营销活动往往由专业直播服务公司、品牌方或企业方的团队协作完成。这样的协作，优势是各方团队可以专业互补，劣势是各方团队并不是每天都在一起工作，团队之间的配合有局限。

因此对于许多需要进行直播营销的企业而言，更适合的策略是，建立一个负责直播营销的管理团队，并配置其中的几个关键岗位，如：直播营销策划师、文案策划、直播主播和摄像师。随着视频直播营销的竞争加剧，企业对视频营销人才的重视度和需求度不断提升，优秀的直播营销策划师将成为稀缺的人才。

3. 岗位配置的基本原则

直播营销活动往往会涉及多个部门，特别要注重不同机构之间的合作、协调。因此人员的岗位分工特别重要，不能有职责的重叠，也不能有衔接的空档。以岗位职能对人员进行分工，还要注意以活动进程为时间线进行衔接。

直播实操团队负责人或直播营销策划师，应在执行准备的过程中指出活动准备和执行的关键点，在进行工作会议或沟通的过程中，告知、提醒相关岗位的人员，给予重视。

在实际工作中，负责直播活动执行的大多是临时组成的团队，这对复杂度和专业性较高的直播执行来说，带来了一定的隐患。为了消除这种隐患，企业在建立直播实操团队时，要以岗位职责为基础来进行人员配置，而不能因人设岗。因此，在进行岗位配置时，需要遵守以下几项基本原则：

- 分为不同的专业小组，设立小组负责人，管理小组内的工作和人员
- 所有工作都需要有对应的岗位来完成
- 关键岗位的人员必须具有足够的专业能力
- 对于专业或经验不足的执行团队成员，必须提前培训，让其达到所需水平

除了固定模式的直播营销活动，其他直播营销活动根据营销需求和策划的不同，负责活动执行阶段的人员规模也会不同，直播实操团队需要根据活动的需求和特征，选定需要的岗位。

由直播实操团队负责人或直播营销策划师来选定需要的基本岗位，形成本次直播营销活动的基本岗位配置表。基本岗位配置表要能覆盖执行阶段需要的所有工作，不能有直播执行的岗位职责缺失。

4.2.3 时间节点

根据直播预算和规模完成岗位配置之后，直播实操团队负责人或直播营销策划师就可以设置直播营销活动的时间节点了。

1. 时间节点的设置和把控

时间节点，就是对直播营销活动筹备和执行阶段的时间划分和时长估算。需要对整个直播营销活动的准备过程和现场执行的时间进程，划分节点及安排时长。

设置时间节点，首先要确定直播的现场执行日期，然后以倒推的方式来设置时间节点。如果时间节点设置得比较宽松，那么后续开展各项工作就会比较从容，如果时间节点设置得比较紧张，那么是无法细致地来做后

续工作的。

在直播活动的策划阶段，直播实操团队可以反复推敲，等待想到好的创意再开始后续工作。进入到筹备阶段，就需要进入快节奏的工作状态了。理想状态是，所有参与直播营销活动的人员都能够全身心投入、准备时间足够充分。但真实的情形是，对于参与直播执行的人员来说，这可能只是若干工作项目中的一个项目。企业往往会同时展开多个营销项目，还要应对各种突发的营销事件。因此，设计合理适度但是节奏相对紧凑的时间节点，非常重要。

随着直播营销活动成为企业营销的常规工作，以前一个月完成一场普通直播活动的状况，已经无法满足企业当前的需求了。在保证效果的前提下，提升直播准备工作的效率，是每个直播实操团队必须追求的目标。

对于直播方来说，需要通过不断总结经验教训，形成自己的经验积累，才能够高效、保质保量地完成直播营销活动的任务。而每次活动后进行复盘和总结工作，可以帮助直播团队迅速提升能力。在第 7 章当中，会专门介绍复盘和总结阶段的工作。

2. 三种活动难度的时间节点设置

时间节点的设置和把控，对于直播营销活动的顺利进行非常重要。时间节点如果设置得不合适，就会造成整个准备过程和现场执行的混乱，甚至影响活动最终的正常进行。这项工作需要经验的积累，成熟的直播实操团队一般会根据直播营销活动的难度等级来设置时间节点。

这里介绍的时间节点，是基于乐播传媒（专业商业视频直播服务商）的直播团队自 2015 年开始，在近 400 场不同类型、不同规模、不同领域的直播活动中总结实践经验形成的基本模式。当然，对于刚开始进行直播活动的团队来说，可能难以立即达到这么快的工作节奏，可根据自身实际情况设置时间节点，在实际工作中通过实践总结经验，逐步提升直播节奏和效率。

（1）初级难度的直播营销活动时间节点

初级难度的直播营销活动，是指直播内容相对简单、时长在 2~3 个小时的直播。

初级难度直播营销活动在直播策略制定环节需要 1 天的时间，接下来的现场准备环节中框架脚本写作需要 2 天时间，平面物料设计需要 1 天时间，执行沟通调整确认需要 2 天时间。因为初级难度的直播营销活动一般是 2~3 个小时或者半天以内的直播，可以安排半天时间来做直播彩排，半天时间来做现场执行就够了。因此，直播活动的现场执行环节就需要 1 天的时间。整个筹备和执行阶段，总共需要 7 天（见图 4-12）。

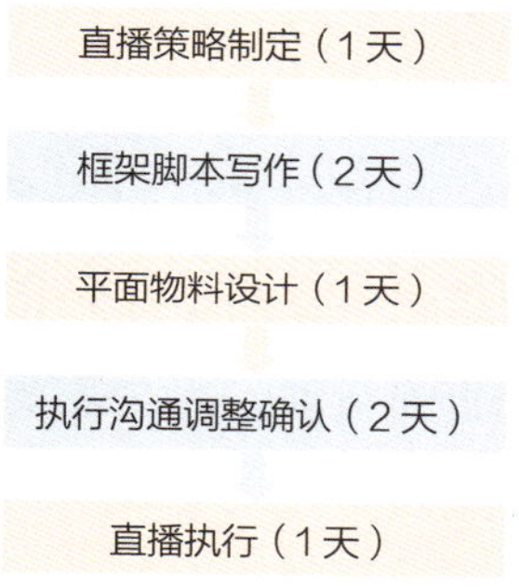

直播策略制定（1 天）

框架脚本写作（2 天）

平面物料设计（1 天）

执行沟通调整确认（2 天）

直播执行（1 天）

图 4-12 初级难度的直播营销活动时间节点设置（示例）

（2）中级难度的直播营销活动时间节点

中级难度的直播营销活动内容和环节较多，需要的时间就会相对长一些，一般需要 2~3 周。

直播策略制定需要 2 天时间，框架脚本写作、台词脚本写作、平面物料设计、视频物料制作、执行沟通确认调整各需要 2 天时间，还要有 1 天专门来做直播彩排，1 天时间来做直播执行，并且直播结束以后，需要有 1 天时间做详细认真的书面总结。整个执行阶段的准备和执行，一般需要 15 天。

一场中级难度的直播，必须在直播策略制定之后才能开始框架脚本的写作，也必须是框架脚本写作完成以后才可以进行其他的步骤。当框架脚本完成后，台词脚本、平面物料设计、视频物料制作可以同步进行，节省总工作时长。

以上所有时间节点，都是以正常完成、正常确认为基础的。如果是新团队、新项目，则需要更长的准备时间（见图4-13）。

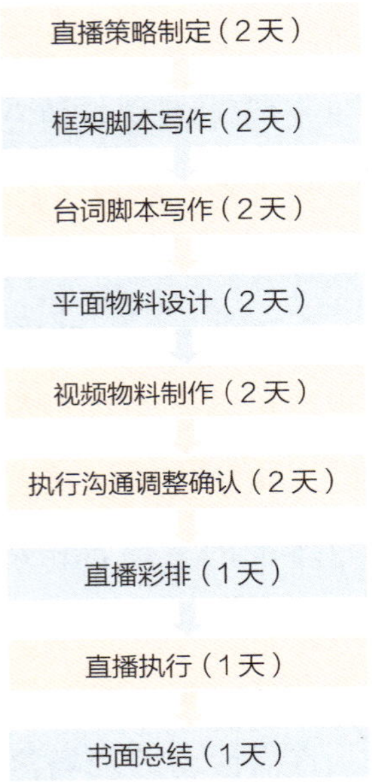

（3）高级难度的直播营销活动——完全定制的时间节点

初级和中级难度的直播营销活动，是比较常见的模式、有成熟的套路可供套用，因而准备过程（包含时间节点的设置）的速度可以较快。而高级难度的直播营销活动，并不是仅仅指技术难度高，而是指客户或领导提出的非常规直播活动，完全需要定制，没有成熟的套路可遵循。

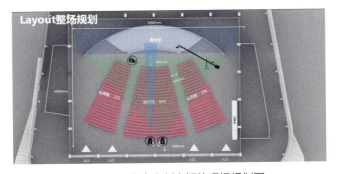

图4-13 中级难度的直播营销活动时间节点设置（示例）

定制型直播与常规直播营销活动有许多不同之处，比如直播场地的特殊性，决定了这场直播需要完全的定制化服务，这就增加了准备过程中的不确定性（见图4-14）。

图4-14 完全定制直播的现场规划图

这时，直播实操团队需要根据直播营销活动的具体需求再来确定某些环节的时间长短。比如有的直播活动，需要前期准备精美的视频物料来做气氛宣传，这就需要制作符合要求的视频物料。精美的视频物料制作，不是简单将图片拼成一个一分钟以内的小视频，可能会运用到实拍或者动画视频物料制作，那么制作的周期就会比较长。

如果一场活动中，为了能够呈现足够好的视觉输出效果，需要同时配备4个摄像机进行拍摄，对不同摄像机的镜头型号都有不同的要求。这样对于设备的准备以及搭建工作，就需要更多的时间（见图4-15）。

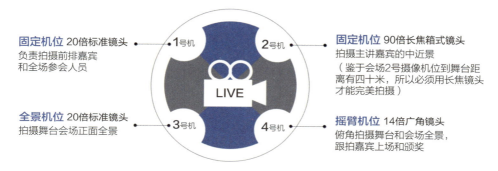

图4-15 完全定制直播的机位规划

有的直播活动，为了能够清晰呈现每个主播的画面，会选择多于常规的三机位或四机位，例如下面这场直播中，就有6个机位，也就是6台摄像机（见图4-16和图4-17）。

图4-16 完全定制直播的多机位直播①（实例）　　图4-17 完全定制直播的多机位直播②（实例）

有的定制直播活动，需要根据特殊需求进行场景搭建，那么平面物料的设计、制作以及场景搭建的时间都会长很多，这时就需要根据实际情况确定时间节点。

（4）时间节点的检查和及时调整

设置好时间节点之后，就可以安排相关岗位的人员开始准备工作了。在准备过程中，负责不同岗位的人员，应该对自己分管工作有明确的任务清单，及时对照时间表进行自查。

对于直播实操团队负责人或直播营销策划师来说，不仅要设置直播工作的时间节点，还要设置检查的时间节点。工作进展的检查工作非常重要。检查中要听取相关人员汇报各自工作，以及检查实物。对于直播筹备和执行环节中的关键点，应随时掌握相关情况。

直播活动的准备过程中，经常会出现意外情况，准备工作不可能完全依照计划进行。而随着直播活动的准备工作推进，领导或客户也可能会增加或变更营销需求，这都需要随时进行调整。直播实操团队负责人或直播营销策划师就需要随时调整方案，并进行相应的检查。

4.2.4 执行排期

1. 一切以执行排期为准

在确定了时间节点，也就是筹备和执行阶段的时间细分和时长估算之后，就需要对筹备阶段中的关键工作——直播现场的日程安排进行排期。执行排期，包括整体排期、彩排排期，还有直播活动执行当天的现场排期（见图4-18）。

图4-18 执行排期示意图

2. 整体排期

整体排期，是以日期的形式，将直播营销活动的时间安排整体展示出来（见表 4-11）。

表 4-11 整体排期时间表（实例）

全虚拟直播活动项目时间表						
4月6日（周一）	4月7日（周二）	4月8日（周三）	4月9日（周四）	4月10日（周五）	4月11日（周六）	4月12日（周日）
		（开场视频）	内容/素材收集，确定文字脚本	确定风格		
		（AR年代倒计时）		确定风格		
		（虚拟空间启动仪式）	内容/素材收集	确认风格		
		（AR数据模型）	内容/素材收集			
		（虚拟主持人）		（虚拟主持人）确认人物风格		
4月13日（周一）	4月14日（周二）	4月15日（周三）	4月16日（周四）	4月17日（周五）	4月18日（周六）	4月19日（周日）
视频脚本制作			视频脚本A稿			
CG制作			后期合成/音效合成			
启动仪式脚本制作			启动仪式脚本A稿			
	数据模型制作					
（虚拟主持人）动画制作						

（续）

4月20日（周一）	4月21日（周二）	4月22日（周三）	4月23日（周四）	4月24日（周五）	4月25日（周六）	4月26日（周日）
视频脚本B稿			视频脚本终稿/CG建模			
			倒计时A稿			
启动仪式脚本B稿			启动仪式脚本终稿/CG建模			
		数据模型制作A稿				
（虚拟主持人）动作设计				（虚拟主持人）动作设计A稿		

4月27日（周一）	4月28日（周二）	4月29日（周三）	4月30日（周四）	5月1日（周五）	5月2日（周六）	5月3日（周日）
动画预览A稿		动画预览B稿	动画渲染			
		倒计时B稿				
动画预览A稿		动画预览B稿	动画渲染			
	数据模型制作B稿	后期制作				
			（虚拟主持人）动作设计B稿			

5月4日（周一）	5月5日（周二）	5月6日（周三）	5月7日（周四）	5月8日（周五）	5月9日（周六）	5月10日（周日）
	动画合成/音乐制作	开场视频A稿		开场视频B稿		
			倒计时终稿	（虚拟空间启动仪式）素材导入		
	动画合成/音乐制作	启动仪式视频预览A稿		启动仪式视频预览B稿		

（续）

5月4日 （周一）	5月5日 （周二）	5月6日 （周三）	5月7日 （周四）	5月8日 （周五）	5月9日 （周六）	5月10日 （周日）
	（虚拟主持人）动作终稿			（虚拟主持人）后期合成		
5月11日 **（周一）**	**5月12日** **（周二）**	**5月13日** **（周三）**	**5月14日** **（周四）**	**5月15日** **（周五）**	**5月16日** **（周六）**	**5月17日** **（周日）**
		（开场视频）素材导入 （倒计时）素材导入 （启动仪式）素材导入 （数据模型）素材导入 （虚拟主持人）素材导入	素材测试	素材测试		
5月18日 **（周一）**	**5月19日** **（周二）**	**5月20日** **（周三）**	**5月21日** **（周四）**	**5月22日** **（周五）**	**5月23日** **（周六）**	**5月24日** **（周日）**
		（开场视频）完成 （AR年代倒计时）完成 （虚拟空间启动仪式）完成 （AR数据模型）完成 （虚拟主持人）完成	进场彩排	彩排	彩排	直播日

3. 彩排排期

彩排的执行排期，需要非常细致，具体到每个时间段，包括从几点几分开始、几点几分结束、做什么、由谁来做、后续衔接什么、中间由谁衔接等。可根据彩排中的实际状况做调整，再最终确定直播现场的执行排期。

彩排对于直播营销活动能否顺利进行起到了非常重要的作用。直播实操团队需要有足够的彩排时间、次数。因为彩排的质量、精细度是直播现场能否正常执行非常重要的保证。从运营和管理的角度来看，彩排时从人员到所有的硬件、物料等和直播的时候是完全一致的，彩排时间的长短会非常大地影响到活动的预算，也会非常大地影响到活动效果。

彩排是直播正常进行的最关键的保障，直播前一定要进行彩排！"无彩排，不直播"，要为彩排留有足够的时间。初级难度的直播营销活动，可安排半天的彩排时间。中级难度的直播营销活动，一般需要提前一整天进行彩排。高级难度的直播营销活动，甚至需要提前几天进行彩排。

即使不能进行全部环节的彩排，那么关键环节、关键步骤的彩排也是必不可少的，相应的预算保证和时间保证，也是必须的。

大型企业关键项目的直播活动，必须有多次彩排，才能保证直播活动的顺利进行。例如下面这家国际著名车企的直播彩排，就安排了三次（见表4-12）。

表4-12 直播彩排的排期规划表（实例）

彩排日程安排（17日–18日）			
日期	时间	内容	参与者
1月17日	08：00–14：00	设备进场，定位搭建	导演团队、拍摄团队
	14：00–16：00	设备群试/调试	导演团队、拍摄团队
	16：00–19：00	视频导入/KN/提词器录入	导演团队、拍摄团队
	19：00–22：00	视频测试，现场彩排	导演团队、拍摄团队

（续）

彩排日程安排（17日-18日）			
日期	时间	内容	参与者
1月18日	08:00–09:00	开机，设备调试	拍摄团队
	09:00–11:00	替身彩排	替身 KN/提词器翻页 导演团队 拍摄团队
	11:00–13:00	替身彩排	
	13:00–15:00	替身彩排	
	15:00–17:00	替身彩排	
	17:00–19:00	特约店店总经理替身彩排	
	19:00–21:00	替身彩排	
	21:00–23:00	现场调整，最终视频导入	导演团队、拍摄团队

彩排日程安排（19日-20日）			
日期	时间	内容	参与者
1月19日	08:00–09:00	开机，设备调试	拍摄团队
	09:00–10:00	特约店店总经理替身彩排，资料检查	替身/KN/提词器翻页
	10:00–11:00	特约店店总经理彩排	PPT/提词器翻页
	11:00–12:00	特约店店总经理录制	导演团队、拍摄团队
	12:00–13:00	最终资料录入检查	导演团队、拍摄团队
	13:00–14:00	替身彩排	替身/KN/提词器翻页
	14:00–15:00	现场准备	全体
	15:00–15:30	现场彩排	KN/提词器翻页 导演团队、拍摄团队
	15:30–16:00	现场录制	
	16:00–21:00	现场调试，内部彩排	全体
1月20日	08:00–09:00	开机，设备调试	拍摄团队
	09:00–11:00	替身彩排	替身 KN/提词器翻页 导演团队 拍摄团队
	11:00–13:00	替身彩排	
	13:00–15:00	替身彩排	
	15:00–17:00	替身彩排	
	17:00–21:00	现场调整，最终视频导入	导演团队、拍摄团队

（续）

彩排日程安排（21日-22日）			
日期	时间	内容	参与者
1月21日	08:00-09:00	开机，设备调试	拍摄团队
	09:00-10:00	替身彩排，资料检查	替身/KN/提词器翻页
	10:00-11:00	替身彩排	PPT/提词器翻页
	11:00-11:30	现场录制	导演团队、拍摄团队
	11:30-13:00	替身彩排，资料检查	替身/KN/提词器翻页
	13:00-14:00	替身彩排	PPT/提词器翻页
	14:00-14:30	现场录制	导演团队、拍摄团队
	14:30-15:00	资料检查	KN/提词器翻页
	13:00-14:00	替身彩排	PPT/提词器翻页
	14:00-14:30	现场录制	导演团队、拍摄团队
	14:30-21:00	现场调试，内部彩排，最终视频导入	全体
1月22日	08:00-09:00	开机，设备调试	拍摄团队
	09:00-13:00	替身彩排，资料检查	替身/KN/提词器翻页
	13:00-14:00	录制准备	全体
	14:00-14:30	替身彩排	PPT/提词器翻页
	14:30-15:00	现场录制	导演团队、拍摄团队

4. 现场排期

在实际工作中，不可能等到所有细节都确定后，才开始直播现场的准备工作。当主要环节的内容和人物确定了，整体时间流程捋顺了，直播营销活动的现场排期就要基本确定了。

现场排期中，往往会有企业高层和外部嘉宾参加、跨部门合作、外部机构协同等复杂情况。在实操中，经常会出现直到直播上场前的最后一刻，还在调整的情况。这对整个直播实操团队，特别是直播实操团队负责人或直播营销策划师来说是很大的考验。

下面，就是上述直播活动的现场排期（见表4-13和表4-14）。

表4-13 直播活动的现场排期表①（实例）

No.	时间		时长	流程	客户交流会 Rundown		
					细节描述	主屏LED	
1	13:00:00	14:00:00	1:00:00	观众入场 & Warm up	动态KV	全屏动态KV	
2	13:57:00	13:57:10	0:00:10		主持人画外音静音提示		
3	14:00:00	14:02:00	0:02:00	主持人开场	1. 主持人上场音乐、光效 2. 主持人台口上场，中心点站定 3. 开场词，并邀请A总上场	全屏动态KV	
4	14:02:00	14:03:00	0:01:00	A总上场	1. A总上场音乐 2. 上场光效 3. A总台口上场，中心点站定	A总Title页	
5	14:03:00	14:20:00	0:17:00	A总欢迎致辞	A总演讲—开场	现场LIVE	Logo A总 KN 现场LIVE
6	14:20:00	14:21:00	0:01:00	主持人串场	1. 主持人台口上场，中心点站定 2. 串场词，并邀请B总上场 3. B总上场音乐	全屏动态KV	
7	14:21:00	14:22:00	0:01:00	B总上场	1. B总上场音乐 2. 上场光效 3. B总台口上场，中心点站定	B总Title页	
8	14:22:00	14:42:00	0:20:00	B总KEYNOTE	B总演讲—现状阐述	现场LIVE	Logo B总 KN 现场LIVE
9	14:42:00	14:43:00	0:01:00	主持人串场	1. 主持人台口上场，中心点站定 2. 串场词，并邀请C总上场 3. C总上场音乐	全屏动态KV	
10	14:43:00	14:44:00	0:01:00	C总上场	1. C总上场音乐 2. 上场光效 3. C总台口上场，中心点站定	C总Title页	

（续）

No.	时间	时长	流程	细节描述		主屏LED	
11	14:44:00 15:24:00	0:40:00	C总 KEYNOTE	C总演讲—解决方案	现场LIVE	Logo	C总KN	现场LIVE
12	15:24:00 15:27:00	0:03:00	奖项Video	1. C总引出奖项video 2. 暗场 3. 播放奖项Video 4. 主持人上场，邀请获奖嘉宾登台		全屏Video		
13	15:27:00 15:45:00	0:18:00	颁奖环节	1. 礼仪拿上奖杯 2. 刘总为获奖嘉宾颁奖 3. 主持人邀请C总和获奖嘉宾合影	现场LIVE	Logo	静态KV	现场LIVE
14	15:45:00 15:46:00	0:01:00	主持人串场	1. 主持人请C总和获奖嘉宾回座 2. 串场词 3. 请看VCR		全屏动态KV		
15	15:46:00 15:48:00	0:02:00	VCR-vivo故事	1. 暗场 2. 播放VCR		3联屏16：9video		
16	15:48:00 15:49:00	0:01:00	主持人串场	1. 主持人台口上场，中心点站定 2. 串场词，并邀请D总上场		全屏动态KV		
17	15:49:00 15:50:00	0:01:00	D总上场	1. D总上场音乐 2. 上场光效 3. D总台口上场，中心点站定		D总Title页		
18	15:50:00 16:00:00	0:10:00	D总 KEYNOTE	D总演讲—战略分享	现场LIVE	Logo	D总KN	现场LIVE
19	16:00:00 16:02:00	0:02:00	主持人Ending	1. 主持人台口上场，中心点站定 2. 主持人结束语 3. 嘉宾散场		全屏动态KV		

142 视频直播营销

表 4-14 直播活动的现场排期表②（实例）

会议	时间	演讲内容	演讲人	时长
主会议	13:30-13:32	开场视频	//	2分钟
	13:32-13:50	A总致辞	A总	15分钟
	13:50-14:40	业务回顾及新财年策略	B总	50分钟
	14:40-14:50	公布渠道获奖名单	//	10分钟
	14:50-14:55	新财年启动仪式	VP及核心渠道	5分钟
转场	14:55-15:15	转场	//	20分钟
分会场	15:15-17:30	分会场1：商用业务会场 ・王先生：50分钟 回顾/未来趋势&策略/举措/产品展示 ・张先生：50分钟 回顾/市场环境&机会/行业策略&商机 ・王先生：30分钟 回顾/市场机会/行业应用&产品/举措	王先生、张先生、王先生主持人	130分钟
	15:15-17:45	分会场2：企业级业务分会场 ・马先生：40分钟 市场整体/行业策略 ・张先生：40分钟 commercial市场分析/对应策略&举措 ・李先生：40分钟 市场趋势/产品概况/未来举措 ・嘉宾张先生：30分钟 AI人工智能	马先生、张先生、李先生、嘉宾张先生主持人	150分钟

小结

通过本节内容，学习者能够了解执行统筹工作的重要性和复杂度。对于一场规范的直播营销活动，以及一个专业的直播实操团队来说，执行统筹工作是其专业性的表现，也是专业化的要求。

4.3 执行统筹的优化

专业的执行统筹工作，能够让直播营销活动筹备和执行阶段的各项工作次序分明、职责明确、流程清晰。这绝非轻易就能达成的目标，要求直播实操团队对每项工作都要认真负责。前文介绍了执行统筹的工作内容和步骤，下面来介绍一下每项工作进行优化提升的技巧。

4.3.1 重点预算安排

直播设备的专业程度、直播现场的搭建投入，是没有止境的。预算再多，也不可能让所有项目都达到最高水平的要求。这需要直播需求方与直播实操团队负责人进行权衡和选择，首先要保证直播活动中最基础和最亮眼的部分，也就是首先保证预算重点。

比如，在信号不稳定的情况下提供直播网络信号 4G 背包，是直播活动顺利进行的基础保障；一场舞台感很强，对光效要求很高的直播中，高清 LED 电子屏是直播活动中的亮点。这两项设备的使用成本不菲，但却是直播活动必须有的，不能因为预算紧张而被舍弃。

4.3.2 重要岗位配置

直播营销活动筹备和执行阶段中每个岗位都要有明确的职责要求，如果要给某人安排其职责之外的工作，需要看这个人在时间和精力上是否有冲突。特别是对于重要的工作内容，即使工作难度不高，也必须设置专人负责。

比如，云逛展直播中需要与参展机构联系，拿到参展机构的资料在直播中进行展示。理论上，这可以由负责制作电子物料的平面设计人员顺手来完成，但在实际工作中，平面设计人员还需要在直播进行中负责及时提供电子物料给现场导播，这就会造成时间冲突。因此，需要专门设立商务对接的岗位，来完成这项工作，而不能由平面设计人员兼职来完成。

4.3.3 时间节奏安排

虽然进入执行阶段之后的工作安排是非常紧凑的，但也需要留出一定的宽松时间。一方面是为突发意外情况留出空余，有做调整的时间空当，另一方面也是给直播实操团队的成员留有一定的休息调整时间。

时间节点的设置，不能全程都是高强度连续的工作安排，那样很容易出现由于人员体力精力下降，导致注意力不集中而不能及时应对突发事件。

4.3.4 精确执行排期

直播现场中出现停顿或空场，是非常明显的失误。在戏剧现场如果出现这样的情况，是要被观众喝倒彩的。无论是对于机构品牌还是个人品牌来说，这样不够专业的表现，会使自己的形象大为失分。

对直播现场的执行排期，虽然不必像春节联欢晚会那样精准到秒，但也需要精准到每一分钟。先后的顺序、中间的过度和串场，谁来做、怎么做，都需要有清晰的安排。尤其是对于多部门协作或是多家机构合作的直播营销活动，进行精准的时间安排和控制是不容易的，需要投入更多的时间精力提前进行协调和确认。

在执行统筹实际工作中，直播实操团队难免会陷于各种细节当中，因此在进入实际工作之前，清晰地了解这个环节的工作难点和重点、建立对重难点的认知以及做好心态上的准备，对从事直播活动的工作者和学习者来说是非常必要的。

实 践 作 业

1. 观看一场企业直播营销活动，记录每项内容的时间段、参与的人员及主题。并从专业从业者的视角，评点其在执行排期上的效果。
2. 为即将举办的学校运动会做直播营销活动的执行统筹，以6人为小组，一周时间，进行统筹的细节安排。
3. 选一本你最喜欢的书，假设你是这本新书的作者。策划一场时长2小时，1名主持人、1位新书作者（你）、2名读者嘉宾参与的直播营销活动，为这场活动做执行统筹工作。

第 5 章

视频直播营销现场准备

学习指导

任务描述：

直播实操团队，进入直播现场时场地当中，为直播执行，做好各项准备工作。本章学习任务，一是了解现场准备工作的基本内容、原则和进程；二是重点把握现场准备工作的五大基础模块；三是理解何为现场准备工作中的风险防范意识和防范风险的具体做法。

学习目标

知识目标：

- 理解现场准备工作的基本内容和原则
- 了解现场准备工作的流程进度
- 知晓现场准备工作必须重视风险防范

能力目标：
- 能够对相关案例中的现场准备工作进行解析
- 能够分析直播活动中风险的发生原因，并具有应对能力

任务导入

概括现场准备工作的内容、原则和流程进度，准确复述现场准备工作的五大模块，阐释直播互动中风险产生的原因和防范办法。在此基础上，模拟写作一份现场准备工作流程单。

任务解析

本章着重强调直播营销活动中可能发生的风险和问题。学习者只有本着这样的意识，才能更准确地理解现场准备工作的内容、原则、进度和模块。

5.1 现场准备的内容、基本原则和进程管理

5.1.1 现场准备的主要内容

现场准备，顾名思义就是为直播营销活动的现场执行做好准备工作，是筹备阶段的第二个环节，进入该环节，直播实操团队的工作重心也转到了直播活动的现场（见图5-1）。

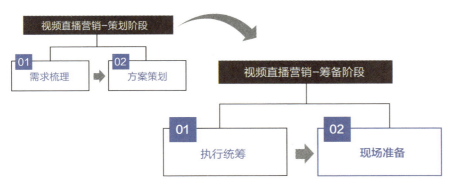

图 5-1 视频直播营销筹备阶段的两个环节

现场准备的工作分为五大模块，分别是：

- 场地准备
- 道具和脚本准备
- 设备准备

- 网络信号和网络直播间准备
- 活动宣传的物料准备与推广引流

5.1.2 现场准备的基本原则和进程管理

1. 准备工作的基本原则：一人一事跟进到底

直播现场需要准备的内容繁多，非常细碎。现场准备工作的基本原则是：一人一事跟进到底。根据岗位分工的安排，从物料准备到现场使用到活动结束后的整理回收，每项工作由专人服务且跟进到底。如果中途需要换人，必须做好交接工作，并且得到接收人的确认。

直播营销活动的现场准备工作，不只是按照工作清单准备物品那么简单，而是要按照实际工作所需做好准备，这就需要相关人员有专业知识和实操经验才行。

实例 1　多一份备用原则：设备物料清单中列出了四部手持对讲机，在实际准备中，要先将对讲机的电池充满电，还要有四个充满电的备用电池，最后接上电池看看每个对讲机能否正常工作。同时不要忘记带上充电设备，在彩排完成后、直播执行中，都能保障及时充电。

实例 2　设备、物料的标记原则：外出直播时，需要将直播器材按顺序放在对应标号的箱子里，同时要有一份详细的装箱清单，记录每个带标号的箱子里装的是什么设备，到直播场地后可以按标号迅速找到器材，活动结束后，原样收回器材，运回出发地。

实例 3　大小尺寸预先设定原则：在打印主持人的台词时，裁剪的尺寸要正好能贴在印有直播方 LOGO 的手卡背面（见图 5-2），并且保证字体大小可以让直播主播看清楚。

图 5-2　直播实操团队正在剪裁主持人的台词脚本

以上实例说明，现场准备的每项工作都有一定的专业度。这也是为什么直播活动的准备和执行需要进行专业分组、岗位分工，并且一人一事跟进到底。

2. 直播营销活动的进程管理

由于直播营销活动的准备和执行工作非常复杂细碎，执行统筹只是对工作内容做了管控，直播实操团队还需要对各项工作做好进程管理，避免在直播过程中出现纰漏。特别是大型活动、多部门或是跨机构的活动，进程管理非常重要。

直播营销活动的进程管理工作类似于项目管理工作，但活动的实操过程中，变动性和弹性较大。进程管理的常用工具是直播营销活动执行跟进表，以保证直播实操团队特别是负责人、直播需求方能够及时了解、监控直播营销活动的准备和执行工作。

直播营销活动执行跟进表的作用，是将活动的主要项目以表格形式进行内容、时间、进展状况的记录。直播营销活动执行跟进表并没有标准格式，不同类型的活动，甚至每一场活动的栏目设置都可能是不同的。因此在设计表格时，一定要将直播营销活动中最关键的项目都放进表格当中（见表 5-1）。

表 5-1 直播营销活动执行跟进表（示例）

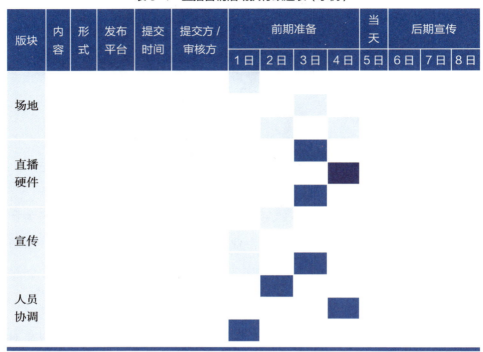

5.2 现场准备的五大模块

现场准备要为现场直播活动的进行做好所有准备，之后，就可以开始彩排和现场直播工作。现场准备的工作分为五大模块（见5.1.1）。

五大模块中的主要项目，见表5-2。

表5-2 五大模块中的主要项目

场地准备	道具和脚本准备	设备准备	网络信号和网络直播间准备	宣传物料准备与推广引流
-室内环境搭建 -户外环境布置	-直播框架脚本 -直播台词脚本和主播手卡 -直播产品和道具 -直播实体物料 -直播电子物料	-直播设备 -直播区的安排 -导播区的安排 -候场区的安排	-网络信号准备 -直播间的设置及测试	-活动宣传的物料准备 -活动宣传的推广引流

由于每场直播营销活动都是独特的，因此每场活动会有新的、不同的内容。这时直播实操团队要特别注意，可以列出一个本场活动的特殊内容清单，防止被遗漏。

现场准备五大模块的作用与相互关系，见图5-3。

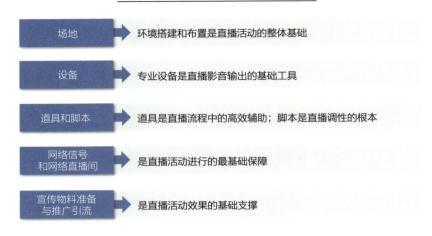

图 5-3 现场准备五大模块的作用与相互关系

5.2.1 直播现场的场地准备

直播现场的场地准备，是指直播拍摄过程中的所有环境和背景。场地准备的内容，比如直播间、屏幕等物品，在直播过程中作为固定背景，一般不会移动。

直播现场的场地准备中最常见的项目是直播间或直播区，在室内是直播间搭建，在户外是直播环境布置。大中型直播活动的场地，往往包含更多的项目，因而需要对场地进行专业分区。

1. 室内直播间搭建

场地准备的内容会根据场地的不同有很大差异，最常见的就是室内直播间的搭建和布置。根据预算的多少以及直播营销活动的需求，直播间搭建可以是一个简单的背景板，也可以进行场景性搭建，比如搭建成一个厨房、一个家庭会客厅、一个办公位，或者直播间就在一个实体的工厂里。

搭建直播间是一项专业性很强的工作，最好由专业的搭建公司来完成。

直播实操团队需要提出直播间的设计要求，特别要注意背景板、灯光、摄像机位置等事项。下面来介绍两种常见的室内直播间搭建。

（1）从零开始的室内直播间搭建

直播营销活动最常见的场地就是室内直播间，根据需求不同，搭建直播间的费用差异巨大，一般来说花费几万元到几十万元都是正常的。特别是遇到大型营销活动时，更是花费不菲。比如：在工厂内的直播、展馆里的展会直播、商场里的产品或销售类直播。

在完全空白、无任何基础的环境中搭一个直播间，适合临时或者阶段性的室内直播活动。将各种直播硬件设备搬进去，等到直播结束后撤出所有的直播设备、拆除直播搭建的所有设施，并将场地恢复到最初的状态（见图5-4至图5-9）。

图5-4 室内直播间侧面：搭建过程中

图5-5 室内直播间侧面：搭建完成

图5-6 室内直播间门口：搭建过程中

图5-7 室内直播间门口：搭建完成

第5章 视频直播营销现场准备

图5-8 室内直播间全景：搭建过程中

图5-9 室内直播间全景：搭建完成

（2）专业摄影棚内的室内直播间搭建

专业摄影棚已有一定的声音、灯光、背景等基础条件，由于当初搭建的出发点和目的不同，所以每一个摄影棚从场地大小、到硬件设施会有非常大的差异，需要根据具体的直播活动需求进行二次搭建或布置。

通常摄影棚内会包含：待客区，化妆间，影棚，道具室，休息区，更衣室，办公室和厕所等设施，是指用于影视拍摄的地点，提供可以平面、视频拍摄的综合服务。这里讲的室内直播间的搭建，是指在摄影棚的影棚当中。

在专业的摄影棚里进行直播间搭建（也称为二次搭建），视频直播的呈现效果更好，根据直播活动的需要，搭建分为白棚和绿幕（绿棚）两类。

1）白棚与实景搭建

白棚，是指在影棚中留空，便于根据每次拍摄的需要进行制景的摄影棚。在白棚中进行的搭建称为实景搭建。下面是实景搭建的案例，图5-10是场地全部留空，图5-11是有主播台的直播厅，图5-12是将场地布置成家庭的会客厅。

图5-10 全部留空的直播间

图5-11 常见的直播厅

图5-12 布置成家庭的会客厅

2）绿幕与虚拟搭建

绿幕是拍摄特技镜头的背景幕布，通常是演员在绿幕前表演，由摄影机拍摄下来，在电脑中处理画面，抠掉背景的绿色，换上其他背景。在绿幕中可以进行各种非实景的搭建，称为虚拟搭建（见图5-13和图5-14）。

图5-13　背景为绿幕的直播间

图5-14　背景为绿幕的虚拟直播间效果

2.户外直播环境布置

随着直播活动越来越丰富，企业选择室外直播的情况越来越多。要借助外部条件作为直播环境，场地准备的情况就更为复杂。户外环境的布置需要考虑镜头呈现的角度，选择近景、中景和远景拍摄的位置，同时注意自然光线的条件。

直播实操团队需要考虑天气环境对于环境布置的影响，特别是户外的体育赛事直播，一般体育赛事的直播环境搭建是由固定场地和移动动态场地结合的。

- **考虑户外天气和场地特征的环境布置**

户外直播需要注意天气等因素，如果是摄像师自己扛机器的跟拍，需要配备相应的移动支架，如果是体育赛事，需要有相应的摄影车来配合。

所有的户外环境布置都是从摄影取景构图的角度来考虑，诸如动态跟拍等方式，都需要根据摄像师的专业要求，进行相应的环境布景（见图5-15和图5-16）。

图 5-15　从摄影取景构图的角度来考虑户外环境布置

图 5-16　户外直播的动态跟拍方式

3. 直播现场场地准备的分区与搭建

直播场地有大有小、有室内有室外，有好的环境、也有差的环境，所以搭建的难度是不一样的。直播场地可以空空如也，也可以满满当当。

直播场地可以理解为有四面墙壁、地板和天花板。四面墙壁中的一面或是三面为一个弧形结构的舞台，是直播主播和嘉宾的位置，另一面，则是放摄像机和声音处理设备的位置。

无论是室内还是户外的场地，都需要以直播工作的功能来分区。直播现场的场地分为三大部分：直播区、导播区和候场区（见表5-3）。前文介绍了室内场地准备中最常见的直播间搭建和户外环境布置的基本情况，下面介绍不同分区中的主要内容与注意事项。

表 5-3　直播现场的三个工作分区场地准备

区域划分	主要功能	主要工作人员和主要工作内容
直播区	直播间 摄制节目的区域	直播主播、嘉宾等主播团队做内容输出，摄影、灯光、声音处理等同步进行
导播区	导播区域/导播间 传输视频和音频信号的区域，以及灯光控制区域	导演、导播团队进行录播执行，音响师、录音师、推流工程师、直播流技术工程师等进行直播技术支持

（续）

区域划分	主要功能	主要工作人员和主要工作内容
候场区	运营区域 准备区、办公场所和其他资料区	化妆、服装、更衣、休息等必要的功能辅助区域进行相应的直播前专业准备 客服团队、舆情监控团队在直播进行中时时监控和互动，有的直播活动会设有观众区

（1）直播区搭建：直播间搭建、舞台搭建、屏幕搭建、灯光搭建

不同的直播活动，直播区需要搭建的项目和内容各有不同。此外，屏幕和灯光也是直播区搭建的重要项目。

1）直播间搭建

在场地准备时需要考虑场地大小、景深、高度、机位位置、灯场、声场、电力、网络等方面的因素（见图5-17和图5-18）。

图5-17 室内场地直播间的效果图（示例）

图5-18 室内直播间场地（示例）

一个标准的直播间，需要考虑到场地的隔音效果、音响效果和自然光干扰等问题，需要做一定的声光处理及吸音处理，隔绝外界的声光干扰。

直播间的地板可以是木地板、瓷砖、混凝土、地毯等各种材料，但需要考虑摄像机移动是否受影响，以及直播后的复原等问题。

直播间的天花板搭建，需要考虑是否可以做固定或者移动吊挂系统，安装灯光或收音设备。同时，网络、电力方面需要场地有稳定的供给，并做好备份与应急方案准备。

2）舞台搭建

有的直播场地，核心区域是舞台。这里所说的舞台是泛舞台概念，是指直播主播和嘉宾在直播过程中的主场地（见图5-19）。一场美食直播，直播主播的舞台就是一个厨房的操作台；一场会议直播，直播主播的舞台就是红地毯和讲台；一场晚会直播，直播主播的舞台就是LED灯光舞台；一场电商直播，直播主播的舞台就是一张适合陈列产品的台桌。

图5-19 直播舞台场地（示例）

3）屏幕搭建

屏幕作为直播活动中直播主播和嘉宾的背景，通常是直播主视觉的主要承载点，也是搭建的关键点之一（见图5-20）。虽然屏幕起到了说明活动主题、烘托直播气氛的关键作用，但也不能让背景屏幕喧宾夺主，抢了直播主播和嘉宾的风头。

图5-20 直播舞台的屏幕搭建（示例）

屏幕搭建有普通的背景板屏幕搭建,也有异形和特殊效果的屏幕搭建。

4)灯光搭建

灯光是直播视觉输出效果的重要辅助。有一种看法是灯光搭建只在室内需要,室外不需要,这是错误的,在室外即使有自然光的情况下,很多时候也需要做补光处理。

如果直播是在室内进行的,灯光的搭建就更为重要。最基本的灯光搭建包括主光源、辅助光和背光(见图5-21和图5-22)。

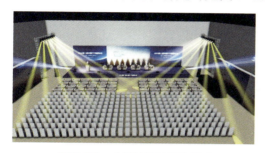 

图5-21　大型论坛的灯光搭建　　　　图5-22　室内演播室灯光搭建

灯光搭建中,需要有环境灯光照射在主视觉画面上,也要有专门照射向直播主播的灯光,还有一些辅助灯光来辅助画面的打造,将直播中的其他物料、道具产品呈现得更好。从专业角度上来讲,灯光搭建有非常多的专业要求,如阴影的处理、光线柔和度的处理等。

(2)导播区:导播区域搭建

导播区域有灯光控制台、音频控制台、视频控制台或切换器、画面加工设备、录制设备、视频音频和信号状态监视器、直播推流系统等。场地准备时,一定要给这个区域的相关人员留够充足的操作空间,并保证电源、网络的充分供给和安全(见图5-23)。

(3)候场区

候场区是其他支持人员的工作区域,主要包括接待区、休息区、更衣区、化妆区、服装区（架）、产品和道具存放区，以及非常重要的办公区（见图 5-24 和图 5-25）。

图 5-23　直播现场导播区域的搭建（示例）

图 5-24　直播现场候场区域（示例①）　　图 5-25　直播现场候场区域（示例②）

缺乏经验的直播团队一开始会忽视甚至忘掉该区域，在场地设计时没有规划出化妆区、休息区和办公区。到了直播准备时，才发现直播主播和嘉宾只能在非常尴尬的环境下进行化妆和服装准备工作。特别是没有考虑到在直播过程中，舆情监控的人员、与用户做互动的运营人员都需要处在办公状态，需要有专门的办公区。

5.2.2　直播现场的道具、脚本和物料准备

直播现场的道具、脚本和物料准备，包含出镜的产品和道具、现场导

演需要的直播框架脚本，以及直播主播台词脚本和主播手卡（见表5-4）。

- 直播框架脚本
- 直播主播台词脚本 + 主播手卡
- 直播产品和道具
- 直播实物物料
- 直播电子物料

表5-4 直播现场需要准备的道具、脚本和物料

	现场导演	导播	直播主播
直播框架脚本	使用√		
直播主播台词脚本	使用√	使用√	重点使用√
主播手卡			重点使用√
直播产品和道具			配合使用√
直播实物物料			配合使用√
直播电子物料		使用√	

1. 直播框架脚本

直播框架脚本需要呈现直播现场执行过程当中的大体框架，以一个时间阶段为模块，分模块进行说明，在什么时间模块完成什么工作内容。每一个时间模块中，要明晰直播框架脚本是什么场景、需要完成的任务是什么，主持人、嘉宾大概说些什么，互动环节是什么。

从下面的案例可以看出，直播框架脚本就是表明一个完整直播流程的大概框架：开场有多长时间，核心重点是哪一个产品，以及每一个大的时间段环节，主要的环节占多长时间，是由哪一个人来完成这些环节的；需要达到什么目的，以及在这些环节中，音乐、镜头、道具、物料如何配合等（见表5-5和表5-6）。

表5-5 直播框架脚本（示例①）

新视界研究院·企业培训直播框架脚本
时间：2021年8月8日 10:00–11:50 地点：乐播传媒直播间 主题：企业直播培训 主播：程然 Henry 整体节奏规划： 开场小结，各5分钟 三轮内容介绍为主体，贯穿三轮体验官招募＋产品教育同事推荐课程两门＋三轮抽奖作为气氛调节 体验官招募和抽奖环节，均可根据直播的实际情况做增减
开场引入（10:00–10:05） 两人对话引出本场直播活动的主题"品牌直播"培训课程 提出产品体验官福利，增加活动本身的吸引力
第一轮抽奖（10:05–10:10） 抽奖环节，奖品设置：小夜灯
课程介绍一：界面简洁，人性设计（10:10–10:25） 以互动的方式，介绍课程的功能点一
优先体验官招募（10:25–10:30） 再次推出体验官福利，吸引用户尝试
课程介绍二：人设标签，简单学习（10:30–10:45） 以互动的方式，介绍课程的功能点二
优先体验官招募（10:45–10:50） 再次推出体验官福利，吸引用户尝试
课程介绍三：简易操作，极易上手（10:50–11:10） 以互动的方式，介绍课程的功能点三
产品教育课程推荐：视频营销思维（11:10–11:20） 以互动的方式，推荐视频营销思维的8月份重点课程，结尾抽奖
产品教育课程推荐：视频营销策略（11:20–11:30） 以互动的方式，视频营销策略的8月份重点课程，结尾抽奖
高潜活动介绍＋增值活动介绍（11:30–11:45） 8月份线上活动介绍
结束语（11:45–11:50） 活动小结

表 5-6 直播框架脚本（示例②）

核心重点	环节	直播区域	人物	内容	需提前录制的视频	时长（分）
开场	开场导语	直播间	主播	主持人进行直播开场，带出秋季养生保健话题		2
	抽奖互动一	直播间	主播	活跃气氛，互动抽奖		2
	段落引言	直播间	主播	新产品介绍，人参片，带出源产地信息，引发好奇		2
人参片	产品介绍：新品人参片	原料区	溯源官	原料：介绍原料的特点	人参片原料溯源	3
		直播间	主播	运输：从原料采集过渡到原料运输，引出原料运输的话题		2
		仓库	溯源官	运输：介绍人参片原料的运输过程	人参片运输和仓储	3
		直播间	主播	生产：带出新品的研发和生产的话题		2
		生产间	溯源官	生产：展示新品的研发和生产过程	人参片的生产过程	3
		直播间	主播	强化产品功能介绍		5
	销售政策	直播间	主播	突出新品政策：带动人参片的销量		8
	抽奖互动二	直播间	主播	活跃气氛，互动抽奖		2
	段落转场导语	直播间	主播	带出阿胶糕，引发阿胶生产过程的好奇心		2
阿胶糕	产品介绍：阿胶糕	原料区	溯源官	原料：介绍阿胶糕原料的特点	阿胶糕原料溯源	3
		直播间	主播	运输：从原料采集过渡到原料运输，引出原料运输的话题		2
		仓库	溯源官	运输：介绍阿胶糕原料的运输过程	阿胶糕运输和仓储	3
		直播间	主播	生产：带出阿胶糕的研发和生产的话题		2
		生产间	溯源官	生产：展示阿胶糕的研发和生产过程	阿胶糕的生产过程	3
		直播间	主播	强化产品功能介绍		5
	销售政策	直播间	主播	销售优惠政策：带动阿胶糕的销量		8

（续）

核心重点	环节	直播区域	人物	内容	需提前录制的视频	时长（分）
燕窝	抽奖互动三	直播间	主播	活跃气氛，互动抽奖		2
	段落转场导语	直播间	主播	带出燕窝产品		2
	产品介绍：燕窝	直播间	主播	燕窝的现场试吃和产品功能讲解		12
	销售政策	直播间	主播	突出新品政策：带动燕窝产品的销量		8
其他产品	抽奖互动四	直播间	主播	活跃气氛，互动抽奖		2
	段落转场导语	直播间	主播	引出直播活动其他产品		1
	产品介绍	直播间	主播	枸杞原浆、秋梨草木膏、薏菊茯苓草本膏、黑芝麻丸、玉米粉、缤纷坚果藕粉、酸枣仁枇杷膏、木糖醇龟苓膏（燕麦味、红豆味、紫米味）等产品的介绍。特色产品可以加入开盖看产品或者试吃的环节		15
	礼品装产品介绍	直播间	主播	礼品装产品介绍		5
	销售政策	直播间	主播	重点销售其他产品和礼品装产品		7
	抽奖互动五	直播间	主播	活跃气氛，互动抽奖		2
	活动总结	直播间	主播		6	2
总计						120

2. 直播主播台词脚本＋主播手卡

（1）直播主播台词脚本

直播主播需要有直播主播台词脚本，同时还需要制作主播手卡。

直播主播台词脚本要细化到每一个上台的人要说的每一句话、每一个词，并且确定这些台词的时间长度。一般来看，正常人的语速在每分钟180字到200字之间。直播主播台词脚本要根据直播主播（团队）的语言表达习惯和其语速，以及直播框架脚本中规定的表现重点，来倒推每一个环节的台词字数。

在字数范围内，尽量用口语化的表达方式和适合直播主播语言风格的表达方式落实到每一个字、每一句话、每一个停顿、每一个语言表达重点。

直播主播台词脚本必须照顾到的因素有：主播的语言习惯、主播的常规语速、几个人的相互搭配。如果整场直播里有音乐、串场视频等，还需要提前把这些播放时间计算在内，做好预演。（见图 5-26 和图 5-27）

图 5-26　直播主持人台词脚本（示例①）　　图 5-27　直播主持人台词脚本（示例②）

（2）主播手卡

主播手卡是在直播的过程当中提醒主播台词脚本的一个辅助工具。

1）主播手卡的制作

直播实操团队需要制作双面的主播手卡，一面是带 Logo 的卡片，另一面是打印的台词脚本。将打印的台词脚本裁成与带 Logo 的卡片大小一致或者小一点的尺寸，反贴在带 Logo 的卡片背面。在直播的过程当中 Logo 对外显示，台词脚本对直播主播显示，从观众的角度只能看到手卡的 Logo 面。

2）主播手卡一般有两种，全脚本手卡和重点提示手卡。

对于台词不熟悉的主播或者非专业主播，需要用全脚本手卡，就是将脚本的原文一字不漏地打印出来。比较有经验的主播，手卡只需要关键台词部分，或直播的重点流程部分即可。

销售类直播营销活动中有非常烦琐细密的促销方案，涉及很多用户敏感度高的价格，是不可以出错的，这些促销方案会在直播过程当中被反复提及，直播实操团队需要专门打印促销方案的部分，给主播做提示（见图5-28）。

产品图↓	直播价↓	产品卖点↓（逻辑清晰，口语化，多举例）
	指导价 199元 直播间到手价 99元	**卖点引出——应用场景/针对痛点：** 1.火锅是大家都喜欢的，但是吃火锅不一定非要去火锅店哦，在家自己做，健康又安全。想吃美味火锅，一个好用的电煮锅是必不可少的。 2.今天给大家带来的这个电煮锅，不仅仅可以做火锅，还可以炒菜、煎肉、煲汤、煮粥，一锅多用。 **手持讲解——特色功能：** ●锅体一体压铸成形、无缝隙高强度更结实不变形、使用寿命更长； ●超大容量、加深设计、美食全家共享； ●双发热管、1500W大功率设计均匀受热； ●无烟不粘进口健康涂层、高温喷涂工艺； ●胶木手柄设计安全实用； ●可视钢化玻璃盖安全防爆； ●可分离式安全插头、探针式电源线； ●散热底盘、底部易导热散热； ●橡胶防滑垫、抓地力强、保持锅身的平稳耐高温不易变形；
产品名称↓		
■多功能6L大容量电热锅		
备注↓		**促单销售——促销内容：** 1.市场零售价199元，直播间99元，仅限……台。 2.售后服务完善：7天无理由退货，假一赔三，全国1500多家售后服务网点和400电话在线客服，轻松解决售后问题。
规格：6L，适合5~8人使用 功率：1500W 保修期：12个月 快递：三通一达		

图5-28 主播手卡—重点提示手卡（示例）

3. 直播产品和道具

（1）产品展示

产品展示往往是直播营销活动中的重点内容之一，需要由现场导演、摄像师和直播主播共同来实现。

从产品展示内容呈现的角度来看，具体有两大维度，分别是产品形态与成分、产品功能与效果。关于产品形态与成分，一方面通过产品展示的方式呈现，另一方面需要通过展板、图文的说明。而产品功能与效果，就需要直播主播的讲解与使用过程的展示，让观众有更为直观的感受（见图5-29）。

图 5-29 产品展示内容呈现的两大维度

在产品视觉呈现的角度，可以分为静态镜头语言与动态镜头语言。需要根据直播营销活动的需要以及产品的实际情况，由现场导演和摄像师来选择适合的表现方式。

（2）辅助道具

所有出现在直播镜头当中的物品，都必须符合视频出镜的需求，以及直播营销活动的调性特征。这就要求直播营销策划师或现场导演，以镜头感来审视、选择道具，甚至为直播营销活动创造出一些新的道具。这也是视觉先导原则在筹备和执行阶段的具体运用。例如，在日常生活中，我们做饮品时可以使用各种形状和颜色的容器，但在直播活动中，必须使用透明的、外形分明的容器。

每一场直播的道具，要根据直播内容和直播产品来准备。比如，做化妆品直播营销活动时，为了显示化妆品的品质，通常会准备水分仪等设备。如果是食品类的直播活动，就会需要展示盛放食品的杯子、碗。这时选用的道具就需要透明杯、透明碗以及勺子、筷子、吸管、纸巾、湿纸巾等。

如果促销活动的规则很烦琐，仅依靠主播台词解释不了的时候，还可使用一些手持道具来解释。如果直播的产品过大，没有办法在镜头里陈列，也可使用小型仿真道具或图片、照片、视频来展示。

4. 直播实物物料

直播中的常见实物物料，名称及基本作用见表 5-7。

表 5-7　直播中的常见实物物料清单

物料名称	基本作用
现场背景板	包含品牌 Logo 和本次活动的主题，使观众第一时间就可以了解到本次活动的主要信息
桌牌	加强显示活动主题，或者活动主办方
人名牌	当主办方需要强调直播主播与嘉宾的名称职位时，或者是参与直播的人比较多，为了方便称呼，也可做成人名牌放在与人物有关联的地方，比如固定在胸前，便于提示
麦克风牌	在手持收音的麦克风上面，贴上本场活动的品牌 Logo，或者是活动主题
现场气氛物料	气球、臂贴、手举牌等，与直播的主要内容没有直接的关联，但是起到烘托和提示现场主题气氛作用的物料

5. 直播电子物料

直播中的常见电子物料，名称及基本作用见表 5-8。

表 5-8　直播中的常见电子物料清单

物料名称	基本作用
预热视频 结束视频	直播还没有开始时用的活动预热视频，和直播结束后作为收尾的结束视频
内容辅助视频	直播过程中，有些环节无法通过现场演示来呈现，可以用一些辅助性的视频来表达，如产品成分检验，现场的时间和空间不能完整呈现检验环节，可以用辅助的内容视频表达
背景音乐 气氛音乐	直播过程中，为了配合直播来做铺垫的背景音乐 主持人或者嘉宾上场音乐、颁奖音乐、结束音乐，这些都是为了配合和烘托直播气氛
活动主题主视觉	直播活动的主视觉电子版本，可以用在直播间开始、结束和中间转场的很多种情形中
电子人名牌	直播主播和嘉宾的人名职位等，在上台时或直播过程中穿插，起到告知作用
内容辅助型电子物料	直播营销活动的品牌信息、产品主要卖点、活动优惠信息、产品配送信息、直播间导流二维码等与直播营销活动内容相关，需要突出强调的信息都可以制作成电子物料，随着直播主播的口播节奏出现

总之，直播电子物料主要是图片、音乐、视频等电子形式，作用主要是为了辅助内容讲解、烘托直播气氛或强调突出产品。

5.2.3 直播现场的设备准备

看似简单的直播营销活动画面，需要有许多专业级的设备才能实现。下面这个主要视频设备清单，可以让读者了解到最普通的两机位直播现场需要有多少专业设备作为支撑（见图5-30）。

两机位的直播设备清单

序号	设备配置	数量	单位	序号	设备配置	数量	单位	序号	设备配置	数量	单位
	摄像机控制系统				切换录制系统				辅助设备		
1	ursa-mini 4.6K讯道摄像机	2	台	1	ATEM Production Studio 4K 1M/E 8路高清切换台	1	台	1	UPS不间断电源 3kv/6kv	1	台
2	URSA Studio Viewfinder 7英寸寻像器	2	台	2	4/8多画面分割监看	2	台	2	综合光纤线缆	4	条
3	Mini Converter Optical Fiber 4K 光纤转换器	2	台	3	Smart Videohub Clean Switch 12×12视频矩阵	1	台	3	采集推流服务器	1	套
4	ATEM Talkback Converter 4K 光纤信号及内部通话转换器	2	台	4	Blackmagic Video Assist 4K 高清监视器	1	台	4	设备及系统搭建	1	/
5	FCC-200m光纤线缆	2	台	5	17' Moniter高清监视器	2	台				
6	MT-12MFB通话单耳耳机	2	套	6	ATEM Camera Control Panel CCU 控制器	1	台				
7	18寸鹅颈话筒	1	支	7	HyperDeck Studio Pro-4K 硬盘录像机	1	台				
8	509HD摄像机液压云台	2	台	8	HyperDeck Studio Mini-4K 录像机	2	台				
9	545GB三脚架	2	支	9	X4 HIFI有源监听音箱	1	台				
10	三脚架脚轮带定向	1	台								

图5-30 直播现场的主要设备清单

1. 直播区/直播间的主要设备与安排摆放

（1）直播区/直播间的主要设备（见表5-9）

表5-9 直播区/直播间的主要设备清单

类型	明细
视频设备	1. 视频切换台 2. 摄像机，包括镜头、机身、取景系统 3. 摄像机基座或悬臂，包括云台、底座、滑轮 4. 摄像机云台，包括固定台、左右摇动或上下移动装置

（续）

类型	明细
音频设备	1. 麦克风，包括有线和无线两种形式，基本佩戴方式有，领夹式、手持式、头戴式、落地式、长筒式等 2. 扬声器系统 3. 线缆和特殊装置
灯光设备	1. 灯具 2. 灯泡 3. 线缆 4. 灯光支架和C架 5. 柔光罩 6. 光漫射器 7. 挡光布、挡光板 8. 反射器
其他设备	1. 提词器 2. 返送监视器 3. 其他

（2）直播区/直播间的安排摆放

直播区/直播间里面主要有：直播主播和嘉宾的座位、背景环境、摄像机、收音设备、灯光处理设备、提词器、返送监视器，要将这些元素进行合理的安排摆放。

此外，选择开放的直播间还是封闭的直播间，也会影响到直播间的总体安排。例如，在开放的直播间，可能会有观众座位或是随时来回走动的观众，这时就需要有一定的区隔，保证直播人员的工作不被打扰。

1）直播主播位

包含直播主播和嘉宾坐或站的位置，直播主播和嘉宾演示的位置、背景板。

在直播过程中，直播主播和嘉宾可能是站姿、坐姿或走动状态，因此需要给直播主播和嘉宾设置好形象、动作和位置（见图5-31）。

图 5-31　直播主播位的安排摆放方式（示例）

2）摄像机摆放和机位图

在一场直播中，摄像机的摆放有可能是单机位、双机位、三机位，甚至是多机位的，那么每个摄像机应该怎么摆放？这个时候就会牵扯到摄像机的位置问题。

要有机位图来确定哪个摄像机摆在什么位置，这个摄像机是用来拍全景的还是拍人物的，是用来拍环境的还是拍产品的，拍摄过程中是动态移动的还是静态固定的（见图 5-32）。

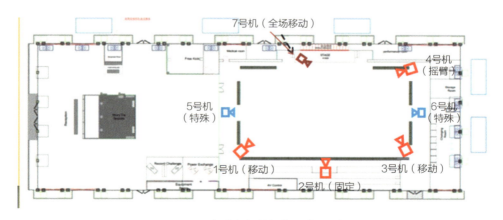

图 5-32　摄像机摆放机位图（示例）

3）灯光处理

灯光的处理要根据直播主播和嘉宾所在的位置以及背景搭建的整体环境，还有摄像机的机位这几方面来进行。整个直播过程中最重要的是直播主播和嘉宾位置，那么直播主播和嘉宾位置将是镜头处理的中心点，灯光和背景是起到烘托气氛和烘托场景的作用。

摄像机机位的高低、远近，最终的目的是让在镜头里看到的画面有协调性、一致性。

4）声音处理

如果是单独的直播间，收音效果会比较好。如果没有单独的直播间收音，直播实操团队还需要考虑收音的效果，配以专业的降噪收音设备。

5）返送监视器、提词器

返送监视器的作用是在直播的过程中，可以让直播主播和嘉宾看到拍摄画面的实时情况。比如说，从返送监视器中，可以看到镜头是否已经落到了处理产品的镜头上，如果产品没有正面陈列，或者产品陈列的时候不是最佳方向，直播主播和嘉宾就可以调整一下产品的摆放位置。

提词器，顾名思义就是给直播主播和嘉宾在直播的过程中进行台词提示的设备。通常，非专业直播主播对于台词的把握能力不强的时候，需要提词器辅助。提词器原则上可以做自动播放，但是在实际操作中往往需要根据直播主播和嘉宾的语言与进度进行手工操作。但提词器会使直播主播或嘉宾产生心理依赖感，所以原则上不提倡使用提词器。

2. 导播区/导播间的主要设备和安排

导播区/导播间的安排包含摄像灯光、收音设备等，人员主要有现场导演、导播等。

（1）导播区/导播间的位置

一场直播营销活动要先确定直播区/直播间的位置，再来安排导播区/

导播间的位置,这样最利于指挥和监控现场,并方便与主播沟通。

(2)导播区/导播间的设备

导播区/导播间的常用设备清单如下(见表5-10、图5-33至图5-37):

表5-10 导播区/导播间的常用设备清单

设备	作用
调音台	将多路输入信号进行放大、混合、分配、音质修饰和音响效果加工,之后再通过母线输出。调音台是现代电台广播、舞台扩音、音响节目制作等系统中进行播送和录制节目的重要设备
视频切换台/导播台	用于多摄像机演播室或外景制作,通过切、叠化、划像来连接所选视频,进而创作和嵌入其他特技来完成节目制作的设备
视频及音频技术监视器	全面监看图像各个技术层面参数及质量的必备设备,监看参数例如内嵌音频数据、字幕、VITC信息及其他隐藏于SDI图像边缘的信息
录像机	用于存储多种不同需求格式的视频文件
编码推流器	将视频信号采集、编码为网络信号推送到指定网络服务器地址中
视频网络服务器	承载网络视频信号并以多种方式分发到各平台及观看用户端

图5-33 调音台

图5-34 编码推流器

图 5-35　视频处理器

图 5-36　视频切换台

图 5-37　录像机

5.2.4　网络信号和网络直播间准备

1. 网络信号准备及测试

为了保障直播营销活动能够顺畅播出，直播实操团队必须准备足够的直播带宽、并且通畅稳定（见图 5-38）。有些直播实操团队不太重视这个问题，会导致直播"翻车"的事故，比如 2020 年某大型家电公司董事长的首场直播就出现了严重的视频卡顿问题。因此，为了保障网络信号的通畅和稳定，需要有专业器材和人员的保障。

图 5-38　直播现场需要保障网络信号的通畅和稳定

（1）直播带宽的测试及网络保障

直播网络链路测试内容包括：现场有线网络带宽测试、4G/5G 移动网络信号测试、直播平台信号对接、各平台账户及直播间测试。

（2）现场有线网络的带宽测试

规范的直播间一般会架设主用、备用两个或两个以上的直播网络，其中有线网络的网速比较稳定，一般用于架设为主用网络。直播使用上行网络带宽较大，在直播前必须对网络进行测速，网络配置要求为：上行速率20M以上的专线或专用网络。

（3）4G/5G移动网络信号测试

在室外、户外、展览馆、体育比赛等特殊场景或环节无法架设有线网络时，可使用4G/5G移动网络。大型的企业直播营销活动，一般会使用专业设备将各网络运营商的网速进行聚合运算以保障直播顺畅。

2. 网络直播间的设置及测试

观众是在网络直播间里观看直播营销活动，因此直播团队一方面要保证视频直播信号的传输通畅，另一方面也要保障直播间里的网络信号正常。

（1）与直播平台画面信号对接

各直播平台对视频画面的格式速率要求各有不同，部分直播平台账户的权限不同也会对直播形式产生不同的影响，因此需要提前与直播平台进行画面信号对接。网络信号的对接测试流程包含：

- 确认直播流对接形式，推流/拉流
- 确认平台画面格式、码流速率

（2）各直播平台的软件及账户测试

- 直播平台的软件测试
- 确认直播账户权限

（3）网络直播间测试

- 建立测试直播间
- 直播流测试

（4）网络直播间的常用设置清单

1）网络直播间设置

- 标题、简介、微信分享语；
- 封面图、议程海报、裂变分享海报、导航栏、公众号绑定

2）品牌视觉打造

- 品牌 Logo、画面水印、背景画面、直播间颜色设置、打赏礼物自定义、官网自定义

3）观看权限设置

- 报名资料、无观看限制、白名单、邀请码、付费观看邀请

4）邀请卡

- 鼓励员工、会员、代理渠道等生成专属邀请卡进行裂变分享

5）渠道追踪代码

- 为每一个推广渠道生成专属链接或二维码，方便后期进行推广效果的追踪

6）直播嵌入

- 可将直播嵌入到 Minisite（活动网站）、H5、APP、官网等多方平台，增加曝光渠道

7）添加商品外链

- 电商网址/品牌官网/门店地址/商品信息

5.2.5 活动宣传的物料准备与推广引流

1. 活动宣传的物料准备

营销推广的物料包括实体推广物料和网络推广物料，还可分为前期宣传的物料以及在直播过程中的宣传物料。营销物料的投放要及时、准确。特别涉及其他部门的配合时，要多次告知并反复强调，避免出现问题。

（1）常见的实物推广物料

- KT 板
- 路牌广告牌
- 横幅

（2）常见的网络推广物料

1）海报类宣传物料（见图 5-39 和图 5-40）

图 5-39　案例：屈臣氏"100,000km 美丽接力"移动直播综艺秀①

图 5-40　案例：屈臣氏"100,000km 美丽接力"移动直播综艺秀②

- 主题海报

- 人物海报
- 产品海报
- 亮点海报
- 倒计时海报
- 微信图
- 九宫格

2）视频类宣传物料

- 微信朋友圈或抖音、快手的宣传短视频
- 3~5分钟中视频
- H5互动页面

（3）宣传素材的注意事项

- 素材不要喧宾夺主
- 素材是为了辅助直播推广和宣传，所以制作宣传素材的成本需要控制在一定范围内

2. 活动宣传的推广引流

（1）时机和节奏的把握，是直播营销活动宣传的关键点

直播营销活动宣传时机的把握非常重要。既不能太早做宣传，因为观众和消费者很可能会忘记；也不能太晚宣传，因为观众和消费者可能会没有调整出空闲时间，导致无法观看直播。

直播营销活动宣传节奏的把握也很关键。不能只做一次直播宣传或是蜻蜓点水般的简单宣传，会导致观众和消费者感觉价值不高，观看的兴趣下降。随着直播进入倒计时，如何吸引到更多的观众和消费者，或是定向的精准人群按时进入直播间来观看直播，是个难题。

不同的活动规模和活动目的，推广所需要的时间、力度、费用是不同

的。如果直播带有品牌宣传性质，推广的节奏会更快、周期会更长和力度会更大。如果是单纯的小范围的直播，更侧重于直播推广的精准性。那么，推广的节奏都会在一定精准的范围内，按照自身行业的规则和周期来进行推广。

（2）宣传时机和节奏的规律

一般的宣传规律是，活动前期通过营销汇聚流量、吸引粉丝；活动中，持续打造亮点、制造话题；活动后，利用二次传播，最大化营销效果。

许多人认为，营销活动之所以能受到关注和追捧，要么是营销费用充足、要么是策划了极棒的噱头。确实，营销费用和噱头，对于营销宣传效果起到了关键作用。好的推广节奏可以让宣传效果达成事半功倍的效果。但是仅有足够的营销费用和好的噱头，如果没有好的推广节奏，则将会事倍功半。

5.3 现场准备的风险意识和防范工作

5.3.1 直播风险防范

由于直播营销活动的复杂性和专业度较高，且直播不能暂停、不能修改、不可逆，因此在现场准备环节，直播实操团队一方面要为活动的顺畅执行做好准备，同时也要有风险意识，防范可能出现的问题。

现场直播中可能出现的问题，可根据影响度的大小进行区分，只是略微影响观众感受的问题，称为直播瑕疵；影响到直播进行和营销目标达成的问题，称为直播事故。

直播中画面或声音的质量不太稳定，属于直播瑕疵。直播中出现网络卡顿导致无法进行的情况属于直播事故。无论是直播瑕疵还是直播事故，直播实操团队都应尽力避免。避免直播问题的发生，主要在两个环节：一是在现场准备过程中排除出现问题的潜在风险，二是在现场执行的彩排和直播过程中及时化解出现的问题。

5.3.2 常见的直播问题和分类

常见的直播问题可以分为两大类，技术类问题与营销商务类问题。以下是分类列出的常见的直播问题（见表5-11）。

表 5-11 常见的直播问题列表

技术类常见问题	营销商务类常见问题
1. 直播主持人话术不够网络化，网络互动性差。 2. 无周密的直播流程计划，无技术对接测试和彩排。 3. 拍摄制作水平有限，无专业团队支持或服务。 4. 无直播备份预案，也未对所有相关人员进行预案说明与彩排。 5. 直播现场问题，如展会现场的机器设备开启后，对直播信号有干扰有影响，但是彩排时测试不到。 6. 直播现场的电子物料，比如背景屏，在开播前突然坏掉。 ……	1. 直播定位不清楚，无主题、无风格、无节奏。 2. 直播内容准备不充分，直播内容与直播平台调性不符。 3. 直播前无宣传，无预热。 4. 对观众人群行为模式研究不到位，定位不准确。 5. 产品供应数量不足。 6. 品牌商、电商平台下单流程出现严重问题。 7. 产品实物与品牌商提供的样品有很大差异。 8. 直播现场，主播念错品牌或产品信息。 ……

5.3.3 解决直播问题的常用方法

1. 建立风险意识——从出现问题的原因解决直播问题

出现直播问题的原因，无外乎两种情况，一是准备工作不细致，二是经验不足。

从策划直播营销活动到直播开始前的那一刻，直播实操团队都需要排除潜在风险避免直播问题的出现。

因此，直播实操团队在直播营销活动的全程中都应有风险意识。时刻提醒自己，是否有直播问题的风险存在。

2. 加强防范工作——解决问题的常见方法

加强直播问题的防范工作，可落实在两个方面：排除漏洞与规避风险。

（1）排除漏洞

漏洞是指已经发生的，可预见会产生不良影响的问题。在直播准备过程中排除潜在漏洞，主要是在现场准备环节和现场执行的彩排中。

例如：实际物料尺寸做错、电子物料格式做错等。在直播营销活动的准备工作的过程中，所有人员都应警醒，争取及时发现并解决漏洞。

（2）规避风险

风险是指还未发生，有可能会发生也有可能不会发生的问题。如果该风险发生将对直播营销活动产生不良影响，那么直播实操团队应当在准备工作的过程中发现可能存在的风险，并做规避处理。

排除潜在风险的能力，需要经验的积累。一方面可通过汲取他人的经验教训，另一方面可通过复盘总结环节，不断积累经验。例如：直播网络的稳定性、直播平台输出的稳定性，如果是海外连线，要考虑外网的安全性，这些看不到又不容易控制的地方，往往是风险最高的地方。

本书中总结的步骤和技巧，以及内容中提及的案例，都是经验教训的总结。特别是本章的现场准备和下一章的现场执行的内容，都是提前排除直播问题的关键时段，学习者应重点学习。

实操模板

表 5-1　直播营销活动执行跟进表（示例）

实践作业

1. 观看一场企业直播营销活动，记录直播过程中出现的问题。根据本章讲述的内容，反向推导出现这些问题的原因可能是什么，应当如何避免？
2. 继续完成第 4 章实践作业中的活动策划，设想在现场准备中，可能出现的重点和难点，并制定出解决方案。

第 6 章

视频直播营销现场执行

学习指导

任务描述：

现场执行，是直播营销活动的落地环节。本章的学习任务，除了全面了解现场执行工作内容和关键要点之外，还需要对直播的专业技巧有深入认知。保障现场执行工作顺畅进行有三大法宝，分别是彩排、控场和后勤保障。这三大法宝实际上都是在直播工作中容易被忽视的环节，因此需要学习者格外关注。

学习目标

知识目标：

- 理解现场执行工作的基本内容和关键要点
- 理解何为直播专业技巧
- 重点了解直播工作中容易被忽视的环节

能力目标：
- 能够对相关案例中的现场执行工作进行解析
- 能够分析现场执行环节中容易发生的问题，并运用相关知识予以解决
- 能够掌握直播的专业技巧，并加以运用

任务导入

概括现场执行工作的内容和关键要点，准确复述现场执行工作的三个重点项目，分析现场执行中容易被忽视的工作环节，梳理直播专业技巧的内容。在此基础上，尝试评价一场现场执行活动的得失。

任务解析

本章讲述了直播现场执行工作中的几项重点工作，对容易被忽视的彩排、控场和后勤保障工作做了重点强调。重视这些容易被忽视的环节，也是整个现场执行工作的关键。

6.1 现场执行的工作内容和关键要点

6.1.1 现场执行的工作内容

现场执行是直播营销活动中最为关键的环节,前面一系列的策划和筹备工作,都是为了现场直播中的精彩呈现(见图6-1)。

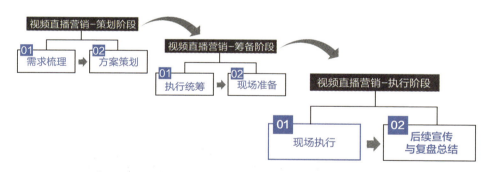

图6-1 视频直播营销执行阶段的两个环节

执行阶段,并非只有直播营销活动执行这一项工作,而是包含直播营销活动彩排、直播营销活动执行和直播营销活动清场三个部分。在现场执行里,不只有台前直播主播与嘉宾的精彩表演,还有幕后现场导演的专业调控。

6.1.2 直播前的三项重点工作

直播前有三项重点工作必须要完成,分别如下(见图6-2)。

- 设备和物料道具的调试
- 服道化的调试
- 台词脚本的最终确定

在实际工作中，这三项工作贯穿于现场准备和现场执行当中，不能简单划定在某个环节，但这三项工作必须在直播正式开始前完成。

图 6-2　直播前的三项重点工作

1. 设备和物料道具的调试

设备和物料道具的调试，是指场地搭建完成后开始进行的设备搭建和调试（见图 6-3）。

图 6-3　直播实操团队正在做直播设备调试

专业的调试流程可以保障设备和物料道具的正常工作（见表 6-1）。

表 6-1 直播设备和物料道具的调试流程

步骤	基本动作	作用
Step1 设备 初步搭建	直播区，完成摄录设备和现场环境相结合的搭建准备工作。 导播区，对所有的设备进行安全摆放	基本 保障
Step2 设备自调	设备搭建完成后，通电、联调。 摄影、收音、灯光等进行初步的调试，保障设备的使用。 所有的物料道具都摆放在相应的位置	
Step3 真人检测	工作人员站在或坐在直播主播和嘉宾的位置，进行真人检测： 1）声音方面，直播主播和嘉宾的麦克风是否通畅，是否有杂音？直播相关的音视频资料播放是否正常？耳返的声音是否合适？ 2）画面方面，画面的构图是否可以实现预期的目标？直播主播和嘉宾的独立镜头是否有一定的完整性？产品的特写镜头是否清晰？颜色输出是否和预期一致？ 3）灯光方面，灯光是否适度？灯光的角度是否需要调整？有没有哪些细节方面需要补光？ 4）导播台的所有电子物料都播放一遍。电子物料是否有格式适配的问题？是否有显示的问题？ 产品和实物道具物料全部检查一遍，该打开的打开，该使用的使用一下，看看是否有问题（比如产品拿错了，只有包装盒，没有内容物）。 总之，这个环节就是工作人员把所有的设备都试一遍，把所有的产品道具物料都检查一遍	二次 保障
Step4 直播主播和嘉 宾素颜检测	这一步，通常是在彩排环节进行。 直播主播和嘉宾把上述流程再过一遍，相应岗位的工作人员根据直播主播和嘉宾的个体情况进行微调。比如： 1）身高不同落座后的高低会不同，对背景的遮盖位置会有不同。 2）声线不同，耳麦返回的声音高低会有不同，这些都需要根据每个人的具体情况，再进行调整。 基础彩排后，可以基本确定机位、颜色、声音等	
Step5 直播主播和嘉 宾带妆调试	这一步，通常是在最后一次彩排或者直播正式开始前进行。 化妆后人物面部的颜色会有变化，服装和发型的变化，也会影响到最后输出画面的构图和颜色。 服装或者发型的干扰还有可能会蹭到耳麦、影响收音，所以需要进行微调，便于直播的进行	最后 保障

非常重要的备注：

以上所有设备调试的合格标准是输出的直播画面、直播声音顺畅，而不是现场的感观。比如，很多颜色饱和度高的服装在现场看起来是不自然的，但是通过镜头，再输出到直播画面中是好看的。反之，很多服装在日常中穿搭很好，但在镜头下又会感觉过于单调。有些物料在现场看陈列得很漂亮、很整齐，但是通过镜头，尤其是成像素质不高的手机直播镜头，无法表现细节的时候，呈现的更多是杂乱感。因此，所有设备调试均以最后的镜头输出为标准。

2. 服道化的调试

服道化的调试，是指直播中需要对直播主播和嘉宾的妆容、服装、发型、身体道具进行专业设计，以达到更好的直播效果。

专业的调试流程可以保障服道化工作的正常进行，也有部分直播不需要此项工作，仅需直播主播和嘉宾自行准备。如果是自己做准备，可以参考以下步骤（见表 6-2）。

表 6-2 直播中服道化的调试流程

步骤	基本动作	作用
Step1 初步 确定风格	服装师、化妆师根据活动主题和现场制景效果图，确定基本的服道化风格： 1）关于风格：访谈类型的直播大多需要正式一些，而娱乐化的直播可以轻松一些，舞台活动型的直播需要有整体仪式感。 2）关于颜色：服装和化妆的风格，也需要符合直播场景的搭建风格。与主色调、色系统一，有整体性，或者选择与全色调对比色系，表现感更强。 3）关于符合角色人设：直播主播和嘉宾在活动中都会有相应的人设定位，专家要有专业感，明星 KOL 要有明星风范，服装化妆需要和直播营销活动中相应的人设定位相符合。 4）关于多人搭配：直播主播和嘉宾是多人的时候，要考虑到服装风格、颜色的多人搭配。或选择一致的风格，有统一感；或根据人设定位表现出差异，但是组合搭配起来要和谐一致。	基本保障

(续)

步骤	基本动作	作用
Step1 初步 确定风格	很重要的提示： 1）服道化需要准备多套方案，不能仅有一套方案。例如，服装需要准备多套，不仅要考虑搭配的问题，还要考虑服装会被弄脏的问题。 2）服装师、化妆师需要提前拿到直播主播和嘉宾的素颜照片和其以前的带妆照片，对目标对象有所了解。 3）服装师、化妆师可以提前和直播主播和嘉宾进行沟通，了解对方的偏好和个性化情况，设计出双方都很满意的作品，让直播主播和嘉宾都有很好的、自信的上镜状态。如，直播主播必须戴有框眼镜，化妆师就需要解决镜框会遮挡眉毛等细节问题。 4）服装师、化妆师需要提前和直播营销策划师或现场导演沟通，了解本场活动妆发、服饰的需求和禁忌。如是否有手部特写，手指是否需要美甲	基本 保障
Step2 现场调试	带妆彩排前，进行初步的服装试妆搭配。 化妆师、服装师应根据直播主播和嘉宾的真实情况、多人主持的配合情况，以及直播场景的现实情况，在几种预设方案中确定服装、妆发的风格，并进行实际的操作	二次 保障
Step 3 带妆调试	直播主播和嘉宾化妆后，在实际的演播位置呈站立、坐姿或走位，化妆师、服装师通过直播视频的监控设备，观察直播出镜效果，进行微调。 比如，面部是否有反光点？是否需要根据肢体动作做服装细节的微调？服装是否会影响收音？女性的长发是否会影响耳机的效果	最后 保障

备注：直播主播和嘉宾服装的常识性禁忌，如，服装面料或服装装饰不能有条状、点状花纹，避免直播画面中出现摩尔纹，服装以纯色为最佳选择。

3. 台词脚本的最终确定

文案工作人员（以下简称文案）根据直播营销活动的策划方案先写出框架脚本。框架脚本确定后，就可以进行台词脚本的撰写了，当然，其间也需要与主播等讨论脚本（见图6-4）。有的直播活动只做框架脚本，直播主播和嘉宾根据框架脚本规划的方向现场发挥、填充直播内容。

图 6-4　文案正在与主播和嘉宾讨论台词脚本

但是，因为直播营销活动是不可逆的，一旦没有台词脚本直接上场直播，活动内容无法做二次调整。临场发挥会有非常多的意外情况。所以，为了保证企业直播营销活动的效果，最好准备台词脚本（见表6-3）。

表 6-3　直播活动台词脚本的确定流程

步骤	基本动作	作用
Step1 台词脚本 文案初拟	这一步骤通常在框架脚本完成之后开始。 文案根据框架脚本，撰写台词脚本的第一稿。 撰写要求：分角色，按照已经确定的直播活动流程将直播主播和嘉宾的台词，完整地写出来。 按照常见语速能够输出的内容，进行篇幅和字数的规划。 将脚本发送给直播主播和嘉宾，直播主播和嘉宾可以在这一环节给出反馈意见，文案进行修改	基本保障
Step2 台词脚本 文案优化	这一步骤通常出现在直播活动初次彩排时。 直播主播、嘉宾和文案，可以在技术人员进行设备调试时，同步进行台词脚本的对稿，模拟直播营销活动的进程，将所有的稿件内容都按照顺序对话一遍。此时，文案可以提醒直播主播和嘉宾，哪部分是可以做修改和调整的，哪部分是不可以做修改和调整的。比如，活动官方统一输出的官宣内容，包括活动的主题、嘉宾的姓名和职位、产品的名称、专业领域的术语等，都不可以随便调整。但是，串场词、感叹词、涉及个人感受的表达方式，一般可以做一定的调整。 由于每个人的语言表达习惯不同，直播主播和嘉宾可以根据个人的习惯，对其中可调整的部分进行调整，使台词更符合个人表达习惯。 文案此时要做记录，并相应地调整台词脚本	二次保障

（续）

步骤	基本动作	作用
Step3 台词脚本 文案确定	这一步骤通常出现在活动现场最后彩排的阶段。 在最后的彩排中，所有的流程和细节都会过一遍，这时，对台词进行最后的调整和优化后，台词脚本最终确定。 文案可以根据最终确定的台词脚本，为直播主播和嘉宾做相应的工作手卡	最后保障

备注：台词脚本是现场所有工作人员在工作协同中非常重要的文字性稿件。摄像团队看台词脚本，进行最终的镜头切换、画面构图安排；音响师看台词脚本，进行相应的音视频素材配合，以及耳机话筒等的切换；道具物料等也会根据台词脚本的变化，进行相应的配合调整。总之，台词脚本是执行阶段非常重要的指挥棒。

6.1.3 直播营销活动的三个保障环节

除了要完成直播前的三项重点工作外，为保证直播营销活动顺利完成，直播实操团队还需要做好下面三个保障环节的工作（见图6-5）。

图6-5 直播营销活动的三个保障环节

1. 彩排——尽最大可能排除风险

现场执行是整个直播营销活动中最为关键的环节，成败在此一举。真正专业的现场执行，是按部就班的执行过程，而不是乱纷纷、缺乏掌控的局面。为了让直播能够顺畅地进行和完成，在彩排环节中，直播实操团队应尽最大努力发现并解决问题，这是彩排的目的之一。

有的人会轻视甚至忽略彩排工作，这是非常不专业的做法。大多数直播现场出现的问题,是可以在彩排过程中被发现并解决的。因此,彩排是直播营销活动顺利完成的重要保证,不可缺失(见图6-6)。

图6-6 直播营销活动的彩排

2. 控场——为直播现场保驾护航

(1)调控现场,让直播顺畅进行

直播过程中,最为重要的"现场管控能力"和"临场反应能力","并"在一起就是控场能力。控场能力表现在前台与幕后,前台是指直播间的现场,负责人是直播主播;幕后是指导播间的现场,负责人是现场导演。

直播开始后,前台的控制权就交给直播主播。有时,现场嘉宾出现问题,在摄像机里是无法发现的,而专业的直播主播能感知现场出现的微妙状况,给出恰当的处理。这时主播的一句话,可以引导导播间的现场导演将直播切换到录播内容或是没有嘉宾出现的镜头画面中,这样就可以争取时间处理直播间里嘉宾的问题了。

幕后的控制权是在现场导演的手中。现场导演发现意外情况,可以进行场外调控。比如,原计划即将进入直播间的嘉宾还没准备好,需要将后面的嘉宾提前,这时现场导演通过对讲机连接直播主播的耳机,及时通知新情况(见图6-7)。

图 6-7 视频专家丁立老师正在导播区监控直播活动

（2）预判与避险，专业和经验的体现

无论是现场导演还是直播主播，控场能力都是在实践中才能得到训练和提升的。比如，现场导演发现直播主播的经验不足，在直播前就需要提前给予提醒。

当现场出现意外情况时，现场导演要能迅速做出判断并进行调整，以免直播画面中出现问题画面。有这样一个案例，由于直播嘉宾没有提前彩排，进入直播间现场后，在播放活动介绍视频时嘉宾发现自己没戴眼镜，无法看清提词器的文字，自言自语地说了一句"看不见提词器啊"。导播人员马上意识到了问题，立即通知现场导演，现场导演通知相关人员改变计划，先播放事前准备的企业视频广告。主播调整现场台词顺序，导播台工作人员将现场画面切到企业视频广告画面。就在播放企业视频广告的几分钟内，现场导演迅速与嘉宾沟通，将有提词器文字的笔记本电脑放在嘉宾眼前，同时将摄像机的视角适当提高，以保证从屏幕中看不到放在嘉宾面前的笔记本电脑，随后正常开始直播主播对嘉宾的访谈。于是，这个意外情况就在直播主播、现场导演、嘉宾和摄像师的共同努力下解决了。

3. 后勤保障——容易被忽视的必备条件

（1）为直播准备好足够的体力和精力

直播实操团队的体力和精力，是一场直播顺利完成最重要的基础条件。

直播不仅是脑力劳动，也是非常耗费体力和精力的劳动。一场两个小时的直播有可能中途不能上厕所，不能喝水，不能有一分钟分心分神，思想要高度集中。

活动赛事直播整体的时间有六七个小时，电竞直播更是连续十几、二十个小时，更加说明保障体力和精力非常重要。在"双11"连轴转进行电商直播的过程中，曾出现过直播主播因为体力不支在直播中晕倒的情况。所以，全体工作人员在现场执行环节前必须自身做好体力和精力的储备。

（2）后勤保障，包含吃住行等多方面

有没有为直播主播准备提神的咖啡？有没有为直播现场人员提前准备餐食？是不是有车辆保证，可以让大家按时到达直播现场？这些看似是非常小的事情，却是非常重要的细节工作。

还有许多细节工作要注意，例如：直播所用的机器设备遇水容易产生故障，相关人员就餐和饮水必须与机器设备保持一定的距离。如果餐食送达太晚，直播实操团队的就餐时间太晚，在直播的过程中会有体力支撑不了的情况出现。

（3）充分的休息

在直播营销活动现场执行前，直播实操团队要有充分的休息，因为直播的过程当中是不能停机的，所以无论是现场导演、导播、摄像师、网络音效（人员）、字幕合成（人员），甚至于负责提词器的同事在中途都不能打盹儿，不能停顿，直播主播更是不可能有停顿的环节。因此，参与直播的全体人员都需要进行必要的休息，才能保证到真正直播的环节有充足的精力。

6.2 现场执行的实操步骤

直播营销活动的现场执行环节需要经历直播活动**彩排**、**执行**、**清场**三个步骤（见图 6-8）。

图 6-8　直播营销活动现场执行的三个步骤

现场导演召开直播准备会

现场执行环节的最开始，需要现场导演主持直播准备会，讲解本次直播的流程和重难点。直播准备会，俗称"讲戏"，是所有参与直播营销活动的现场执行人员的第一次全面沟通，也是团队人员相互了解、破冰认识的环节。

虽然在现场准备环节，直播实操团队的所有成员都参与其中进行了准备工作，但是大家是在不同的专业小组，专注于完成自己职责内的工作。直播实操团队的成员还有可能分属于不同的公司，不同的团队体系，往往只有到了现场执行环节，所有人员才有机会在一起。

现场导演要在召开的直播准备会上讲解本次直播营销活动的目的、作用、流程环节、需要注意的事项、直播中的关键点、本场直播的特殊性、可能发生的突发事件，以及应对措施。在讲解的过程中，每个专业小组需要在现场导演的指导下交流情况，彼此了解具体的流程进展，其他小组会进行的操作以及处理方式。然后各小组人员提问，由现场导演答疑。"讲戏"过程中的互动效果越好，执行过程中的配合度就越高。

各司其职，现场导演总负责

每个岗位的工作人员应在各自的工作岗位上完成自己的任务。现场执行环节由现场导演进行总的调控，直播营销策划师或导演助理做相关配合工作。

如果是大型或高技术难度的直播营销活动，现场执行的负责人是现场导演。对于难度中等的直播营销活动，直播营销策划师也可以作为负责人。而小型的、已经模式化的直播现场，可以由助理导演来负责（见图6-9）。

图6-9 现场执行环节各岗位工作人员的职责

6.2.1 直播营销活动彩排

1. 彩排的必要性

直播营销活动彩排是直播实操团队和参与直播的所有人员在直播现场

进行的实际演练。有人认为彩排是可有可无的,但是在一场规范的直播营销活动中,彩排是非常有必要的重要环节。彩排不仅可以帮助所有人员熟悉现场情况和流程、增加合作的紧密度,更可以防患于未然,将在直播中可能出现的问题在彩排中暴露出来,及时解决。

对于专业的直播实操团队来说,直播执行的过程就像是按照既定方案演出的一场戏,通过彩排才能实现这个目标,而不能仅依靠直播主播和嘉宾的临场发挥。

2. 彩排需要的时间和计划表

彩排需要的时间根据直播营销活动规模的大小来决定。直播的规模越大,需要进行的彩排就越详细越精准。配合的团队越熟悉,彩排的环节就越顺利。反之,如果配合的团队相互之间比较陌生,那么需要的彩排时间就更长。

直播实操团队可使用活动彩排计划表,将所有事项排列序号,列出时间和时长,说明事项的内容并做要点描述(见表6-4)。

表6-4　活动彩排计划表

彩排计划表				
5月18日				
序号	时间	时长	内容	描述
A1	全天		舞美搭建/灯光搭建	搭建物料进场
A2				实景搭建
A3			技术搭建	导播间设备搭建
5月19日				
序号	时间	时长	内容	描述
B1	全天		舞美搭建/灯光搭建/机位调试	实景搭建
B2			技术搭建	导播间设备搭建
B3			字幕工程搭建完毕/素材对接	字幕工程搭建完毕/垫片/BGM

（续）

5月20日				
序号	时间	时长	内容	描述
C1		/	到达时间	/
C2	10:00	30 分钟	检查全部素材，确认没有问题	字幕工程搭建检查/VCR 核对/素材核对/BGM
C3	10:30	1.5 小时	带游戏联合彩排	解说整体流程，按照直播当天全部流程，带主播，第一遍联合彩排
C4	12:00	1 小时	午饭	午饭
C5	13:00	1 小时	问题修正/平台拉流测试	字幕及其他部分问题修正，推流配合拉流测试
C6	14:00	2 小时	带游戏联合彩排（带主播彩排，可能会根据主播的时间修改，如果主播时间不合适，就单独进行游戏彩排）	FD 解说整体流程，按照直播当天全部流程第二遍联合彩排，选管需配合拉房间 *裁判提前收集好各队伍时间，单独进行测试讲解规则和注意事项
C7	16:00	2 小时	问题修正/包装彩排/测试赛	字幕及其他部分问题修正 测试赛单独进行测试，提醒规则和注意事项 B站：14:30CC：15:00 虎牙：15:30 斗鱼：16:00 抖音：16:30

3. 彩排的四种类型

彩排主要有四种类型，分别是技术彩排、流程彩排、全程彩排、重点难点彩排。根据直播活动的具体情况，由现场导演决定采用哪种类型或是哪几种类型的彩排（见表 6-5）。

表 6-5 四种彩排类型的主要工作内容

彩排类型	侧重点	主要内容
技术彩排	设备及设备之间的配合度	是对各类设备及人员集成配合度的磨合。涉及灯光、音响、视频大屏、导摄、直播平台技术对接、设备信号各通路连接，以及根据技术及设备调试实现既定的直播画面要求

（续）

彩排类型	侧重点	主要内容
流程彩排	整体直播感受，流程的通畅性	是让所有参与直播的人通过流程的走场，形成对整场直播的整体感受。 流程彩排不会细到每一句台词，重点是让团队的每一个人都知道这场直播流程整体的、关键的环节有哪些，主要的流程有哪些，主要发生的事情会有哪些
全程彩排	完整性，细节性	完全按照真正直播的环节，一字不差、一个背景音乐都不落、一个画面都不缺少，完整地将所有的细节进行彩排。 对于大中型营销直播活动或是重点活动，通常来说一遍是不够的，需要一遍又一遍地彩排，直到团队里的每一个人都非常熟悉才行
重点难点彩排	针对易错点、重点环节	当流程彩排和全程彩排完成以后，整个团队容易出错、容易疏漏的环节会暴露出来，这时需要对一些重点难点进行专项彩排

4. 彩排过程中的调整和应急预案的准备

通过直播营销活动的彩排，能够让现场执行团队提前发现问题，及时调整方案、解决问题。在彩排过程中可能需要注意的地方包括：直播主播的台词、直播主播和嘉宾的妆发、直播主播的肢体动作是否需要调整，以及是否做好应急预案的准备（见图6-10）。

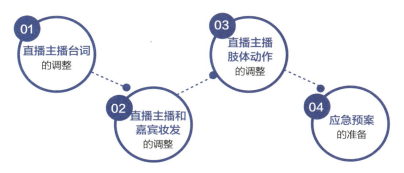

图6-10　直播营销活动彩排过程中的调整

（1）直播主播台词的调整

直播主播的台词一般是由策划人员来撰写的，但是每个人都有自己的语言表达习惯，如果彩排中直播主播在讲解的时候，发现某些台词与自己的语言表达习惯不一致，就需要对台词进行调整。

同时，策划人员在书写方案的时候，更多考虑的是直播主题表达的完整性，对对话之间的关联度考虑得比较少。所以在彩排的过程中，直播主播和嘉宾之间会根据自己的语言表达习惯增加对话之中的转承部分。由于每一个直播主播的性格不太一样，直播主播或者嘉宾也会根据自己的个人兴趣、个人特点来增加一些内容并调整台词。

（2）直播主播和嘉宾妆发的调整

化妆师和造型师在开播前是根据直播主播和嘉宾提供的照片素材和视频素材进行妆发设计，彩排的过程当中会根据直播主播和嘉宾、舞台背景的实际情况，进行优化和调整。

（3）直播主播肢体动作的调整

直播主播和嘉宾的上场角度，上场以后的动作行为、肢体语言和协调性都有可能需要进行调整。

多人直播时，动作配合的协调需要找到最自然最舒服的方式。

（4）应急预案的准备

在直播营销活动中，再充分的准备，都可能会有意外发生，或是有某些不确定的因素。因而，有经验的现场导演在彩排环节，会根据过往经验预判一些可能发生的意外情况，并做出应急预案。

应急预案包含网络保障、人员保障和平台保障。直播活动不像线下活动可以灵活调整，有时一个环节出现问题可能会让整场活动无法进行下去。因此，在几个关键节点上，一定要做好 B 计划甚至 C 计划（指备用方案）（见表 6-6 和图 6-11）。

表6-6 直播活动应急预案（示例1）

网络保障	人员保障	平台保障
提供两条有线网络，采用一主一备的方式。 提供网络基站，在有线网络出现故障时，网络基站进行自动切换，保证直播网络的稳定	配备两名备份人员，具备项目协调、拍摄、平台操作等能力	采用双路直播——"主+备"的模式。 在观看链接不变的情况下，当主直播间出现问题时，自动切换备用直播间实现无缝切换

如遇直播过程中出现敏感信息、突发状况：

（1）设置直播延时1分钟播出，便于后台编辑人员实时关注论坛情况，如遇问题可及时做出反应，并不影响到直播间的播出与收看。
（2）评论区出现敏感信息：
执行人员与前方各小组保持联系，若发现有类似事件发生，导播及时切换机位；告知后台及时切换信号至室内演播室，主播评论相关内容、引导解说其他议题或采用双屏模式使用主播的解说进行音频内容的输出，或播放安全视频。
（3）演播室现场出现突发状况：
后台编辑及时切换播放安全视频。
（4）当视频直播内容出现问题时，可继续采用图文直播的方式进行，避免论坛的宣传直播中断。

图6-11 直播活动应急预案（示例2）

6.2.2 直播营销活动执行

经过彩排的准备，现在直播实操团队可以开始直播营销活动中最关键的步骤，直播营销活动执行。在这个过程中，所有直播实操团队的人员必须打起全部精神，应对各种情况的发生。下面先来介绍直播营销活动过程中的基本流程，随后再讲解如何才能呈现精彩的内容。

常见的直播执行一般分为四个阶段：预热和暖场阶段、开场阶段、中场阶段、收尾阶段。优秀的直播营销活动要像电影、戏剧一样有起承转合的过程和节奏，让观众和消费者聚精会神地观看视频内容、积极参与互动环节，实现这场活动的营销目标（见表6-7）。

表 6-7　活动直播执行的四个阶段

阶段	预热和暖场阶段	开场阶段	中场阶段	收尾阶段
工作重点	吸引兴趣 引发传播	获取感知 快速引入	提升兴趣 产生沉浸	促成接受 引发留恋

1. 预热和暖场阶段

预热和暖场的目的是要引起观众的兴趣，并邀请更多的目标观众来观看，为直播的正式开场做好准备。

（1）预热

直播营销活动的观看人数，对营销目标能否达成起着重要作用。决定观看人数最为关键的一步就是活动预热的推广工作。

做好活动预热的推广工作，需要注意以下几个要点。

- 要点1：根据直播的规模和形式选择预热时间周期。
- 要点2：直播预热的长尾期很短，因此预热信息要高频或者在固定周期出现。
- 要点3：一切目的是导流进直播间，不要做无意义的推广。

预热是直播营销活动宣传计划的一部分，直播实操团队可根据直播营销活动的特征和需求，从活动正式开始前的一周、三天或24小时开始，为活动进行引流。

- **预热引流的常见工作内容：**

①事前预热 – 内容预热：短视频 + 长图 + 站外渠道。

②预约通知 – 通过短信、邮件、微信、电话等方式对预约用户进行预约提醒。

③直播推流 – 将直播推流至各大视频平台，增加品牌曝光。

④社群推广 – 在预热引流时可以建立社群，由群管理员号召用户在固

定时间分享推广链接或海报。

（2）暖场

当正式直播进入 30 分钟或 15 分钟倒计时时，直播间里已经有一定数量的观众，这时需要开始暖场工作，一方面稳定已经在直播间里的观众的情绪，另一方面让刚刚进入直播间的观众对活动有基本的了解。

暖场工作，常见的是直播预告、暖场视频和直播主播暖场，核心工作是通过调动观众的情绪和氛围，打造融入感和归属感。不专业的直播会在开播前几分钟经常显示与本次活动内容无关或不和谐的杂乱场面，学习者应切忌出现此类问题。

2. 开场阶段

开场阶段，需要引起观众和消费者对直播营销活动的兴趣，加强他们的参与感。这时要利用好开场的五大要素，选择适合本场直播营销活动特征和观众兴趣口味的开场形式。

（1）开场五大要素

直播主播要利用好五大要素做好开场：感谢直播平台的支持、介绍本次活动的目的和主要内容、引发观众对内容的兴趣和期待、提供直播场景的关键词让观众有代入感，并让观众邀请好友一起来观看（见图 6-12）。

图 6-12　直播主播开场的五大要素

为了使观众迅速代入直播场景，直播主播需要在开场时提到与直播场景相关的关键词，如美食直播的主播在开场时常用的关键词包括"好吃""解馋""色香味俱全""流口水""饥肠辘辘"等。请试着列出以下直播在开场时需要提及的关键词。

1）北京 798 艺术区直播

2）欧洲杯决赛直播

3）火锅店开业直播

4）新能源汽车发布会直播

案例 在"保险公众宣传日"到来之际，平安车险旗下的"平安好车主"APP 联合虎嗅传媒，以直播形式发布最新品牌战略。直播活动以车主用车生活为主要场景核心，融合"平安好车主"APP 特色功能及活动介绍，引来了超过 20 万网友观看。

开场前，中国平安发出微博为活动造势，同时为直播引来第一批观众；直播刚开场，主播就宣布发出 1000 元红包，鼓励观众分享直播间网址、邀请身边的朋友到直播间，并参与抢红包活动。由于本场直播与车相关，主播在开场时与嘉宾充分互动，引导嘉宾对"加油太烧钱""开车成本高""上下班开车为钱烦心"等话题进行交流，并简单介绍了"平安好车主"APP 的部分功能。

（2）开场形式

1）直白介绍

直播主播可以在开场时，直接告诉观众本场直播营销活动的相关信息，包括直播主播的自我介绍、主办公司简介、直播话题介绍、直播时长、本次直播的流程等。一些吸引人的环节（如抽奖、彩蛋、发红包等）也可以在开场中提前介绍，促使观众留存。

2）提出问题

开场提问是在直播一开始就制造参与感的好方法。一方面，开场提问可以引导观众思考与直播相关的问题；另一方面，开场提问也可以让直播主播更快地了解本次观众的基本情况，如观众所处地区、爱好、对于本次直播的期待等，便于在后续直播中有针对性地随机应变。

3）抛出数据

数据是最有说服力的。直播主播可以将本次直播营销活动中的关键数据提前提炼出来，在开场时直接展示给观众，用数据说话。特别是专业性较强的直播营销活动，可以充分利用数据开场，第一时间令观众信服。

4）故事开场

人们从小就爱听故事，直播间的观众也不例外。相对于比较枯燥的介绍、分析，故事更容易让观众产生兴趣。通过一个开场故事，直播主播能够带着观众进入直播所需场景，更好地推进接下来的直播环节。

5）道具开场

直播主播可以根据直播营销活动的主题和内容，用道具辅助开场。开场道具包括：企业产品、团队吉祥物、热门卡通人物、旗帜与标语、场景工具等。

6）借助热点

爱上网的人，尤其是观看直播的观众，普遍对于互联网的热门事件和热门词汇有所了解。直播开场时，直播主播可以借助热点，拉近与观众之间的心理距离。

3. 中场阶段

到了中场阶段，直播主播需要持续吸引观众，通过各种活动和互动，将直播间里的氛围升温，并在适当的时刻让其达到高潮。

（1）直播升温

通过多场景直播活动，打造与观众的连接时刻，做到"人人皆是焦点，环环参与其中"。能够让直播升温的方式如下：

1）气氛互动

- 连麦互动 / 专属礼物
- 弹幕打赏 / 投票问答
- 竞答 / 互动话题 / 分享榜

2）聊天管理

- 聊天内容审核、敏感词过滤、观众问题及时回复

（2）直播高潮

让直播达到高潮的要点如下：

- 抽奖
- 口令红包 / 红包雨
- 一键下单支付
- 优惠抢购

4. 收尾阶段

收尾阶段，要为本场活动的营销目标加把劲，达成一个完美的结局。直播尾声需要完成两重任务：一是打造用户的荣耀时刻，比如直播结束后，颁发荣誉证书；二是将观众引入企业自有流量池，主要包括多场景的推荐卡片和公众号吸粉导流，引导观众关注直播平台账号，点赞、关注、转发、预订下期直播等。

6.2.3 直播营销活动清场

1. 清场工作和后勤保障

活动直播完成之后，直播实操团队要进行清场工作。特别是设备组，要进行直播设备的整体回收。录播团队在直播后要进行所有设备的收拾整

理。还需要有人负责为团队所有人员做好车辆安排等后勤保障事项。

2. 即时总结及合影

活动直播完成之后，所有参与直播的工作人员可以一起拍一张合影，给直播营销活动画上一个阶段性的、有仪式感的句号。

直播实操团队需要进行即时总结，这是专业团队应有的工作习惯。总结的时间不必很长，5~10分钟即可。即时总结由直播营销策划师或现场导演负责，简单回顾整场活动直播的过程，特别指出其中的优点、缺点、出现的问题以及应对问题的解决方法。这种即时总结，对于直播实操团队来说是很宝贵的成长机会。

6.3 活动直播技巧与策略

上一节中,我们讲解了现场执行环节的整个过程。按照这个流程认真执行,只是完成了这场直播活动的基础工作,能否实现营销目标以及提升观众对这场直播的好感,需要有专业技巧的加持。

本节讲述的技巧,是从近几年成功的直播营销活动中总结而来的。必须要说明的是,随着视频直播营销的普及和发展,以及观众口味提升和兴趣点的变化,直播技巧也需要不断升级。

6.3.1 直播营销活动的营销策略和技巧

1. 直播现场的第一幕画面

直播正式开始的第一幕画面是关键性的,这也是"视觉先导"原则的具体应用。

首先,这个画面是否与观众的期待相一致,并且吸引观众继续观看直播,是直播营销活动成败的第一个关键时点,防止观众被封面吸引进入直播后发现内容与封面无关而产生心理落差。保持直播封面与直播的第一幕画面的相关性,还包含直播主播妆容与穿衣风格保持一致,封面图色调与直播场地装修保持一致。

其次,对于观看直播的观众而言,如果直播开场缺少有吸引力的镜头和话题，他们也会离开直播间。

2. 直播互动的技巧

（1）直播互动四象限

实时互动是网络直播营销的独特优势，因此做好互动是直播营销活动中的重要工作。直播活动中的互动内容，主要是活动的发起与粉丝奖励。

发起方一般是直播主播，对应的是观众。奖励细分为物质和精神奖励两种方式。其中，发起方决定了互动的参与形式与玩法，奖励则会直接影响互动的效果。

横轴为发起轴、纵轴为奖励轴。由发起轴与奖励轴分隔出的四个象限，包含了直播互动中的四类常见玩法（见图6-13）。

- 弹幕互动、参与剧情
- 发起任务
- 直播红包
- 礼物赠送

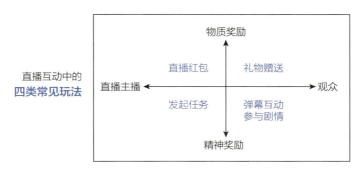

图6-13 直播互动中的四类常见玩法

（2）直播互动的具体玩法

1）弹幕互动、参与剧情

弹幕，即大量以字幕弹出形式显示的评论，这些评论会在屏幕上飘过，所有参与直播的观众都可以看到。

传统的弹幕主要出现在游戏直播、户外直播等纯互联网直播中，目前许多直播平台都与电视直播、体育比赛、文艺演出等合作，进行互联网直播及弹幕互动。

参与剧情这类互动多见于户外直播。直播主播可以邀请网友一起参与策划直播下一步的进展方式，增强观众的参与感。

邀请观众参与剧情发展，一方面可以使观众充分发挥创意，令直播更有趣，另一方面可以让被采纳建议者获得足够的尊荣感。

2）发起任务

直播中，直播主播可以发起各种任务，邀请观众一起参与，常见的任务有：建群快闪、占领留言区、晒出同步动作。

3）直播红包

直播间观众可以为直播主播或主办方赠送"跑车""游艇""玫瑰"等虚拟礼物，表示对其活动或主播的认可与喜爱。直播间也可以给观众发放红包，增强互动性。

4）礼物赠送

直播过程中，出于对直播主播或活动的喜爱，观众会进行礼物赠送或打赏，同时为了增加企业与用户的亲切度，直播主播应在第一时间读出赠送方的昵称，予以感谢。

3. 直播的"峰终定律"

"峰终定律"（peak-end rule），是指一段经历最让人印象深刻的，是它的峰值瞬间（最好和最坏的体验）和结束的那一瞬间。至于整个过程，以及其中不好不坏的体验，人们常常会忘记。

因此在直播过程中，直播实操团队要打造四大时刻：归属时刻、连接时刻、欣喜时刻和荣耀时刻，对平淡无奇的直播说不。

暖场时打造归属时刻，中场阶段时打造连接时刻，高潮时打造欣喜时刻，收尾阶段打造荣耀时刻。

4. 促进直播转化的秘诀：撬动用户激情

对于销售类或产品类直播营销活动，通过制造紧迫感、稀缺感和让用户占便宜，可以促进转化（见表6-8）。

表6-8 促进直播转化的三个秘诀

制造紧迫感	制造稀缺感	让用户占便宜
直接开抢 整点抽奖 限时抢购 直播即将结束	全场唯一 独家售卖 定制款 明星款	只送不卖 全场5折 小样 买赠 特价

5. 直播收尾阶段的核心思路

直播活动的收尾阶段，往往是实现这场营销活动目标的关键时段。下面是三种常见的实现营销目标的方式（见图6-14）。

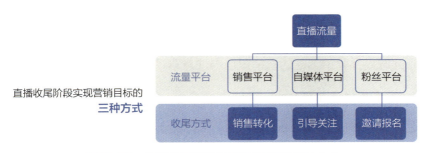

图6-14 直播收尾阶段实现营销目标的三种方式

（1）销售转化

流量引导至销售平台，在收尾阶段引导观众和消费者进入产品销售的网店，促进购买与转化。

通常留在直播间直到结束的观众，对直播都比较感兴趣。对于这部分网友，直播主播可以充当售前顾问的角色，在结尾时引导观众购买产品。

不过需要注意的是，销售转化要有利他性，比如能够帮观众省钱或帮观众抢到供不应求的产品。如果在直播收尾阶段植入太过生硬的广告，只会引来观众的反感。

（2）引导关注

流量引导至企业自媒体平台，在直播收尾阶段引导观众和消费者关注企业自媒体账号。

在直播结束时，直播主播可将企业的自媒体账号及关注方式告诉观众，以便直播后继续向本场观众传达企业信息。

（3）邀请报名

流量引导至粉丝群，在收尾阶段引导观众和消费者加入粉丝群，以及邀请他人加入或报名。

在同一场直播中积极互动的网友，通常比其他网友，更容易与直播主播或主办单位"玩"起来，也更容易参加后续的直播。直播主播可以在直播收尾时邀请其入群，结束后通过群运营逐渐将直播观众转化成忠实粉丝。

6. 强调直播营销活动的营销重点与注意事项

（1）反复强调营销重点

比如在一场晚会或一次球赛中，现场观众在开始前就已落座，重点部分开场点明即可。但直播中随时会有新观众进入，需要直播主播在直播进行中反复强调营销重点。

直播中的营销重点见表6-9。

表6-9 直播中的营销重点

类别	营销重点
介绍	直播主播介绍、主办单位介绍、现场嘉宾介绍、产品介绍等
关注	引导观众关注直播间、微信公众号、微博等
销售	现场特价产品、粉丝专属商品、近期促销政策等
品牌	邀请点赞、邀请转发、邀请点评等

（2）减少自娱自乐、增加互动

直播不是单向沟通，观众会把自己的感受通过弹幕发出来，且希望直播主播予以回应。一个只顾自己侃侃而谈，不与网友及时互动的直播主播，通常不会太受观众的欢迎。

刚接触直播的新人，往往会过于关注计划好的直播安排，担心直播没有按照既定流程推进，从而生硬地结束一个旧话题，进入新话题。实际上，几乎没有百分之百按照规划完成的直播营销活动，任何直播都需要在既定计划的基础上随机应变。

（3）注意节奏，防止被打扰

直播进行中，网友的弹幕是不可控的，部分观众对直播主播的指责、批评无法避免。如果直播主播过于关注负面评价，就会影响整体的直播状态。

在直播进行中，直播主播需要有选择性地与网友互动：对于表扬或点赞，直播主播可以积极回应；对于善意的建议，直播主播可以酌情采纳；对于正面的批评，直播主播可以以幽默化解或坦荡认错；对于恶意谩骂，直播主播可以不予理会。

直播主播必须注意直播节奏，避免被弹幕影响，特别需要避免与部分观众发生争执而拖延直播进度。

6.3.2 现场导演的专业调控

1. 现场导演是直播现场的总指挥

在直播营销活动中，现场导演是整个团队的总指挥。现场导演通过实施口令，把自己对直播的构思设想以及设备调度、工作调整等，及时地传递给相关的小组或工种，以保证直播能按照总体意图实施执行。

现场导演的机位调整，并不是单一地发号施令，而是同时做好几件事情。一是看直播框架脚本，检视自己是否按照镜头设计要求实施指挥拍摄；二是看监控画面，检查摄像镜头是否准确，以及视频光图、色彩是否符合标准；三是听声音效果，检查听觉表现是否适度、正常；四是看终端图像，检查视听信号、幅度是否完美和处于最佳状态。

目前，直播导演的专业术语和口令要求，没有一个统一的、绝对的规范。现场导演要使用直播实操团队能够认可、能够理解的、容易沟通、相对标准的语言去进行调整，以确保直播现场的指挥、调度顺利进行。

2. 现场导演和摄影的配合

直播营销活动执行过程中的视觉呈现源于两个最基本的创造者：一是现场导演，二是摄像师。现场导演对视觉形象负有全责，其工作是构思、设计整个的视觉形象；而摄像师是执行、创造具体的视觉形象。现场导演与摄像师是视觉形象创作上最紧密的合作伙伴，更是视觉形象创造性活动的核心。现场导演与摄像师应共同运用视觉语言，去实现视觉形象的最佳表现。

（1）机位设置

机位设置，是指摄像机摆放的空间位置。不同类型的直播，机位设置会有不同的变化，这对构图效果的表现，对镜头画面的视觉、透视、影调等的空间描绘，对人物形象的刻画及情节的表述，都会产生重要的影响。

如：在直播间内的新闻类直播、谈话类直播、小型的文艺类直播，导演通常会采用"三机位设置"，以此为基础，可以演变出更多机位的设置。

"三机位设置"是面向被拍摄主体，从左至右依次为一号机机位、二号机机位、三号机机位。在拍摄距离上，通常一号机机位与三号机机位互为对称，较为靠近被拍摄主体，多以拍摄近景和中景为主；而二号机机位作为主机位，一般距被拍摄主体较远，多以拍摄全景为主。

现场导演会根据直播的类型，考虑机位设置。由于直播类型的不同、规模的不同、表现形式的不同，因此，每个节目的机位设置也不尽相同。

（2）现场导演的镜头设计

镜头设计是直播开始前现场导演的一项重要的工作。

"镜头设计"是现场导演以观众的视听感受作为依据。在直播前，现场导演对直播进行构思，把直播将要表现的内容、表现的手法，分解为许多可供拍摄的镜头画面，由不同的摄影机在现场完成和实施。在直播现场"发号施令"的同时进行画面组接。

现场导演的镜头设计应在直播前与摄像师进行充分的沟通，在直播执行时进行非常紧密的配合，才能最终实现良好的效果。有一些直播营销活动，由于条件限制现场导演无法预先进行镜头设计，但其脑海里仍应装有镜头的设想和方案。

这样的设计和配合，才能让观众在一场直播中既看到直播进行的全部画面，也可以看到直播中的一些特写和细节画面，并且在画面切换时感觉流畅自然。

（3）场面调度

现场导演要眼观六路，耳听八方，口要指挥，手要操作。耳、目、口、手同时并用是现场导演必须掌握的专业技能。现场导演的场面调度，包括：

1）对人物的调度

即对人物表情、姿态、位置、形体、队形的调度。

通过调度，更好地表现人物的特点、人物与人物、人物与景物的关系，更好地突出所要表现的人物形象。

2）对镜头的调度

即对摄像机角度、景别、运动状态的调度。

通过调度，让拍摄角度、景别、运动状态产生变化，更好地表现画面空间的不同结构、渲染场景气氛、增强视觉造型的动感，以及让观众看清楚人物与景物的一切活动。

3）对人物与镜头的综合调度

即将人物与镜头的调度综合起来进行。

通过调度，能使画面的时空更加统一，场景的变化更加奇妙，使观看的视觉效果更加丰富多彩。

现场的场面调度，就是现场导演最重要的创作手段。例如，在云逛展的直播中，现场导演需要随时根据展位的情况，用手持对讲机通知摄像师（耳机），选择最佳的拍摄内容（见图6-15）。

图6-15 现场导演的场面调度 ⊖

⊖ 左一是现场导演，左二是直播主持人，右二是采访嘉宾，右一是摄像师

3. 现场执行中现场导演"发号施令"

现场导演在直播现场通过口令随时与各个有关小组、有关工种联系沟通，并进行调度指挥。接受调度的人员包含直播中的所有工作人员。

彩排和活动直播时，导演会以"发号施令"的方式，统一大家的行为，达到团队共同创作出最佳视觉效果的目的。现场导演下达口令时要口齿清楚，简明扼要。

[tips] 现场导演的常用工作术语，常用"号令"（见表6-10）。

表6-10 直播营销活动现场导演的常用工作术语

针对人群	类别	内 容
对摄像师	景别术语	大特写、近景、中近景、中景、人全景、全景、大全景、远景、大远景等
	角度术语	平拍、仰拍、俯拍、大俯、反打、正面、侧面、正侧面等
	构图术语	二人景、三人景、群体景、预留空间、演员入画、演员出画、注意演员动作等
	运动术语	推、拉、摇、移、升、降、甩等
对主持人和嘉宾	时间提醒	十分钟倒计时、一分钟倒计时、直播时间过半、还有十分钟、延长时间等
	动作提醒	主持人收表情、看镜头、注意腿部等
	内容提醒	重复开场语、重复结束语、尽快结束等
对其他工种	进度提示	待机、准备、灯光师准备、音响师准备、开场音乐，视频工程师准备等
	其他	十秒倒数：现场导演倒数10、9、8、7、6、5、4、3、2、1时，全体演职人员进入节目创作状态、开始、准备放音、放音、准备拾音、拾音、音乐减弱，或音乐停止、准备字幕、出字幕等

小结

从本章的内容中,学习者能够学习到,一场直播营销活动的现场执行需要有规范的步骤才能顺利完成。而要将这场活动打造成为优秀的直播营销活动,实现预定的营销目标,则需要直播实操团队的所有人,特别是直播营销策划师、现场导演、直播主播和摄像师们的努力付出。

实操模板

表6-4 活动彩排计划表

实践作业

观看一场销售类直播营销活动,分析在直播过程的四个阶段中,直播主播的语言特色和技巧。

第 7 章
视频直播营销的后续宣传与复盘总结

学习指导

任务描述：

本章的学习任务首先是学习了解视频直播营销复盘总结的基本内容，理解复盘总结对视频直播营销的重要性；其次要学习了解视频直播营销的二次传播和二次触达相关知识；再次是学习了解视频直播营销复盘的流程和内容，掌握视频直播营销流程复盘、内容复盘和数据复盘等，以及项目整体总结；最后，要学习了解视频直播营销可能出现的一些常规的问题、经验和教训，以提高视频直播营销的质量。

学习目标

知识目标：

- 视频直播营销复盘的工作内容
- 视频直播营销后期宣传工作的主要内容
- 视频直播营销成功的经验和关键要点

能力目标：
- 能够从第三方视角对视频直播营销进行复盘总结
- 能够完成视频直播营销活动之后的后期宣传工作
- 能够对视频直播营销效果进行预期管理

任务导入

根据本章各节的知识点，尝试拟定一份完整的视频营销直播团队复盘总结纲要，拟定活动后续宣传计划和效果预期。

任务解析

本章的核心内容是视频直播营销复盘总结的工作要点，因此学习者需要在了解相关知识的基础上，理解视频直播营销复盘的工作内容以及可能出现的问题点，以利于提高视频直播营销的活动效果。其中，数据复盘是关键，直播实操团队各项准备工作和现场的表现，最终的成效都展现在数据上，数据复盘包括业务数据、直播成本和效果评价以及品牌营销层面的长期效果积累和沉淀。

7.1 直播营销活动的后续宣传

直播营销活动现场执行的完成,并不代表整个直播营销活动的结束。对于大多数直播营销活动来说,需要进行后续的宣传(见图7-1)。有的直播营销活动只是整个营销项目的起点,需要利用这场直播营销活动的内容,展开更大规模的营销行动。

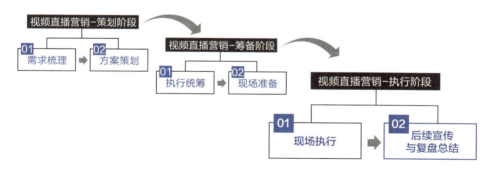

图7-1 视频直播营销执行阶段的两个环节

后续宣传有两种,一种是以传播为目的,称为二次传播,是为了让更多的观众看到或是知道这次直播营销活动;另一种是以转化为目的,称为二次触达,是为了让观众通过这次直播营销活动的营销而订购产品或尝试服务。

7.1.1 直播营销活动的二次传播

直播营销活动的即时性，在一定程度上限制了传播的范围和影响力。因此，二次传播对于需要持续进行营销宣传的产品或品牌来说尤为重要，可以实现大规模人、财、物投入直播营销的价值最大化。

如今，越来越多的企业营销开始重视直播营销活动结束后的二次传播。随着视频直播营销的日渐普及，将直播营销活动的精彩视频剪辑成片段，以短视频的方式进行传播，形成"短视频引流 – 直播营销活动 – 视频片段再传播"的新营销战术。

直播营销活动结束后，直播需求方往往会要求直播实操团队将直播营销活动的视频进行多版本复用，例如 30 分钟精华版、5 分钟先导版、1 分钟短视频版、15 秒微信朋友圈版。将直播营销活动视频的精彩环节剪辑，分发至各大渠道，内容复用，实现长尾传播。

企业进行二次传播的常见方式有：

- 将直播营销活动的视频变成录播视频，放在网络上。
- 将直播视频剪辑成短视频，放在网络上或提供给直播方和客户。
- 将直播营销活动的视频制作成其他形式，如图文形式，进行宣传推广。

例如：在王老吉"美好吉祥年"的大型春节促销营销活动中，直播实操团队首先策划实施了快手两大头部 KOL 新春直播 PK 赛的事件营销，再以此为基础素材，吸引更多粉丝参与到短视频共创的活动当中（见图 7–2）。

王老吉选择了快手常用的 PK 赛方式，邀请粉丝总量达 9700 万的两大达人展开直播 PK，并在直播间送出了 8 吨产品回馈粉丝，在达人和直播主播的强信任关系中，增加了品牌理念的输出。

图 7-2 案例：王老吉"美好吉祥年"项目的直播活动二次传播战术 ⊖

项目整体曝光总量超 11 亿，总播放量超 60 亿。其中：达人 PK 总曝光量达 19000 万，总播放量 1000 万，总互动 15 万（见图 7-3）。

图 7-3 案例：王老吉"美好吉祥年"项目的直播活动营销效果 ⊜

⊖ 图片来源：第十二届虎啸奖获奖案例《快手 × 王老吉——拥抱美好吉祥年》
⊜ 图片来源：第十二届虎啸奖获奖案例《快手 × 王老吉——拥抱美好吉祥年》

○—— 第 7 章 视频直播营销的后续宣传与复盘总结

7.1.2 直播营销活动的二次触达

有些大型营销活动是先以直播活动为引子,吸引观众的关注再进行更为关键的营销行动。这时,直播营销活动作为关键的宣传信息需要制作得更加精致和有感染力,才能使得二次触达时的营销转化更加有效。

利用直播营销活动开展二次触达,可以通过发放直播营销活动的回放视频及资料获取通知,进行用户调研、提醒用户试用、培养新用户认知或提升老用户黏性。在实际工作中,负责二次触达及后续宣传推广工作的,可能不是直播实操团队,而是运营团队、销售团队或是营销部门中的其他团队。

例如:在清风 × 饿了么——2020同城零售全渠道营销项目中,制订了四步营销策略(见图7-4)。

EVECUTION PROCESS

UPGRADED	IMPORT	EXPOSURE	IMPROVE EFFICIENCY
品牌营销逐步升级	促销资源持续导入	全渠道引流曝光	大数据门店提效
官微、官博+直播+跨品类营销,逐步推进,带动营销节奏。	满减、秒杀组合促销,高额满减持续促进客单价提升。	饿了么大牌钜惠、KA门店内BANNER等资源促转化,实际线上资源位在线时间30天+。	通过对门店、单品、品类以及竞品等各个维度的分析,进行全方位的策略优化,提升整体销量。

图7-4 案例:清风 × 饿了么——2020同城零售全渠道营销项目策略步骤 ⊖

1)品牌营销逐步升级:官微、官博+直播+跨品类营销,逐步推进,带动营销节奏。

⊖ 图片来源:第十二届虎啸奖获奖案例《清风 × 饿了么——2020同城零售全渠道营销》

2）促销资源持续导入：满减、秒杀组合促销，高额满减持续促进客单价提升。

3）全渠道引流曝光：饿了么大牌"钜惠"、KA门店内Banner等资源促转化，实际线上资源位在线时间30天+。

4）大数据门店提效：通过对门店、单品、品类以及竞品等各个维度的分析，进行全方位的策略优化，提升整体销量。

最终双方通过以直播为核心的营销组合，以及后续跟进的促销及大数据分析运营支持，取得了良好的销售效果（见图7-5）。

图7-5 案例：清风 × 饿了么——2020同城零售全渠道营销项目项目效果㊀

1）整体销售提升：2020年清风全年全量GMV（商品交易总额）达到5000万元，上半年GMV同比去年提升165%。

2）客单价提升：截至2020年年底清风整体客单价提升126%。

3）门店销售增长：截至2020年年底清风分销门店数同比增加200%，其中清风品牌产品在九州超市单月GMV达147万元。

4）平台排名：2021年年初，清风品牌进入饿了么销售排名TOP3。

㊀ 图片来源：第十二届虎啸奖获奖案例《清风 × 饿了么——2020同城零售全渠道营销》。

7.1.3 后期宣传反馈

直播营销活动后续宣传工作会得到内外部的反馈，这些反馈的信息和数据，也是对活动效果评估的重要依据。

例如，对一场品牌宣传性质的直播营销活动进行二次传播，可以得到来自用户、经销商的评价，这些评价往往是用户和经销商最真实、最直接的感受，也是直播复盘中非常重要的"第三方信息"。相关人员需要将这些信息归类整理，作为直播复盘环节的重要参考信息（见图7-6和图7-7）。

「王老吉」借助快手平台商业基因拓宽线上营销新通路

快手达人+老铁内容+传统快消　　形式多样+原生内容　　显著曝光
打通新春线上营销新通路　　　　打透老铁圈层　　　　助力品牌构建营销阵地

图7-6　案例：王老吉"美好吉祥年"项目的直播活动项目总结 ⊖

图7-7　案例：清风 × 饿了么——2020同城零售全渠道营销项目项目效果 ⊜

⊖ 图片来源：第十二届虎啸奖获奖案例《快手 × 王老吉——拥抱美好吉祥年》
⊜ 图片来源：第十二届虎啸奖获奖案例《清风 × 饿了么——2020同城零售全渠道营销》

7.2 复盘总结的作用、难点和资料整理

直播营销活动最后的结束环节就是复盘总结。复盘总结与后续宣传，会在同一个时间段内同时展开，但可能不是同一批人员或部门负责。

7.2.1 复盘总结的作用

复盘总结的作用，不仅是对本次直播营销活动的情况小结，更是通过复盘分析得出经验教训，而这些经验教训就是下一次直播营销活动成功的基础。例如，在为一场国内最大的外贸展会提供直播服务中，直播实操团队在 2020 年第一次直播时，因为准备时间很短、匆忙上手，整个过程磕磕绊绊，还好经过所有人的努力，最终算是正常完成任务。做复盘总结时，大家就提出不少改进意见。到了 2021 年第二次直播时，虽然工作量从一个直播间的直播活动增加到同时做五种不同形式的直播活动，但整个执行过程已经轻松不少。

这其中就有很多经验总结，比如，商家在直播间直播的前一天，一定要邀请商家主讲嘉宾进行彩排。因为 2020 年第一次直播时，出现过没有经过彩排准备，嘉宾上场时衣着不合适、由于紧张说不出话的情况。在有过这样的经历后，2021 年直播时，商家对此事给予重视，直播时多邀请了一

位嘉宾来配合，以保证直播效果。

直播营销活动涉及的岗位众多，不同岗位出现的问题以及解决方案，都有一定的专业性和技巧性。而这些内容对于做好直播营销活动、避免出现直播问题尤为重要，因此作为直播营销活动的负责人，相关专业小组的负责人和执行人、直播实操团队的其他成员最好也应对常见状况有一定的印象。这样的话，下次出现类似的情况时，各方能够及时提醒。

成功的直播营销活动，优秀的直播团队，都是依靠实践经验的积累才能达成的，通过复盘总结形成的经验和教训尤为重要。

7.2.2 复盘总结的难点

每一场成功的直播营销活动，都是所有参与者辛苦努力的成果。特别是每个岗位都有一定的特殊性，在直播营销活动的策划、筹备和执行过程中，都会遇到别人并不知情或是不太理解的难题，需要通过努力才能完成工作任务。

在这种情况下进行复盘总结时，真正的难点是：能否以第三方的角度来看待刚刚完成执行的直播活动，进行客观理性的分析。这一点说来容易，做起来很难。作为一场直播营销活动的实操者，经历了策划阶段的烧脑、筹备阶段的事无巨细和执行阶段的高度紧张，到了复盘总结环节时，往往容易身陷其中，很难以第三方视角进行客观、理性的评价。

在这种情况下，直播实操团队可以通过观看其他直播营销活动并进行总结的方式，逐渐熟悉、掌握第三方视角的分析方式。视频直播营销如今是营销领域的热点和重点，竞争无处不在。视频直播营销工作者必须时刻提升自己，实践积累、持续学习，才能跟上快速发展的竞争节奏。

复盘总结工作主要有两个时间点。一个是直播营销活动刚结束时，进行即时复盘，这时主要由直播营销策划师或现场导演负责指出活动过程中出现的突出问题，以及应该如何避免。另一个复盘总结的时间点，是在直播活动结束后的几天内。直播实操团队最好先有一两天左右的休息时间，让情绪和状态得到放松，然后团队一起来做复盘总结。这时直播实操团队也有了比较完整的数据汇总，可以发现隐性问题、进行深度剖析，使得复盘总结更有价值。

7.2.3 复盘总结的文字记录和资料清单

1. 复盘总结中经常漏掉的重要环节：文字记录存档

每场直播营销活动之后，所有人员都会松口气，然后开始诉说自己在直播准备和执行过程中的种种意外和应对方法。这种"总结"其实非常重要，但往往大家都忙于诉说，忘记记录下来并且存档。

复盘总结工作需要以文字记录并存档。一般分为两种总结，一种复盘总结是对外的、对上级或甲方的项目总结。这种总结主要是要展现直播营销活动的工作成绩。而另一种复盘总结是对内的、对团队自身的复盘总结。这种总结是刀口向内，在表扬成绩的同时，更加关注本场直播的问题点和经验总结。

2. 直播营销活动完成后需要整理的资料清单

（1）数据整理

- 直播数据
- 观众总数／观看时长／推广效果／分享效果／互动效果／用户旅途
- 推广数据
- 渠道效果总览／邮件推广数据／短信推广数据／微信推广数据／带参数渠道推广数据／活动官网数据／活动引导页数据
- 用户数据
- 单次行为数据：用户旅途／新老用户识别／分级／性别／地域／来源／

留资数据／使用设备／操作系统／浏览器等

－用户数据积累：基础信息（姓名、手机、行业、地区、用户标签等）、参会信息（用户评分、参会次数、参会时长、邀请人数、参会足迹、参会行为等）

- 电商数据
- 订单数据

（2）用户反馈

- 活动问题反馈
- 评论区聊天整理

（3）资料整理

- 调查问卷收集、PPT整理、互动答疑整理

（4）营收情况

- 总收入、红包、打赏

（5）总结文件

- 回顾活动目标、分析活动结果、数据监控、往届活动对比、活动结论等

7.3 复盘总结的步骤和主要内容

直播营销活动现场执行环节的工作完成后，复盘总结是越快进行越好。复盘总结的工作由直播营销活动负责人或直播营销策划师来主持，尽量让直播实操团队中的每个人都能参与。

7.3.1 复盘总结的两个方向与三个维度

1. 复盘总结的两个方向

复盘总结的作用，不仅仅是对直播营销活动做工作总结、对上级领导或甲方客户有个交代，对于直播实操团队的能力水平提升更是至关重要。总体而言，复盘总结有两个方向（见图7-8）。

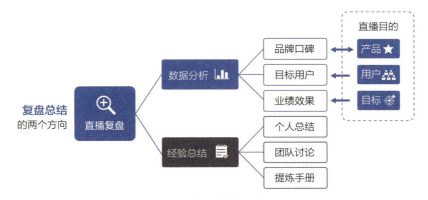

图7-8 复盘总结的两个方向

（1）面向过去的数据分析

现在，直播营销活动的全部过程已经实现数字化，可以实现全面的数据整理、分析和总结。通过对直播营销活动全过程的数据进行分析，可以进行不同目标的效果分析。常见的营销效果分析有：品牌口碑、目标用户和业绩效果（见图7-9）。

图7-9 案例：LA MER"海生万象·奇迹无限"直播活动执行效果与数据说明

（2）面向未来的经验总结

数据分析虽可以体现直播的客观效果，但方案策略、流程设置、团队协作、直播主播台词等主观层面的内容无法用数据获取，需要直播实操团队通过自我总结、团队讨论等方式进行总结，并将总结成果记录、整理成经验手册，便于后续直播活动来参考（见图7-10）。

上半年内容总结

一、多样化内容形式：运用社会化媒体平台进行多样化内容产出，趣味漫画、视频、痛点场景、营销热点等不同形式的创意内容引发年轻人共鸣。多探索微博，B站等平台玩法，结合运用，比如微博中的新鲜事，知乎的专题，live等。

二、场景深入拓展：上半年度针对轻食、家装两大场景进行目标圈层交互，积累一定忠实粉丝，其中轻食较家装更易俘获年轻人的喜爱，交互性及参与性更强，下半年可深入延续，同步拓展美妆、时尚、娱乐等生活场景及资源。

三、丰富品牌联合形式：寻找与产品设计类结合的品牌进行联合活动，让用户从产品认知到参与设计，促进用户交互。

四、加强引流渠道：与异业资源的产品渠道结合，提升引流效率；直播平台加强与电商平台的引导，通过赠券、直播秒杀等活动吸引用户。

图7-10 企业直播营销的上半年内容总结

2. 复盘总结的三个维度

复盘总结是聚沙成塔的过程，一场直播活动的总结可能内容不是非常多，但是积累到十场以上，甚至一百场的时候，当直播活动涵盖几乎全部视频直播营销类型时，积累的经验就可以复用、并将直播营销活动的失误率降到最低，真正体现出复盘总结的价值。

复盘总结主要有三个维度：流程复盘、内容复盘和数据复盘，也可以看作是三次复盘工作（见图 7-11）。

图 7-11　复盘总结的三个维度

（1）流程复盘

流程复盘的工作相对简单，最好是直播实操团队的全体人员参加，可以在直播营销活动结束的一两天内就进行。流程复盘的目的，是从直播营销活动进程的角度，看看是否有调整提升的可能性。

流程复盘的分析视角可以从活动整体进程的角度出发，如：是否按照原计划进行，是否有重大失误，可以如何优化和调整提升，各部门的配合等。

（2）内容复盘

内容复盘的工作有一定难度，可以在直播营销活动结束的几天内进行。参加内容复盘的成员是直播实操团队中的关键人员：直播营销策划师、文案策划、现场导演等。内容复盘的目的是从内容，包括直播主播讲述、宣传物料展示的角度，评价本场直播的成败得失。

内容复盘的分析视角为：文案脚本负责进行复盘主播输出的语言内容；现场导演进行复盘直播时输出的视觉内容；直播营销策划师对于直播营销活动的全程进行全面的复盘。

（3）数据复盘

数据复盘需要直播实操团队先对数据进行整理和分析之后才能进行。数据复盘是复盘总结中最为关键的一项工作，因为各项准备工作和现场的表现，最终的成效都展现在数据上。

数据复盘的分析视角：数据层面可能触及企业内部信息的保密制度，所以一般会控制参与人员的范围。参加数据复盘工作的人员，主要是直播营销活动的负责人，以及与数据统计相关的人员。数据复盘的结果往往需要上报给直播需求方。

7.3.2 流程复盘和内容复盘

1. 流程复盘与内容复盘的过程和关键点

现场执行环节的工作完成后，直播实操团队应尽快进行流程和内容复盘。主要分析以下事项：复盘直播过程是否顺畅，导播组、其他协助部门的工作是否顺畅，流程是否按照既定的脚本完成？直播过程中，因为什么原因进行了什么调整，大家的节奏和步伐是否一致，配合度如何？下次如果在现场遇到类似的问题，团队可以怎样优化，保证输出效果更好？

流程复盘与内容复盘所分析的事项往往是相同的，因此可以同步进行。通过分析，直播实操团队最终要分清，直播中哪些是属于流程性的问题，哪些是属于内容层面的问题。

复盘的工作，由直播营销活动负责人或直播营销策划师主持，参与直播执行的每个成员轮流发言。复盘的过程应当仔细，对具体问题的处理方式可以进行讨论，形成统一认知，并且记录下来。

2. 流程与内容复盘的五大维度

（1）人员分析

直播实操团队需要对直播过程中涉及人的因素进行总结，尤其是在团队协作过程中，不同性格的团队成员会呈现不同的做事风格。作为一支完整的团队，需要将成员的优势充分发挥、劣势尽量避免，在团队沟通环节尽量减少人为失误。总结过程中，除了需要对直播实操团队的成员进行总结外，对于直播主播、嘉宾等也需要进行总结。

（2）设备、场地及道具分析

直播实操团队需要对直播硬件设施进行总结，对场地的布置、直播设备的性能、电池的耐用程度、道具的尺寸设计等进行讨论与总结。

（3）台词、环节设置及物料分析

这里的分析内容主要指直播台词、直播环节设置、直播互动玩法、直播开场与收尾方法，以及实体和电子物料等。虽然这些内容已经被提前设计好，但是直播实操团队也需要总结出这些内容是否有效发挥作用、是否因为疏漏而导致现场混乱等。

（4）方法分析

直播实操团队需要对直播营销活动的策划方案、时间节点设置表、执行排期表、活动执行跟进表等进行总结，尤其是重新评估时间节点设置表、执行排期表是否具有实际指导价值，活动执行跟进表是否有效地引导团队成员进行直播相关的运作等。

（5）环境分析

直播实操团队需要对直播环境进行总结。主要是针对现场声音的清晰度、灯光亮度、现场屏幕流畅度等方面进行讨论与回顾。除此之外，还需要重新在直播网站进行环境评估，尤其是直播现场画面在网页及移动端的适配程度。

关于流程与内容复盘的五大维度的各项细分维度，见表7-1。

表7-1 流程复盘与内容复盘表

项目	细分	复盘小结
人员分析	直播主播团队	
	导摄团队	
	运营团队	
	其他	
设备、场地及道具分析	导摄硬件部分	
	场景搭建部分	
	其他	
台词、环节设置及物料分析	台词及环节设计	
	实体物料	
	电子物料	
	其他	
方法分析	流程节奏	
	直播方案	
	其他	
环境分析	直播现场环境	
	直播平台环境	
	其他	

7.3.3 数据复盘

直播活动结束后，往往还需要几天时间等待数据的收集和汇总，一旦获得了这些数据，直播实操团队应尽快进行数据复盘。

数据复盘的工作很关键，因为直播活动的直接成效都体现在数据上。数据复盘分三部分：第一部分是活动营销层面的营销业务数据部分，就是直播活动结束后各种短期的基础效果数据。第二部分是财务层面的转化效果数据部分，就是直播投入成本和效果评价。第三部分就是品牌营销层面的长期效果数据部分（见表7-2）。

表7-2　数据复盘的三个分析维度

短期	活动营销层面	营销业务数据部分
	财务层面	转化效果数据部分
长期	品牌营销层面	长期效果数据部分

1. 多维度的数据记录和统计

专业的直播营销活动应采用自有或直播技术服务平台，能够实时记录和分析数据。在直播结束后，能够立即看到生成的数据报告。具体包括如下几个类型的数据：

- 数据总览
- 推广数据
- 直播数据
- 用户转化数据
- 私域数据

在专业的直播技术服务平台的后台，直播实操团队可以通过多样化的数据看板，实现以下功能：

（1）通过数据反映可获取区域观看活跃度

特别是对于有客户及经销代理商参与的直播，数据反馈尤其重要，通过地域、推广、互动情况，企业可判断出区域经销商的活跃度、业务熟练度。

（2）数据反馈多样化互动效果

清晰呈现人均观看时长，各个环节互动数据、聊天人数、互动数量等，多样化呈现互动效果。

（3）针对单个观众的细致分析数据

直播数据后台可以提供完整的观众数据记录，支持查看和导出，针对每一个观众，记录完整的观众观看行为，方便追踪复盘。

每一个平台对于直播数据呈现的方向和精细化的程度是不同的。电商直播平台更偏重于"人、货、场"的转化，内容直播平台更偏重用户对内容的互动。总的来讲，随着视频直播营销的深入和普及，各个平台的数据分析工具越来越完善，每一次平台版本迭代都可以感受到数据后台分析越来越精细，越来越人性化，越来越好用。可以进行数据分析的维度也越来越多。

2. 数据复盘的细分：短期营销数据与转化效果数据

（1）短期营销数据复盘

数据复盘可以参考常规的营销活动中的数据指标，主要是从品牌层面、用户增长层面复盘。如：

- 基础观看数据：观众总数、观看量总数、新增粉丝数、评论人数、在线总时长、人均观看时长、高峰波段、点赞数、互动区互动量等。
- 品牌口碑数据：直播前后，品牌口碑在目标用户中的数据对比。
- 直播产品数据：直播前后，直播产品在目标用户中的知名度对比。

这类数据既可以做比较粗放的分析，也可以做到非常精细的分析。比如对一个小时的直播进行非常细致的分析，包括用户高峰波段和低峰波段。对于高峰波段，可以反推用户更喜欢哪一类的内容，分析低峰波段，可倒推用户不喜欢什么内容，是在哪个内容点离开的直播间。也可以通过高峰波段来推算，当时策划的直播时间是否符合目标用户的观看习惯。

从用户来源的渠道，分析观看用户是否符合目标用户画像，来倒推开播前选择的宣传媒体渠道是否正确匹配。

（2）转化效果数据复盘

特别强调转化效果的直播，多是销售类直播营销活动。一场带货直播，常规关注的数据有以下几点：

- 粉丝转化量
- 进店量
- 销售量
- 收藏量
- 新品销售占比
- 利润产品销售占比

与营销数据一样，这些数据的每一项也都可以做详细的分析。

- 商品展示次数：指商品展示给用户的次数，包括直播间内的弹窗，用户点进购物袋浏览到商品都算是展示。
- 商品点击次数：是指用户实际点击商品的次数，即点击进入商品详情页面的次数。

除此以外，企业还可以关注"我的橱窗"访问次数数据。橱窗的入口一般在主页和商品详情页的右上角，可以看到有多少人访问了橱窗。从商品详情页到销售订单的转化也可以看出产品本身的吸引力。

从这些数据中，可以提炼的要点在于：

1）如果用户停留时长短，可以通过完善直播间布置和直播主播话术的提升增加直播间吸引力。

2）如果互动率较低，可以通过直播主播引导增加互动。

3）如果商品的转化率较低，可以看看选择的产品是否与目标用户的画像存在差别，无法吸引观众购买。或者是客单价、性价比上出现了问题，需要更新产品的活动。

3. 直播营销活动的财务数据分析和复盘

（1）投入的数据分析

设备、场地、搭建、人工，这些基础的投入成本，是否和预算一致？

关于推广投放，如果是营销类的活动，这一部分往往占很大的比例。推广投放的评价标准可参考媒体投放的评价标准。

（2）产出的数据分析

财务分析的逻辑最简单、最直接，就是投入与产出是否合理、是否达到预期，未来的优化空间有多大。

如果是销售类的直播营销活动，可以直接换算成投入产出比（ROI）。

如果是其他营销活动类的直播，营销目标比较多元，就要结合直播营销活动最初的需求目标进行分析。

4. 直播营销活动对于企业深度营销的长期效果分析

一场直播除了短期即时的效果，也会对企业深度营销产生长期的效果。长期效果一时难以体现，需要一段时间的监控才能显现出来，企业如果想了解直播过后，或者说一场综合性的营销推广活动过后，品牌在大众传播范围内有什么样的提升或者变化，可以用以下分析维度和工具进行观测：

（1）百度指数

百度指数是以百度海量网民行为数据为基础的数据分析平台，借助百度指数可以研究关键词搜索趋势、洞察网民兴趣和需求、监测舆情动向、定位受众特征。

（2）新浪微指数

新浪微指数是基于新浪微博用户行为数据、采用科学计算方法统计得出的反映不同事件领域发展状况的指数。百度指数展示的是网民对于某事件或某品牌的搜索热度，而新浪微指数展示了网民对于某事件或某品牌的讨论热度。

（3）微信指数

微信指数是微信官方提供的基于微信大数据分析的移动端指数，其计算范围不只包括微信搜索数据，还包含公众号文章及朋友圈公开转发的文章的数据。因此，微信指数可以更综合地显示一家企业或一款产品的口碑情况。

（4）头条热度指数

头条热度指数是根据今日头条热度指数模型，将用户的阅读、分享、评论等行为的数量加权求和得出相应的事件、文章或关键词的热度值。

（5）大众点评

线下服务行业（如饭店、美发店、酒店、电影院等）的品牌口碑情况，通常可以借助大众点评的星级数据进行分析，新媒体团队可以统计直播前后的大众点评星级分值，计算直播效果。

（6）问答

一场有效的直播在结束后，通常会继续吸引对产品感兴趣的网友在互联网中进行讨论。尤其是科技类新产品发布会结束后，网友会在百度知道、知乎、头条问答等渠道提问，了解关于产品的更多信息。

7.3.4　直播活动的内部经验总结

当所有的数据复盘都完成后，直播实操团队就可以对直播营销活动进行全面的内部经验总结。所谓全面的总结，就是要将本次直播中的每一个部分都分析到位，总结出经验。

直播活动是团队作战，每个人的能力、态度和状态对最终的成果都有影响。一场直播需要涉及的专业工种特别多，专业工种之间会有认知的盲点，大家怎么样才能做到更好地配合，减少无谓的浪费，提高执行效率，这些都需要做总体的总结帮助团队提高认知。

1. 问题梳理

直播实操团队要将直播过程中遇到的新问题、在策划环节没有考虑到的问题记下来，后续直播策划必须将此环节考虑在内。

特别是在直播过程中，哪个环节、哪个细节、哪个操作超出了正常预期情况，而团队又是如何应对处理的，这些经验与教训极其重要，可以总结记录下来在今后的直播中继续传承借鉴。特别是对于出过问题的人员来说，下次直播活动前必须认真复习，避免类似问题的再次发生。

流程复盘、数据复盘时，直播活动哪个部分没有达到预期效果，是因为什么原因造成的？这种原因是可避免的、还是不可避免的，这样的失败教训更是需要记录，并提醒团队相关人员给予重视并解决。

将直播营销活动中所出现的问题进行归类分析很重要，直播营销活动问题主要类别及可能产生的不良结果见表7-3。

表7-3　直播营销活动问题主要类别及可能产生的不良结果

直播活动常见问题	不良结果
内容流程策划不合理	未达到直播效果及目的
直播平台选择不匹配	未投送至有效目标人群

（续）

直播活动常见问题	不良结果
直播内容或品类不符合平台法规	直播无法正常开播，或直播过程中被平台关停
直播主播或嘉宾表达出错或不到位	未达到直播效果及目的
明星直播无正确备案	直播无法正常开播，或直播过程中被平台关停
直播导摄技术错误或故障	未达到直播效果及目的，环节错乱无章
直播舆论导向错误或观众互动不及时	直播观感差，互动体验混乱
销售配货不足或错误	未达成销售目的
执行环节人为性错误	未达到直播效果及目的，环节错乱无章
意外状况无预案	意外状况无法及时有序处理，直播无法进行
等等	等等

2. 解决方法

将所遇问题通过以上类别分类后与相关岗位人员进行沟通，并提出解决方案，遇到问题后的解决方法也需要记录下来。此类方法尤其对加入直播实操团队的新人有指导意义。

本次直播营销活动中出现了什么样的新问题，这些问题是否有合适的解决方案，同样需要记录一下，为后续的直播活动做好准备。

3. 教训记录

未达目标甚至影响最终效果的问题，需要总结为教训，后续直播活动中应尽量避免出现此类问题。

4. 优点总结

直播营销活动整体或活动现场执行过程中的某个环节达到预期甚至超出预期，可以作为经验进行记录，便于下一次策划直播活动直接参照。

实操模板

表 7-1　流程复盘与内容复盘表

实践作业

观看一场企业直播营销活动,以第三方视角对活动的过程和效果进行分析和总结。

第 8 章

视频直播营销团队建设

学习指导

任务描述：

本章的学习任务首先是学习视频直播营销团队建设的相关知识，包括视频直播营销团队包含的岗位、团队组建的方式和团队需要的核心能力，了解视频直播营销人才的需求及现状。重点是学习视频直播营销团队关键的三个岗位，视频直播营销策划师、现场导演和直播主播的相关知识，核心内容包括视频直播营销策划师的能力素质特征、现场导演的五种能力特征、直播主持人的能力特征以及培养方式等。

学习目标

知识目标：

- 视频直播营销团队的岗位构成、组建方式以及核心能力
- 视频直播营销人才需求状况
- 视频直播营销三大核心岗位人才能力需求与建设

能力目标：
- 理解视频直播营销团队各种岗位的能力需求
- 能够根据企业营销需要拟定视频直播团队组建方案
- 掌握三大关键岗位人才能力需求并对相关人才进行能力评估

任务导入

根据本章各节的知识点，尝试拟定一份完整的视频营销直播团队组建方案，并详细陈述各个岗位的能力需求和招募策略。

任务解析

组建视频直播营销团队，首先必须掌握视频营销直播团队的岗位构成以及各岗位的人才需求，并且能够结合企业营销需求灵活运用知识进行团队建设，重点是视频直播营销策划师、现场导演和直播主播的选聘和培养方案。

8.1 视频直播营销的能力需求和发展路径

8.1.1 视频直播营销能力

1. 500强企业已经在直播营销探索多年

视频直播营销的发展在过去几年突飞猛进,但并不容易被人们注意到,这是由于直播营销活动的自身特征导致的。其一,许多直播营销活动,需要主办方提供链接才能观看,外界一般无从知晓,也很难搜索查到。其二,只有实时观看才能真正感受到活动的魅力,直播结束后往往很难找到其踪影。其三,许多直播营销活动是定向邀约观众,外界甚至无从得知活动信息。

这就造成一个现象,除非是视频直播营销工作者或是特别关注这个领域的营销人,大多数人对于视频直播营销的真正发展状况并不清楚。而现实是世界500强和中国500强企业中的大多数,已经在视频直播营销方向上探索实践出适合自己的方式,并且获益匪浅。这些优秀企业在视频直播营销领域的能力和水平,与普通企业之间的差距越来越大。

2. 企业面对不断升级的竞争压力与观众的欣赏品味

驱动视频直播营销不断发展的力量,主要来自于两个方向:企业在竞争环境中感受到的压力,以及观众不断上升的欣赏品味。

每个商业的细分领域中,都有进行视频直播营销实操的优秀企业。经常出现企业高管或营销负责人,突然发现行业领军企业或竞争对手,在视频直播营销方向上的能力和水平已经超前许多,在震惊之余,急忙投入大量的人财物发力追赶。

同时,观众和消费者的眼球被各种直播事件和活动所吸引。一旦观众和消费者被某个品牌的直播活动所打动,就会持续关注。而这时竞争对手将很难吸引观众和消费者的注意力。对于观众和消费者而言,当观看了一场优秀的直播活动后,他们的内心得到了极大的愉悦。这时对于直播活动的欣赏品味就有了基础标杆,如果之后看到策划一般的直播活动,就会立即离开。这种水涨船高的状况不断发生,反过来又给企业以新的竞争压力。

3. 企业对视频直播营销的重视程度不断提升

由于互联网新媒介形态的产生,导致主流网络营销形式变迁的情况每隔几年都会上演一次,例如微博、微信的营销方式。最近的例证是短视频,兴起于2017年的抖音、快手,早期被许多人认为只是年轻人自娱自乐、唱歌跳舞的小众娱乐应用软件而已,而到了2021年,已经没有企业敢忽视短视频营销的重要性。

视频直播营销也是如此,这个新兴的媒体形态拥有更为高效的营销价值,因而必然成为视频营销的中坚力量。

传统的企业营销核心素质能力是在图文领域。而今越来越多的企业意识到,进入视频营销时代,视频营销能力对于企业发展来说至关重要。特别是在视频直播营销方向上,企业急需通过搭建自己的直播团队,形成企业的视频直播营销核心能力。

8.1.2 视频直播营销的发展路径

1. 将视频直播营销融入企业营销策略当中

数字营销是营销的主流方向,已经成为企业界和营销领域的共识。

2018年开始的短视频营销热潮,以及2020年开始的视频直播营销热潮,使得在数字营销当中,视频营销的重要性逐步显现出来。

越来越多的企业将视频营销加入到企业营销的常规工作当中,与社会化媒体营销、大数据营销、程序化购买等新型营销方式,一起形成新的营销策略和体系。特别是将视频直播营销、短视频内容营销与短视频广告结合在一起,创造出企业的新形象。在快速消费品和耐用消费品领域当中,这样的成功案例层出不穷,如五谷磨房、小米公司、小鹏汽车等。

2. 企业建立视频直播营销的不同方式

企业要把视频直播营销加入到日常营销工作当中,就需要相应地建立专业的视频直播营销团队。企业基于自身情况和营销策略,可以选择不同的方式,打造自己的直播团队。

- "对接人+代运营"方式:设立专门的视频直播营销对接人,具体工作以代运营方式进行
- "关键岗位+小型直播间"方式:以关键岗位为核心组建直播团队,主办直播活动时其他专业团队协作
- "完备团队+专业直播间"方式:完全自主,组建比较完备的直播实操团队

(1)第一种"对接人+代运营"方式

这种方式的好处是,企业人财物的投入较低,适合对于视频直播营销要求不高或是处于尝试期的企业。缺点是企业无法获得关于视频直播营销的核心能力和业务数据,对于长期发展不利。

(2)第二种"关键岗位+小型直播间"方式

企业需要有一定的人财物投入,比如培养或招聘3~5名专职的关键岗位人员,同时搭建一个小型的专业直播间。这种方式的好处是投入不高但

可以逐步掌握视频直播营销的核心能力和业务数据。但由于投入不高，也会导致成效一般。这种方式适合对于视频直播营销有一定的日常需求，但尚未或是不需要建立完善视频直播营销体系的企业。

（3）第三种"完备团队+专业直播间"方式

这种方式是企业建立比较完备的直播实操团队，建设多个专业直播间，以及相关的运营和业务团队。虽然这种方式的投入不菲，但好处是企业能够获得全面的视频直播营销专业能力，并灵活开展各类直播营销活动，为企业业务发展和创新提供支撑。

8.1.3 视频直播营销的人才缺口

1. 视频直播营销人才的需求猛增

在视频直播营销快速发展的同时，也凸显出这个领域的人才缺口。视频直播营销由于技术复杂，人才培养既需要知识学习、能力训练，还需要经过实操工作的经验提升。一名合格的视频直播营销关键岗位的工作人员，一般需要1~2年的培养时间。即使作为辅助人员，也需要半年以上的培养时间。

过去大多传统领域的企业没有与视频直播营销相关的岗位，新冠肺炎疫情期间实体经济向直播等线上渠道转型的过程中，这些企业对于直播主播、视频营销策划、摄像师、文案等方面的人才需求猛增。即使是在新冠肺炎疫情过后，由于视频直播营销已经成为常态化的营销方式，这种人才短缺的状况仍然会在相当长的一段时间内存在。

2. 视频直播营销人才的收入处于中上水平

可以预见，为了在将来实现业务发展和创新，企业会不断进行营销数字化转型工作，与视频营销相关的岗位将成为长期稳定的需求。猎聘大数据研究院发布的《2020年中国直播从业者大数据报告》显示，直播职位人才需求猛增，2019年同比增长329.36%。2019年中高端直播从业者平均月薪为1.69万元，同比2018年上涨6.02%，在全行业中高端人才平均月薪中处于中上等水平。

3. 培训＋实战，是快速培养视频直播营销人才的最佳路径

从某种角度来讲，视频直播营销既是一种新的营销形态，同时也属于影像艺术的一种。专业人才的培养步骤必须先通过专业培训，解决"术"的问题，再通过实战达到"艺"的修炼，最终实现"艺＋术"的完美呈现！

对于企业而言，可从内部培训或与外部招聘人才组合在一起，通过实战经验的提升，才能形成真正具备视频直播营销能力的内部团队。在这个过程中，还需要完成从传统图文营销到视频营销的思维和能力转型。

8.2 视频直播营销的团队合作、业务协作与核心能力

8.2.1 视频直播营销的团队合作

视频直播营销是特别讲究团队合作的一项工作，涉及不同的专业领域以及非常复杂的过程，即使是非常有经验的直播营销策划师和现场导演，也会遇到认知盲点。这就需要视频直播营销团队的密切合作，同时还需要企业内部各部门的通力合作（见图8-1）。

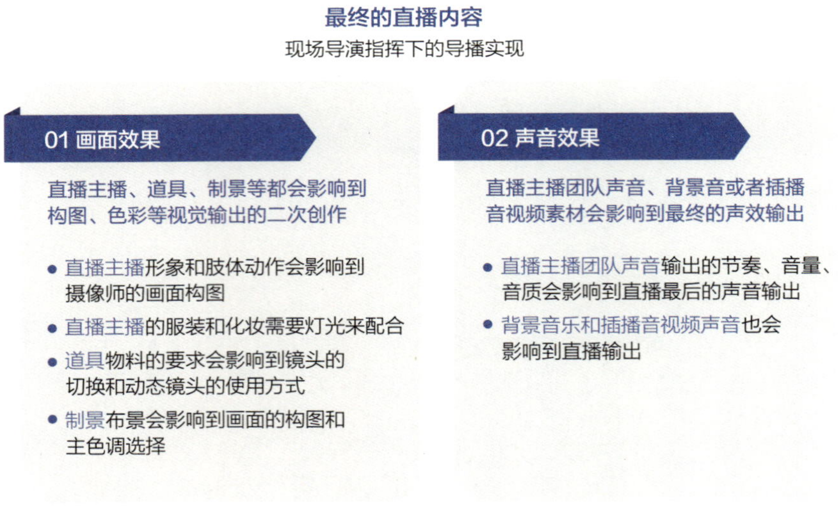

最终的直播内容
现场导演指挥下的导播实现

01 画面效果

直播主播、道具、制景等都会影响到构图、色彩等视觉输出的二次创作

- 直播主播形象和肢体动作会影响到摄像师的画面构图
- 直播主播的服装和化妆需要灯光来配合
- 道具物料的要求会影响到镜头的切换和动态镜头的使用方式
- 制景布景会影响到画面的构图和主色调选择

02 声音效果

直播主播团队声音、背景音或者插播音视频素材会影响到最终的声效输出

- 直播主播团队声音输出的节奏、音量、音质会影响到直播最后的声音输出
- 背景音乐和插播音视频声音也会影响到直播输出

图8-1 最终的直播内容

8.2.2 视频直播营销的业务协作

企业一般无法拥有视频直播营销中所需的全部专业岗位人员、专业器材和技术系统，因此在某些方面需要专业人员、团队和机构，一起进行协作策划，并完成直播营销活动。

比较常见的专业团队，比如直播策划团队、直播录制执行团队、直播运营团队、直播主播团队。直播营销活动的执行过程中，特别是大型直播营销活动或是特别重要的直播营销活动，直播方会聘请外部的专业团队与内部人员组合在一起，完成直播营销活动。

外部专业团队，往往拥有丰富的实操经验以及不同领域的实践经验。这些经验对于企业直播营销的目标达成和能力成长非常有益。外部专业团队也希望与企业形成长期稳定、互助互利的合作关系。

8.2.3 企业直播营销的核心能力

1. 专业能力是企业直播营销的瓶颈

随着视频直播营销成为营销工作的标准配置，直播方在内部组成专业化团队已是大势所趋。

然而，视频直播营销对于专业能力的要求较高，器材、场地可以通过购买或租用快速获得，但人员的专业水平、内部合作和外部协同的工作能力，就需要相关人员不断学习、在实践工作中一步一步提升。

2. 对视频直播营销的难度认知不足

许多人对于视频直播营销的认知是直播秀场里的网红直播，或是直播电商中的带货达人直播，只需要架起手机就可以进行直播了。而真实的情况是，视频直播营销的难度较高，要想达成营销目标，需要有专业能力、专业器材和规范化的操作流程。

这就像在现代战争中，人们只看到突袭到敌方区域中的战斗机潇洒地投弹击中目标，然而支撑这一切的是背后庞大的航空母舰舰队。淘宝直播带货达人光鲜镜头和顶级销售业绩的背后，是复杂的网络视频技术、营销策略和庞大的供应链体系。

有些企业因为新冠肺炎疫情的原因，2020年仓促上手进行视频直播营销。由于之前并没有做好准备，因而成效不佳。由此对视频直播营销的价值产生疑问，但归根结底还是企业对视频直播营销的认知和准备工作不足。

3. 企业直播营销的水平能力层级

以更长的时间维度来看，营销领域正在从图文营销时代逐步进入视频营销时代。而视频营销时代必然有新的素质和能力要求，这需要一个逐步学习、获得能力的过程。企业视频直播营销的专业水平，可分为三个水平能力层级（见图8-2）。

图8-2 企业直播营销的三个水平能力层级

初级水平的企业直播营销团队，可以执行专业难度要求不高的直播营销活动。中级水平的企业直播营销团队，可以策划、执行有一定难度的直播营销活动，同时将直播营销活动与整体营销工作串联起来。进而，高级水平的企业直播营销团队，可以完成高难度的直播营销活动，并能融合各种视频营销和其他营销方式，进行整合营销。

4. 培养企业直播营销的核心能力

企业可以先打造直播营销的核心能力，再根据自身的发展策略和行业环境，构建有竞争力的视频直播营销工作体系。

企业直播营销核心能力，就是在企业营销策略的指导下，规范地做好直播营销活动，实现直播活动的营销目标。视频直播营销是新兴的营销方式，需要从零开始进行能力建设：第一步是基础阶段——搭建基础团队，需要通过关键岗位人员搭建起直播实操团队，形成基础的核心能力。第二步是升级阶段，通过完善团队、工作实践和总结经验，提升核心能力（见图8-3）。

图8-3　培养企业直播营销核心能力的两个步骤

8.3 视频直播营销的关键岗位

8.3.1 视频直播营销的素质要求

长久以来,营销方式都是以图文为核心的,岗位职能也已细分清晰。而进入视频直播营销时代,需要以视觉元素和影像为基石,重新搭建起新的岗位职能。视频直播营销,源于电视直播以及互联网直播,再融合营销工作的要求,就形成了有一定独特性的工作方式和内容。在此基础上,出现一些新的岗位,特别是有三个关键岗位,是企业做好视频直播营销的核心岗位。

8.3.2 视频直播营销的三个关键岗位

1. 三个关键岗位的主要工作和作用

企业建立视频直播营销的三个关键岗位如下:

(1)直播营销策划师

作用类似电影行业中的"制片人+编剧",负责直播营销活动的策划以及全过程的实操执行。

(2)现场导演

作用类似电影行业中的"执行导演",主要负责直播营销活动的现场准备和现场执行，将直播营销活动策划方案真正实现出来。

（3）直播主播

作用如同电影行业中的"明星主演"，以自己的言语表达和表演能力达成营销目标。

在直播营销活动的策划阶段（需求梳理和方案策划环节），是由直播营销策划师来主导的。在筹备阶段（执行统筹和现场准备环节），主导权就逐渐从直播营销策划师转移到现场导演的身上。进入执行阶段的现场执行环节，"前台"由直播主播负责，"幕后"由现场导演主导。到了最后的后期宣传和复盘总结环节，主导权又回到直播营销策划师的手中。

由此可见，在一场直播活动全程当中，这三个关键岗位既有分工也有合作，如同接力赛跑中的运动员，一棒一棒进行交接，依次主导直播营销活动的进行。

理论上，这三个关键岗位是术业有专攻的，但在实际工作中，优秀者可以同时兼做多个核心关键岗位。例如，优秀的直播主播，经过长期的实践工作和成功经验的积累，实际上也具备着直播营销策划师或现场导演的岗位能力。

2. 三个关键岗位的价值与分工合作

（1）直播营销策划师

直播营销策划师主要参与企业设定营销目标、制订营销计划的工作，对直播营销活动进行整体把控。这个岗位是一个具有创造性的岗位，不同的直播营销策划师策划和设计出来的直播营销活动会呈现出非常大的不同。

（2）现场导演

现场导演是从筹备阶段开始参与直播营销活动，带领直播实操团队做好直播营销活动的现场执行工作。

（3）直播主播

首先，直播主播需要理解直播营销策划师的策划思路，理解活动的底层营销目的。其次，直播主播需要听现场导演讲解具体的直播流程安排，知道活动中该完成的动作和任务。同时，直播主播需要根据自身的理解，做肢体语言和台词脚本的微创新。

由此可见，这三个关键岗位的岗位性质是不同的。（见图8-4和表8-1）

图8-4　视频直播营销的三个关键岗位

表8-1　视频直播三个关键岗位的性质和影响团队

岗位	性质	影响团队
直播营销策划师	主要影响创造性工作相关的岗位	策划、文案、平面设计、视频脚本、舞台设计、音乐设计、媒介推广、主播经纪人等和创造性相关的岗位
现场导演	主要影响诠释性工作相关的岗位	搭建、物料、道具、灯光、音响、摄影、推流、导播、网络工程师、场控、后勤等和实施诠释性相关的岗位
直播主播	主要影响和直播效果输出部分工作的岗位	化妆师、服装师 台词脚本文案

以上所讲的岗位性质和影响团队，只是相对分工，并不是绝对分工。三个关键岗位会彼此征求意见，协作办公。直播营销策划师只有听从了现场导演的意见，策划方案的实施才能有执行保障，否则天马行空做出来的策划可能无法执行或者超出预算范围。而现场导演和直播主播也会和直播营销策划师、文案设计等岗位的工作人员进行充分沟通，保障大家的理解一致，输出方向一致。

虽然三个关键岗位能力模型中的基本素质、基本能力、基础知识点是可以通过短期的专业培训快速掌握和补充的。但是，直播营销活动是非常讲究实战的，沙盘练兵、纸上练兵，都只能解决"术"的问题，单纯提升知识和概念的了解。一位优秀的直播营销策划师、一名优秀的现场导演、一个优秀的直播主播，必须有多场直播营销活动的实战经验才能打磨出来！不仅是多场活动，拥有多种类型、多种条件、多种要求、多种情况的应对经验，才能称为一名优秀的视频直播工作人员。

8.3.3 直播营销策划师

1. 直播营销策划师的岗位需求由来

直播营销策划师是视频直播营销工作中形成的新岗位，也是传统营销高管未来发展的进阶方向。

直播营销策划师往往同时肩负两个职责身份，一个身份是代表直播营销活动主办方的官方代表，体现直播方的利益，相当于电影电视中的编剧和制片人的角色。另一个身份是直播营销策略的制定者和直播营销活动的总策划人。

2. 直播营销策划师的人才来源和培养

整个视频直播营销中，最重要的核心人物之一就是直播营销策划师，其相当于影视领域中的"制片人+编剧"，负责直播营销的策略制定和直播营销活动的策划执行。

优秀的直播营销策划师常来源于两种情况。一种情况是直播方（社会机构、商业企业和个人品牌）的营销高级管理者，不仅熟悉自身的营销需求和资源，同时对直播营销的各个环节和技术也非常熟悉。这种情况往往出现在规模大且对直播营销运作非常成熟的大型企业。另一种情况是，直播营销策划师是在提供直播营销服务的专业机构当中，有着长期的营销经历和直播经验，可以承担这样的重要职责。

随着视频营销成为企业的常态营销行为，以及由5G带来的虚拟现实、增强现实（VR/AR）等新的视频技术的发展，都使得视频营销的技术难度和竞争压力持续加大，同时在企业营销中的重要性也愈加提升。随着视频营销的发展，直播营销策划师的能力和水平也需要不断升级。现在市面上已经有很多直播营销策划师的培训课程，旨在帮助企业内部人员提高专业程度，使内部人员可以胜任这个专业岗位。

3. 直播营销策划师的能力素质特征

（1）视频直播营销策划的全局视角

直播营销策划师必须以营销的专业角度，从全局视角做营销直播策划。

直播营销策划师必须能够了解、把握直播需求方的真正目的和意图，否则很容易被其简单的营销需求介绍所迷惑。例如，有时企业做的直播活动是抱着试探性的目的，但某一次直播的结果，很有可能影响到企业未来发展的大方向决策。

大型企业中会有多个做直播营销的团队，比如做电商销售的直播团队、做品牌的直播团队、服务渠道拓展的直播团队。这些直播团队隶属于不同业务单元或分公司，如果一个直播营销策划师拿到了其中某个团队的直播活动需求，只针对这个需求介绍来简单地衡量这场直播该怎么做，很有可能就会做偏了。直播营销策划师必须了解企业整体的营销策略，了解这场直播在这个企业的直播体系里面的作用和价值。做直播营销策划时，必须从企业营销的全局视角来执行。

（2）视频直播营销策划的业务视角

直播营销策划师还要完整地了解企业各个环节的实际业务情况，以这个视角来做营销策划。

视频直播营销需要机构或企业中的多个部门相互配合：包括企业的产品进度如何、网络技术开发部门是否可以支持企业自身开发的直播体系、供应链体系是否可以支持电商平台、企业自己的直播主播是否适合上镜等。所有的策划、所有的创意都必须要有可实现性。

（3）视频直播营销策划的知识储备

直播营销策划师需要有丰富的知识储备，才能做到在直播的时候不陷入麻烦当中。

直播营销活动涉及的行业非常广泛，一些直播的环节也经常跨界。例如一场医疗科普的直播活动，既需要台词脚本有医疗的专业性，又需要接地气的语言，让观众既能听得懂，又能感受到专业信息的传递。医疗直播的嘉宾往往是医学行业某个细分领域的大专家，拥有非常高的医学专业素养，但是大部分专家对于视频直播并不熟悉。如果没有一定的医疗基础认知，专家医生的对接工作、脚本的修改调整工作都会遇到问题。直播营销策划师只有和专家能够交流，得到专家的认可，可以在同一层面沟通，再来给专家讲解直播营销活动需要的配合、注意点等，专家的接受程度才会更高。

广泛的知识面是直播营销策划师的必备素质。例如一个美食直播营销活动，如果直播间只介绍南方人常用的食材，或者只介绍北方人常用的食材，这都是不对的。因为直播营销活动往往是面向全国观众的。如果北方的观众看到直播间里都是南方的食材，会产生陌生感或距离感，影响直播的收看率。

（4）直播营销策划师的五项基本功

1）基本功之一：创意和文案能力

直播营销策划师即使不是一线的文案人员，但对于文案的风格制定，文案的鉴赏优化能力也是必须有的。就像导演不一定都会写剧本或编剧，但每一个导演都拥有对剧本的分析鉴赏能力。所以说，不懂文案、不懂创意，是不能成为合格的直播营销策划师的。

2）基本功之二：视频语言的表达

直播营销策划师虽然不是现场导演，却能够监督检查和纠正现场导演在直播现场的执行情况。现场直播的关键点是要全面考虑主播的肢体语言和情绪状态，场景的选择，光线的强弱，画面的构成，剪辑的逻辑，声音的搭配等。

3）基本功之三：公关思维

直播营销活动前如何进行话题炒作，需要由直播营销策划师来把握。因为直播营销策划师知道整个活动的亮点在哪里，以及如何把这些亮点呈现出来。直播营销策划师不仅要策划直播营销活动，更要策划直播卖点和宣传点。

4）基本功之四：运营思维

直播营销活动前的运营工作，如宣传物料的跟进、内外部的公关稿、活动中的各项数据分析、活动后的数据盘点，都是直播营销策划师的必备基本功。

5）基本功之五：深度解读网络平台及观众行为

所有的直播都是基于形形色色的网络平台，每个平台的特性，平台观众的习惯及行为都有不同，直播营销策划师需要基于自身的营销目标与直播平台相结合进行策划。对各平台状况的熟悉程度是考验直播营销策划师专业程度的重要指标。

总结一下直播营销策划师的工作内容：

- 统筹——企业视频直播营销策略的制定和调整，还要统筹技术、创意、营销、销售和商务等部门。
- 策划——要进行企业视频直播营销策略的制定和调整，设计直播营销活动的调性。
- 掌控——视频直播营销关键点的掌控。

总之，要从确定直播方向到一条线从头到尾贯穿始终，不让直播在执行过程中偏离初衷和方向，直播营销策划师是直播营销活动全场出品的重要保证。

综上所述，一个优秀的直播营销策划师需要具备的专业能力素质包括拥有全局视角、业务视角，且将五项基本功化作四种"专业语言"：营销品牌语言、视频技术语言、视觉创意语言、业务销售语言（见图8-5）。

图8-5 直播营销策划师必须精通四种"专业语言"

4. 直播营销策划师的能力培养与职业发展

（1）直播营销策划师的现状：急需大量优秀人才

优秀的直播营销策划师一般出现在提供专业直播营销服务的机构中。长期服务于不同类型品牌的营销经历、高频次处理复杂情况的直播经验，练就了专业直播营销机构中直播营销策划师的综合能力。

在视频直播营销越来越普及的情况下，品牌方或企业机构也越来越需要在其内部拥有直播营销策划师。企业内部的直播营销策划师对企业自身的营销需求和资源更了解,一旦熟悉视频直播营销的环节,掌握视频直播营销的专业技术,那么对于品牌方来说,直播的效果也更有保证。

目前,大多数品牌方和企业仍缺乏齐备的团队、更没有经验丰富的直播营销策划师,往往容易在直播过程中出现各种问题,甚至是翻车事故。

(2)直播营销策划师的培养:从内部高管中培养

企业应努力培养自己的直播营销策划师,视频营销时代已经到来,面对视频营销的常态化,企业需要高效、持续地产出各类视频营销内容。在多种视频营销方式中,视频直播营销是综合难度最高的。成为直播营销策划师,既需要学习专业知识,又需要高水平专家的经验传承,非一日之功。

最佳方式:从内部培养,从现有营销部门的高管中选拔培训。

(3)直播营销策划师的职业发展:从直播营销策划师到视频营销策略师

如今已经进入视频营销时代,视频直播、短视频等新型营销形态正在高速发展当中。并且,随着5G技术、虚拟现实技术(VR)和增强现实技术(AR)等新技术对于视频营销的强大推动力,视频营销的作用和价值将更为突出。

同时,随着各项视频形式的广泛应用以及数字化时代的深入,越来越多的从业者在实践积累后沉淀出视频营销的策略和方法论。可以想见,视频营销策略师将是下一个阶段的新兴岗位。因此,直播营销策划师发展的下一步,就是成为视频营销策略师(见图8-6)。

直播营销策划师		视频营销策略师
策划并保证 直播活动的顺利进行	VS.	可以将短视频内容营销、短视频广告 和直播营销等视频营销形式统筹, 形成视频营销合力

图8-6 直播营销策划师 vs. 视频营销策略师

8.3.4 现场导演

1. 现场导演的由来

现场导演,是视频直播营销中一个非常重要的岗位,这个岗位融合了多个岗位的职责要求。在传统的电视节目中,导演可以细分为总导演、导演、执行导演等多个岗位。但视频直播营销由于各种条件的局限,无法拥有如此细分的岗位。同时,由于视频直播的这种特殊属性,使得"现场"掌控能力成为现场导演必备的一项关键能力。因此,将视频直播营销中的导演称为:现场导演。

现场导演的出现,源于更早期的电视节目中多机位信号来源的需要。而这种需要在视频直播营销的活动中更为加强。由于在电视直播节目中有多路讯号需要汇总,这就要有专门的导演负责根据节目特征来实时选择和切换不同的讯道信号,最终输出一路信号供给直播观看使用。

2. 现场导演的能力特征

视频直播营销的现场导演需要具备五种能力特征。

(1)深入了解、深度把握直播营销活动的内容,将直播策划方案、直播脚本用视频化语言表现出来并加分提升的能力

只知道直播营销活动的内容和流程清单,并不能做好现场导演的工作。还要仔细研读直播营销活动的各种脚本、熟悉每个环节的内容、表现形式和串联方式,做到对于直播活动的基础了解。

现场导演是直播营销策划师工作的承接者、实现者。直播营销策划师将直播的策划案、直播脚本以文字的形式表现出来,而现场导演要将这些内容用视频化语言呈现出来。所以现场导演要有深入理解和掌握直播营销活动内容的能力,同时要有非常好的视频化语言的实现能力。如果现场导演对视频化语言的拆解、翻译、呈现表现、提炼提升能力比较好,那么就

会对之前确定的直播策划方案和直播脚本的呈现加分。反之，如果现场导演的视频化语言表现能力不强，那么直播脚本的最终表现就会很弱。

直播营销活动的类型非常多样，对现场导演的综合能力要求也很高。例如营销类直播、带货类直播等。还有不同的企业类型，如生产型企业、服务型企业，以及面向不同观众的直播，如面向国内观众的直播、国际化要求的直播、不同文化跨度的直播，以上这些对于现场导演的要求都不一样，每一个变量都将影响到最后视频化语言的输出，也将影响到直播最后呈现的综合表现力。

大家熟知的世界杯足球赛和NBA的直播赛事，就是很好的例子。可以想见，这些直播赛事的现场导演，需要对赛事的参赛队伍、球员、常见的战术和技术动作、各种精彩的动作，都需要有足够的把握，甚至是预判。

（2）全面掌控直播现场的多机位拍摄，以及直播信号的传输等技术问题

现场导演是要全面控制直播现场的专业人士，而专业的直播活动往往是多机位的现场直播，复杂程度要远高于单机拍摄。电影、纪录片类的影片采用的拍摄方式多是单机拍摄，摄制人员构成和拍摄对象相对简单，拍摄现场也比较容易控制。而多机位的直播现场就复杂许多，这种复杂程度主要取决于四个方面：

1）多机位直播现场的工种岗位繁多，现场导演需要对所有的技术环节、营销环节和业务环节都有深度了解。

2）直播活动的不可重复性，要求整个直播活动连贯顺畅，而保证这种连贯顺畅的关键人物就是现场导演。

3）多机位现场直播的难度加大。场面越大、场面越多，复杂程度和发生意外状况的可能性就会成倍增加，需要现场导演具有更强的全面协调控制多讯道拍摄现场的能力。

4）直播需要在拍摄的同时，同步将信号传送到直播平台。传统电视节

目直播的时候，其信号输出都是统一的。但在视频直播时代，为了达到更好的直播营销效果，经常需要将一场直播的信号输出到不同的互联网平台。不同的互联网平台对于直播信号的输送要求是不同的，比如有的平台是竖版播放，有的平台是横版播放。不同视频平台对清晰度、格式的要求也不一样，现场导演除了要掌握直播现场的拍摄收录，还要掌握常见互联网直播平台的技术传输要求。

总之，无论是小型的多机位直播现场，还是大型多场面、多机位的直播现场，现场导演都必须把所有直播实施细节考虑周全，尽量通过各种技术方式将现场的工作人员纳入自己的掌控范围之内，并且高效地协调团队成员，合理分配自己的注意力，以全面控制现场。

（3）精确掌控直播时间

对于现场导演来说，"时间"是一个非常敏感的词，对于直播活动时间的精准熟练把握是至关重要的。以秒为基础单位，是现场导演掌控时间的基本能力。

（4）把握直播节奏

直播节奏有快有慢，直播过程有紧张有松弛，现场导演应确保重点突出，又要保证总的直播时长能够控制在计划之内。

一场直播活动少则一小时，多则两三个小时，也有六小时、八小时的长时间直播。在直播活动的整体过程中，不能都是平铺直叙，要像一场交响乐一样有舒缓阶段、转折与高潮阶段。如果直播中都是特别紧张的节奏，那么一场直播全程看下来会比较疲倦，如果一场直播从头到尾都是松弛的感觉，那么完播率也会比较低。所以，直播节奏必须张弛有度，突出重点环节。现场导演就是一场交响乐的指挥，把控和组织着整个团队有节奏地共同完成整场直播营销活动。

（5）随时掌握直播营销活动的全貌

直播营销活动的现场导演并不像电视直播中的导演，可以坐在导播台前坐镇指挥。直播营销活动相对于正规的电视直播，人员规模要小，但复杂度更高。现场导演要在直播现场随时指挥和监控各项事务。一般的直播营销活动中，现场导演会坐在导播旁边，随时观察和指导现场的进程。

直播营销活动的最终全貌是由活动的每时每刻建立起来的，现场导演决定了观众看到的每个画面，因此现场导演必须随时控制成片的面貌。任何情况下现场导演都不能停下来琢磨一下，更没有机会说"不行，重录"。

现场直播前，现场导演会将整个过程完整地设计出来，既要有内容和节奏、场面调度与灯光音乐的实施效果以及所预期的现场情绪气氛，还要能具体地设想视频画面的影像风格以及出现在画面中的所有细节，这就需要现场导演有足够的掌控力。

总结一下，现场导演需要深入了解、把握直播营销活动的内容、全面掌控直播现场及多机位拍摄的技能、精确掌控直播时间，并随时掌握直播营销活动的全貌，因此是直播营销活动的最高执行者。

3. 现场导演的能力培养

（1）现场导演的现状：急需优秀人才，短期无法解决

再好的直播营销活动策划方案，如果没有优秀的现场导演，是无法呈现出来的。如今经常出现的直播翻车事故，以及各种低品质的直播画面，很大程度上都是由于没有合格的现场导演造成的。

视频直播营销急需大量优秀人才。但现场导演所要拥有的专业技术要求极高，且必须经过长期实践锻炼才能达到应有的水平，短期内是无法实现的。

最佳策略：小型活动自己做，大中型活动外请专业现场导演。

所谓的小型活动自己做，是指比较简单的，设备层面只用一个摄影机的单机位或者手机直播的项目，不需要使用导播切台，对于灯光、布景、

音乐等的专业度要求不高。只需要把握直播的时间、节奏，直播主播将重点信息进行直播呈现的小型直播营销活动。大中型直播活动，技术难度和专业要求较高，为了避免出现意外情况导致直播事故，最好外请专业的现场导演，指导直播活动的现场执行。

（2）现场导演的培养：从基础岗位逐步培养

做视频导播是成为现场导演的必要阶段，应成为主要培养的人才。随着实践经验的不断成熟，视频导播才能慢慢成长为合格的现场导演。

4. 现场导演的职业发展

相对而言，三个核心关键岗位中，现场导演的技术专业性要求最高，成长的过程也最长，成为一名优秀的现场导演是非常难的。

现场导演的职业发展主要是看个人兴趣爱好的选择。如果对营销领域感兴趣，可以向直播营销策划师的方向发展。如果对其他类型的视频感兴趣，可以向全视频类型的导演方向发展。

8.3.5 直播主播

1. 直播主播的由来

视频直播营销活动中，必然需要一个出镜的"明星主角"，这个岗位就是直播主播。当直播营销活动进入现场执行环节时，直播流程和节奏的主导者就是直播主播，是视频直播营销活动中的风云人物。

直播主播在线下销售和电视节目中早已有之，对其素质能力要求是比较清晰的。但视频直播营销中的直播主播还要具备一定的互动能力。

2. 直播主播的能力特征

（1）直播主播的心理和状态调适

直播主播是直播营销活动中最耀眼的明星，很大程度上决定了活动的整体效果。优秀的直播主播是直播营销活动成功的关键。为直播营销活动选定适合的直播主播,是直播营销策划师的主要工作之一。

直播主播需要根据直播脚本,在现场导演的指导下完成直播任务。由于直播主播是直播中的主角,因而压力也是最大的。直播主播需要对直播营销活动的每个环节以及自己承担的任务非常清晰,同时要调整自己的状态。

直播彩排时,直播主播不需要将自己调整到最佳状态,平稳走过全程即可。而到了直播现场,就需要排除各种杂事杂念,将自己的高光时刻展现出来。

（2）直播主播的关键能力

一个优秀的直播主播需要具备五种关键能力（见图 8-7）。

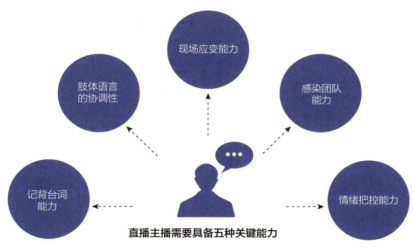

图 8-7　直播主播需要具备五种关键能力

1）记背台词能力

快速记背台词,语言表达清晰精准,是一个直播主播的基本功,尤其是一场直播中的关键台词部分,直播主播需要背下来,这样会有起码的流畅度保障。直播中，如活动名称、主要领导和嘉宾的名字、场地名称、产品价格等重要信息的表述，一定要保证精晰准确，不能出现口误。

2）肢体语言的协调性

直播的过程中，直播主播不仅需要露脸，有时也会需要站立或者走动，所以，直播主播需要有基本的肢体语言的协调性，同时肢体动作也要有一定的镜头感，比如走动直播时，习惯于侧身走向、斜角走路，减少背对镜头的动作，知道照顾移动摄像师的镜头速度等。

3）现场应变能力

专业的直播主播一定要有现场应变能力，一场直播不可能百分百按照先前的设定来执行，现场会有各种各样的突发情况，需要直播主播灵活应变。

4）感染团队能力

一旦直播开始，直播主播就是整场直播营销活动中最关键、最核心的人物。直播主播的状态会影响和感染团队整体的气氛节奏，所以还要具有带领团队的感染能力，如果要与一个非专业直播的嘉宾配合，要有引领嘉宾的能力。

5）情绪把控能力

直播现场不是自家的客厅，直播主播不可以随意释放自己的情绪，太过"自由"。如果在直播中出现情绪失控，就属于重大失误。

除了以上五种能力以外，一个知识面广泛，情商和智商兼顾的直播主播可以胜任更多种类型的直播，也可以更完美地执行更高难度的直播。

> **提 示**
>
> 做电视台主持人，普通话必须要过级。而现在随着直播营销的运营场景越来越广泛，类型也越来越丰富，一些直播营销活动中的直播主播做不到普通话过级，可能还会带一点点口音,但是总体口齿清楚，直播互动不影响沟通理解，还可能会增加一些个人辨识度。这种情况在对应的直播营销活动中也是可以的。

3. 直播主播的能力培养

（1）直播主播的现状：急需优秀人才

视频直播营销将成为营销的主力，企业自然就需要大量的直播主播。
最佳策略：内部培养 + 外聘 KOL/KOC

（2）直播主播的培养：短期可以先培训，优秀者会不断涌现

短期可以先进行大量培训，根据实践考核，优秀者会不断涌现。

4. 直播主播的职业发展

（1）直播主播的职业发展之一：明星直播主播

大家熟悉的一些大主播，其实都是从直播的实战中成长起来的。他们除了主播的岗位职责之外，甚至参与主导了直播营销活动的策划和创意工作，承担起直播营销策划师的岗位职责，成为明星级的直播主播。

（2）直播主播的职业发展之二：直播营销策划师

直播主播的类型和特点多种多样，但对于直播营销活动而言，可以分为完成任务型直播主播，以及参与创作型直播主播。完成任务是直播主播的正常职责。而随着视频直播营销竞争的加剧，直播主播可以一起参与直播营销活动的策划和创意工作，成为直播营销策划师。

实践作业

1. 根据企业自身和关键竞争对手的实力和现状，分析适合的视频直播营销发展路径，并说明原因。
2. 分析自己的能力和发展意愿，选择适合的视频直播营销关键岗位，并说明原因。

第 9 章
企业直播营销高手实录

9.1 视频直播快速发展亲历记

分享人：二横一竖 _ 创始人 丁立

推荐理由 丁立老师从事视频直播领域多年，见证了从早期的电视直播到如今网络视频直播的发展历程。伴随着这个过程，自身实现了从"电视直播人"到"网络直播人"的转型。

作为视频领域超级发烧友和资深玩家的丁老师，拥有超越电视台级别的专业设备，为世界500强及中国500强企业提供商业视频服务，拥有千场以上直播实操经验。

丁老师对该行业的发展过程娓娓道来，并对视频直播营销领域的发展提供了真知灼见，值得学习者仔细研读和思考。

一、2008年至今：创业开始到拥有"小型电视台"

2008年对我来说是关键的一年，已从事多年广播电视工作的我决定开始创业，进行商业类视频的拍摄服务，从事导摄演播端的工作，为客户提供现场多机位实时制作服务（移动EFP）。

这些年来，我们服务过各种各样的客户，做过会议、发布会、晚会、体育赛事、演唱会、电竞比赛等各种各样的拍摄和直播。随着商业类拍摄的客户需求逐步提高，我们逐渐拥有了一批不亚于一个小型电视台的设备，有些设备甚至比电视台的更精良。我们服务过的企业和品牌非常广泛，我常常开玩笑地说："不要问我们服务过什么品牌，世界 500 强企业我们基本都服务过。"

二、最早的视频直播前身，要通过卫星才能行

据查，中国电视机史上的第一次直播是在 1958 年 6 月 15 日。播出的是一部名为《一口菜饼子》的电视剧。这部剧的播出类似当下的网络直播——演员们现场演，画面直接播上电视机。之后在 1958 年 6 月 19 日，中国第一次成功地对一场篮球比赛进行了现场直播。

视频直播自诞生以来就一直是广电的专业领域，很早就进入了我们的生活。早期直播都是以电视直播的形式出现的，比如春晚、各类体育比赛、新闻类节目等，但直播的信息传递都是单向的，观众只能收看，很难参与和进行互动。

在商业领域，直播的需求一直都存在，而且需求量非常大。那时候，直播还需要通过卫星才可以实现，费用花费巨大，技术门槛也非常高。更别说现在大家经常看到的多地互动连线了，那需要每一个直转播地区都有相匹配的专业团队和卫星转播车。观众观看现场直播的渠道也很少，一般都是在一个场地集中观看。选择卫星直播的一般只有特殊会议才使用，比如国家级会议、专业论坛、特殊展览等。

三、2010 年，网络视频直播的开端

网络视频直播由电视直播衍生而来，但直播的内容更加丰富，形式更加复杂。2010 年后，商用的网络专线传输技术逐渐成熟，开始在商业会议中运用。以医学类会议为例，以往的医学类会议只能在会议现场播放一些视频，更无法请所有医生都到手术室观看手术过程。2010 年我们和中国电

信合作，为国内一个专业医学论坛搭建了点对点直转播专线。

有了网络直转播传输技术后，就实现了将多个手术室的画面传输到论坛会场供现场专家点评讨论，医生们也通过网络直播边做手术，边讲解手术方法，并回答会议现场专家及观众的问题。这场会议的影响范围不仅是在会议现场内，也扩展到其他地区，甚至海外。

四、4G 的到来，把视频直播推向商业领域

网络直播随着通信基础建设和技术升级而跳跃发展，无线通信从 2G 迈入 3G 后，视频直播进入了商业领域。传统电视台依赖的卫星直播，需要的技术配备复杂。而 3G 直播因为能解决一些突发新闻无法时实报道的难点而迅速普及，技术标准可以达到标清 720×576 的标准。

4G 的到来则把视频直播从媒体推向商业领域，而与时俱进的家庭宽带网络从 2M 跃升为 100M，为直播搭建起血脉，直播技术标准跨入高清 1920×1080 的技术标准。可以说 4G 的建立打造了直播市场，满足了交互直播的需求（见图 9-1）。

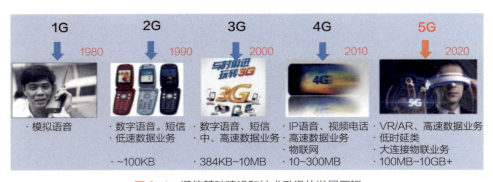

图 9-1　通信基础建设和技术升级的发展历程

五、电商直播开启了网络直播的全民时代

随时网络传输技术的完善，4G 时代来临后，各类直播平台崛起，视频

直播开始进入人们生活的各个领域。例如电竞直播、户外直播、教育直播等各种不同的形式，但这些都只是部分领域网民关注的内容，网络直播真正的全民时代还是在电商直播开启后。

2016年淘宝开始了电商直播，我们也跟随市场的需求成为国内比较早的电商直播视频服务团队。早期的电商直播对导摄技术团队的要求几乎和电视要求差不多，基本就是将电视购物的拍摄模式照搬，对导摄团队的要求仅仅是内容丰富，画面好看就可以了。

六、有时候观众更像是一场直播的导演

网络直播最大的特点是观众可以实时互动，观众通过弹幕参与整个直播过程，由观众引导直播主播、现场导演推进直播的进程。现场导演需要考虑的角度就不只是内容和画面自身，而要从观众的角度出发，一切以观众的需求为准。

观众的弹幕五花八门、需求各异，他们不仅会向直播主播提各种问题，还会制造各类话题，给直播间营造各种氛围。观众在观看直播时的感受从电视时代只能单方面接受信息，转变到网络直播中所有导摄、主播必须高效及时地满足观众的信息需求，有些时候观众更像一场直播的导演，所有工作人员是按照观众的需求进行直播（见图9-2）。

图9-2 网络直播最大的特点是观众可以实时互动

由于各平台的观众类型不同，观众的需求也不同。同一场营销事件中策划人员对各直播平台提供的内容也出现了非常明显的区分化、风格化。

以某服装品牌营销活动为例，同一事件中，策划和导摄人员可以根据不同的角度、运用不同的直播平台对该事件进行全方位、立体化、个性化传播（见图 9-3）。

图 9-3　案例：某服装品牌营销活动运用不同直播平台进行传播的策略

七、企业直播营销的复杂度和专业性不断提升

随着电商直播的火热发展，有些企业由于前期投入有限，无法进行大规模直播。也有些企业或个人只看到了部分直播呈现的简单效果，就认为直播很简单，单兵就能作战，有手机自己随时都可以直播。但很多企业经历过几次后往往会发现这样的直播没有效果、没有内容、没有销量、没有平台支撑，才体会到专业团队的重要性。

现在直播技术领域也随着技术手段的增加变得更为复杂，一场大型直播，各技术工种类可达 20~30 个，工作团队人员可达上百位，策划、设计、搭建、彩排、直播周期从几周到几个月不等。

商业视频直播发展到今天已经走过了 10 年历程，我也跟随直播的发展经历过各类现场情况，也遇到过客户有各种奇奇怪怪的想法，但客户的核心需求都是："我要更多人看到，我要马上解答用户的问题，我要即时地了解观众的想法。"网络视频直播完成了商务视频、电商营销视频需求的最后一步——实时传播，交互互动。

八、5G 时代，视频直播有可能进入一个私人定制化的时代

5G 时代来临后，视频直播有可能进入一个私人定制化的时代。未来的直播将更加个性化、多元化、定制化，未来的观众将完全主导自己的视觉内容，新一代在互联网中成长起来的观众很有可能对导摄策划团队提出更具象化的要求，以个体为中心定制自己需要的直播内容。

我所从事的导摄演播端将会愈来愈方便快捷，易使用。系统也更职业化、多样化。随着 AR、VR、MR 等大量技术将在视频直播中大量运用，5G 直播将深化应用于远程抢救诊疗、远程科技调查、教育培训等多个行业。5G 时代，颠覆的不仅是想象力，科幻片里的人工智能、无人驾驶、智能家居等或许都将会实现。

9.2 从 MCN 到直播电商代运营的转型心路——火星文化业务转型创新的第一年

分享人：火星文化 _CEO 李浩

推荐理由 视频领域优秀创业者火星文化CEO李浩，是视频行业的资深玩家。创建了国内权威的第三方视频全域数据开放平台——卡恩数据，精通于KOL营销、短视频账号运营、原创IP视频内容创新，拥有"海陆空"发行渠道。

李浩带领火星文化再次进行业务转型——直播电商代运营的尝试和发展。本文展示了其心路历程和实践过程中的关键要点。

一、2019 年的思考：在抖音上直播带货有前途吗

2019 年的抖音上，开始有达人尝试在短视频里挂上链接带货，也有一些达人开始尝试在直播中带货。当时的我也开始思考，抖音未来会有电商生态吗，公司下一步应该切入电商业务吗？直到 2019 年年底，这个思考逐步清晰。

当时的火星文化是抖音的营销服务商，我们的核心业务板块是服务于

品牌的红人营销和蓝 V 账号代运营。但我一直觉得这种类型的业务有天花板，所以在想清楚抖音电商的发展空间后，我们下决心切入抖音电商业务。

我们的判断是，既然淘宝上有近 9 万家 TP（Taobao Partner）公司，那么未来的抖音很有可能也会需要大量 DP（Douyin Partner）公司。于是，我在内部提出公司要成为 DP 服务商。与此同时，我们还做了一个判断，考虑到 DP 业务需要大量的人力投入，这块业务不能放在北京，而是要放在人力成本更低的地方来做。

二、2020 年新冠肺炎疫情突发：认输还是继续战斗

临近 2020 年春节，新冠肺炎疫情暴发，在被封锁在老家近一个月后，心急复工的我一个人乘机返京了。然后按照社区的要求在家隔离了 14 天。新冠肺炎疫情初期的那几个月，客户都大幅缩减了营销预算。连着三个月整个公司几乎都是只有支出没有进账，公司光支付工资和房租就已经净亏损 1000 万元。那个时候我掰着手指头在算公司的现金流还能撑多久，我们离倒闭还有几个月。那段时间，我把《亮剑》翻来覆去地看了两遍。我跟自己说，李云龙和赵刚当年面对那么困难的局面还不是挺过来了，现在是我要咬咬牙硬扛的时候了。

三、新基地的选择：短期见效 or 长期价值

2020 年 4 月 28 号，我跟合伙人订了五一期间的机票飞往长沙，筹建长沙公司和直播代运营业务。而在此前两个月，我们一直在纠结于直播代运营业务应该放在哪，而当时主要是在杭州和长沙这两座城市中做选择。

杭州的优势是电商氛围突出，距离供应链近，隐约体现出成为直播电商第一城的霸气。但作为新一线城市，人力成本并不会比北京低太多。另外，是由于竞争十分激励，会导致人员流动大、团队不稳定。

长沙的短板在于电商产业不太发达、人才供给可能不足，再者距离供应链相对较远。长沙的优势是娱乐产业发达，内容制作人才多，直播主播的未来供给相对也会更足。而且长沙从长期看有一个非常明显且持续的优势，就是长沙的房价一直控制得很好。这意味着长沙的人力成本在未来较长时间内都会很有竞争力。

如果选杭州意味着我们开局会相对容易，因为人才容易找。而选长沙，则会长期更稳定。加之长沙市岳麓区对引入火星文化落地表达了很大的热情，于是我们下定决心落地长沙。

四、理念认同为先，助力新业务快速发展

长沙不好招人的问题如预期一样成为困扰我们的主要问题。当时我想办法找到了一个在 MCN 公司负责过短视频和直播业务团队的姑娘，恰好她还在快乐购做过电商购物，对于直播带货有一定的认知。这个姑娘被任命为火星长沙公司的副总经理，以她为起点开始搭建团队。但是她没有公司管理的经验，所以我的合伙人、公司 COO 李若飞被留在了长沙，新业务初创期核心高管必须亲自上，这一直是我们的习惯。

长沙团队差不多有十来个人时，我们开始接手第一个代运营的项目。2020 年年底，抖音电商的热度不断飙升，我们陆陆续续签了七个品牌的抖音代运营业务，然后我们就开始了为认知交学费的过程。

火星文化本来是抖音的营销服务商，但我们发现电商服务和营销服务是截然不同的。首先是收费模式不同，营销业务不管结果好坏，服务商都不会亏钱。做电商业务的收费模式是基础服务费加卖货佣金，如果卖货体量小那就要亏钱。货能不能卖好，取决于品牌本身的影响力、价格竞争力、代运营公司的水平以及甲乙方的深度协同。营销业务里，如果甲方的认知不对，服务商对此实在掰不过来，还可以咬着牙服务，听甲方的就好了。

而电商代运营业务里，如果双方的认知不一致，那么出问题的概率就很大。

有的客户不能理解直播间刚开的时候需要磨合，一个月左右没有体量就决定换服务商。我们服务过一个国货吹风机新锐品牌叫直白，第一个月直播间才卖了几万块钱，第二个月卖了20万元，第三个月40万元，第五、第六个月都在100万元上下，而第七个月冲到了月销400万元左右。

问题是，大部分品牌方没有直白的这种耐心。多数情况下服务商一个月没有体量，品牌方就开始怀疑其能力，要么开始着手换服务商，要么再招其他服务商一起来跑马竞争。信任是一方面，电商业务上的协同也非常重要。比如好卖的货盘不放到抖音渠道，直播间的价格甚至比线下还贵，发货的速度和售后跟不上导致小店评分下滑，各种各样的情况都会导致品牌在抖音的旗舰店打不开局面。

五、优秀业绩的秘诀 =50% 的团队努力 +50% 推荐系统的"聪明心"

我们服务的某个品牌，在第三个月时直播间数据有了明显的突破。在复盘会上，品牌方的电商负责人表扬火星文化的团队，说过去几个月看到我们的项目组同事不停地在复盘迭代、创新求变，因而销售业绩也在不断提升。

被表扬我们当然也很开心，但是客观来说，在抖音直播业务上的成绩，一半归功于团队的努力，另一半要归功于抖音聪明的、不断学习提升的推荐系统。我们可以这么理解，在抖音做生意，最需要用好的员工其实就是抖音的推荐系统。

我们可以把推荐系统理解为一个非常聪明的人工智能系统。聪明的系统需要什么？需要数据。当第一批用户进入直播间后，系统就会开始分析一系列的数据，哪些画像和标签的人群在进入直播间后，互动和购买行为更活跃。系统会考虑比如 GPM 值，也就是每一千个用户进入直播间后产生的销售额。用户进入直播间后，其停留时长、是否关注直播间、是否点亮粉丝灯牌等一系列互动行为，都会是帮助系统判断要不要给直播间推送更多用户的依据。

而如果一个直播间的目标用户画像很精准，比如当系统发现20~35岁的男性用户，或者是有热爱体育的标签的用户进入某个运动饮料的直播间后购物和互动行为更活跃。那么聪明的推荐系统，就会尝试把直播间推送触达到更多这样的人群。在抖音要想把业务做好，一定要善用推荐系统这个聪明的员工，它的学习能力极强，24小时无休地努力工作，每5分钟复盘迭代一次，进化速度惊人。

六、2021年的成长：能力复制的初验证

当看到长沙公司直播代运营业务的快速成长，以及客户对于抖音代运营业务的强需求，火星广州分公司的负责人也有点坐不住了。过去几年我们的广州分公司（以下简称广分）一直是一个营销基因很强的团队，在红人营销和蓝V运营方面相对比较专业，但说到直播代运营业务上，可以说其完全是新手。广分负责人向我提出，能不能安排她带着广州的同事到长沙公司学习一段时间，我同意了。

2021年5月份，广分在办公室打造出了一间直播间，以屈臣氏的快手代运营作为第一个启动项目。7月份，广分签下了益海嘉里的代运营合作。广分在胡姬花花生油直播间开播第15天的时候，实现了单日销售额破10万元，而且是在自然流量占比近7成的情况下做到的，创造了火星文化内部完成直播间冷启动用时最短的纪录。

在长沙公司业务经验的基础上，广分的同事又做了不少创新。在胡姬花的直播间，为了体现古法小榨的特点，直播主播从第4天开始纷纷穿上了汉服；从第7天开始，直播主播把鼓和棒槌带进了直播间，会在调动观

众情绪的时候敲一段大鼓，十分热闹。

当广分开始做直播电商代运营，对我们而言意味着抖音直播代运营业务的底层逻辑已经是相对清晰而且可复制的了。抖音是一个规则和玩法变化都非常快的平台，需要团队有极强的学习能力。但抖音确实蕴含着巨大的商业机会，我个人看好抖音电商在 2024 年达到 3 万亿左右的 GMV 规模，这是一块非常大的市场蛋糕，自然会激励着众多从业者和行业公司入局抢食，大盘前景美好而局面竞争惨烈。

9.3 家居定制行业视频直播营销探索

分享人：德晟品牌机构_总经理李俊松 / 威法定制家居_董秘冯靖君

推荐理由　说到视频直播营销，大多数人脑子里闪过的是电商直播中，直播主播手里拿着一个产品在介绍的场景。但是在快消品、服装等方便直播主播进行展示演示的标准化产品之外，还有一些大型的产品需要展示。比如，体积大、非标准化的家居定制产品该如何利用视频直播营销这一利器呢？

下面一起来看这个家居定制领域的 ToB 视频直播营销案例。

视频直播营销可以充分利用媒体手段，在企业内外部营销中更加丰富要传达的营销内容，产生即时的互动和效果。相对于传统营销手段，直播是对企业内外部客户资源的一种更高效率的营销转化行动。

在美妆、快消品等行业里，由于其产品具有适用人群广、购买决策成本低、销售容易被促销拉动等原因，该行业里的大小品牌企业，通过视频直播可以直接产生销售转化。因此，直播带货成为这些行业中最直接、最广泛的销售方式。那么，对于高单价、决策周期长的家居定制行业，特别是追求溢价的高端品牌，视频直播营销应如何发挥作用呢？这是一个富有挑战性的课题。

德晟品牌管理机构（以下简称德晟），是国内领先的数字营销服务机构之一，专注于为家居、家电等行业提供新媒体、电商和用户运营服务。2019年德晟在顺德成立了新的数字化运营园区，服务于中国最大的家居和家电产业带，对于这一课题开展持续研究和实践。

这里和大家分享的，是德晟与中国高端家居定制品牌——威法家居一起，进行了多种营销场景的直播应用尝试，取得了很好的效果。威法家居是目前国内最高端的家居定制品牌之一，其产品平均客单价超过10万元，面向高端人群的装修需求。

一、与时俱进，制订视频直播营销策略

德晟在为企业制定数字化营销方案时，会首先研究该企业的商业模式，在整个业务流程的梳理中，发觉互联网营销赋能的节点。威法家居的经营模式是传统的线下渠道经销模式：厂家招募区域经销商，区域经销商负责在当地投资运营实体店，客户通过广告、设计师、老客户介绍等多种获客渠道来到实体店，与店面营销人员讨论家居定制方案、核算价格、签订合同。总部负责生产，区域经销商提供安装及售后服务。

德晟在与威法家居接触后，针对其业务现状提出了"短视频＋直播"的内容营销方案，并提出了"先服务内后服务外，先服务B后服务C，以赋能经销体系为首要目标，大众品牌传播为辅助目标"的运营模式。

二、初次尝试，大获成功

2020年年初，新冠肺炎疫情暴发，为企业直播营销带来了紧迫性。此时，威法家居发生了两件大事，一是公司总部迁入新的办公大楼，二是公

司全面拓展了产品线，由原来单一的定制柜，拓展到家具、灯具、室内门等，并且对原有的定制柜做了全面的产品升级。所以，在新的办公大楼装修时，全面应用了新的产品系列和设计风格。公司领导决定把这两件事融为一体，总部新大楼的开业典礼也就是新产品的内训会。公司原计划邀请全国的经销商、合作设计师、销售代表等汇聚广州新总部大楼，共同参加这一盛会。然而，突如其来的新冠肺炎疫情打乱了一切的安排。

由此，德晟与威法团队在经过认真的讨论和研究后，决定大胆采用视频直播的方式，把原定的线下活动全部搬到线上，邀请全国经销商在线参观总部新大楼，并同时完成产品发布和培训工作。为此，我们迅速组建了专门的直播工作小组。

在前期，我们主要完成了策划和执行准备工作。

策划：围绕互动的目的和主题，我们对整个直播的流程做了完整的直播脚本，除了大的流程之外，重点对产品的介绍内容、话术、展示方式等进行了多轮的讨论和完善。并专门为片头、欢迎环节等提前录制了精彩的视频。

准备：技术方面，我们在直播、灯光、设备等方面做了设计、改进和彩排。由于威法定位的特殊性，其对直播的灯光和画面品质要求很高，必须完美地展示其产品的品质感。另外，由于直播需要从一楼门口开始，一直到三楼展厅结束，对运动中画面的稳定性要求也很高。

另外，由于这是威法家居的第一次直播，对于技术平台的使用、经销体系的提前培训也是准备的重点之一。

在为期10天的紧张准备之后，威法总部乔迁之喜直播活动如期开展。直播期间，共有超过900名经销体系的同事在线全程观看了直播，包括经销商领导、店长、销售团队、服务团队等。而公司原计划仅邀请100名全国各地的经销代表到广州参加活动，在线观看直播人数远远大于原线下活动人数。

经销体系的绝大部分员工反应热烈，对新产品叹为观止，这极大地鼓励了经销商的信心，威法领导对直播效果非常满意。从费用上看，原计划线下活动预算为100万元，包括机票、酒店、餐饮、活动、礼品等，而通过线上直播，实际费用仅仅不到20万元，就达到甚至超过了线下会议的效果，经济效益也十分明显。

当然，在复盘的阶段，我们也发现一些不太完美的地方，例如有时候画面还是有抖动、转场时不够流畅、与观众的互动答疑环节会有遗漏等，这为以后的直播改进提供了参考经验。

这次直播活动可以说是取得了圆满成功。而它最大的意义，是证明了在最传统的实体店经销网络中，直播可以作为强有力的手段，取代或者部分取代线下的内训等活动。

三、再接再厉，助力业务突破

有了这一次成功的直播尝试后，德晟和威法计划再推进一步，由内训展示类的直播向销售目标的直播再进一步，在企业内部订货环节尝试直播营销手段。

由于威法在日常营销中，需要采购大量的商务礼品作为到店、下订、会议环节的礼品或赠品。总部会组织合适的产品，要求经销商体系采购。以前，因为经销商对商务礼品不熟悉，采购的动力不足，采购行为零散，不便于总部管理。所以，德晟与威法团队决定做一次商务礼品内部订货会的直播。

第一次直播，德晟对货品的选择非常谨慎。考虑到威法客户的高端特性，商务礼品选择了国内新锐的咖啡器具设计师品牌熊与杨的系列产品，我们相信这既符合威法自身的品牌调性，也能满足用户的生活需求。但是，由于手冲咖啡文化对于中国用户还比较陌生，在直播中的主要挑战就是完美演示和讲解咖啡生活。在直播前，德晟邀请了专业咖啡师，精心准备了产品的图片、视频材料以及直播流程，并对直播主播进行了咖啡专业知识和实操培训。

在准备阶段，我们选择了威法现有的西式厨房作为直播场地，并对灯光和背景做了专门设计，画面质感非常高级。根据整个订货会的流程，写了完整详细的脚本，主要内容是产品讲解及演示、优惠价格、订货事项等，并要求在限定时间内完成订货。

由于有了第一次直播的经验，这次订货会的直播过程非常顺利。直播画面质感很好，直播主播气质优雅、话术到位、控场自如。在整个直播中，实操演示与电子物料之间切换流畅，完美地对本次商务礼品进行了演示和推广。直播形式的应用，把原来枯燥的礼品订货，变成了感官的享受和品质生活的展示，画面感染力、观众带入感极强，获得大家的一致好评，也成功激发了经销商的订货意愿（见图9-4）。

图9-4　培训直播营销活动中的产品展示

由于涉及订货价格等敏感信息，本次直播采用邀请制，只有各区域总经理才有资格参加。结果这一次直播礼品订货金额超过300万元，超出预设目标，活动效果令人满意。

这次直播，是继第一次纯展示和培训目标之后，以实际订货为目标的进一步营销行为。实际效果表明，在面向经销商体系的内部直播中，可以有效地完成销售目标，达到或部分达到传统线下订货会的效果。

四、营销转型升级成功，继续发力探索

目前，德晟的数字营销团队和威法紧密配合，继续推动直播活动进入常态化，逐步取代一些传统线下的营销活动，在经济效益和营销效果上都有不俗的表现，也得到了经销体系的好评。

另外，由于目前威法面向消费者是由经销商负责，我们还没有开展对C端的直播营销活动。与快消类DTC（直接面向消费者）品牌不同，传统经销体系在做C端直播营销时，需要协调好经销商的利益关系。德晟相信，在协调好经销商关系的基础之上，是可以实现对C端的协同发力的，直播营销在威法体系中也将是实现C端用户销售转化的有力营销手段。

9.4 丁香人才，让视频直播助力医生求职

分享人：丁香园 _ 副总裁 帅玉环

推荐理由

帅玉环：丁香园副总裁，丁香人才负责人。17年医药互联网平台工作经验，熟悉医疗大健康产业人力资源与品牌营销管理模块，是医疗数字化品牌招聘概念的倡导人。曾带领团队为各地卫健委、公立医院、民营医疗大健康机构提供人力资源与品牌营销解决方案，撰写多篇文章发表于行业学术期刊和网络平台，多次在行业峰会论坛中做报告分享，并编辑出版《医药求职百事通》。

丁香园作为医疗互联网领域的领军企业，如何利用视频直播助力医疗领域和企业自身的业务发展，非常值得学习和借鉴。

一、丁香园与丁香人才的背景了解

丁香园，成立于2000年，是一家提供医学专业内容交流与分享、丰富全面的医疗数据、高质量的数字医疗服务的平台，连接医生、科研人士、患者，以及医院、生物医药企业和保险企业。截至2021年9月，丁香园论坛已拥有550万专业用户，其中包含210万的医生用户，占国内医生总数

的 71%，服务大众用户已超一亿人次。

在医生专业端，丁香园围绕医生职业成长路径展开，满足了学术交流、继续教育、用药指导、职业发展等多个需求。在大众端，丁香园覆盖了优质健康科普、大众知识服务、在线问诊平台、健康产品电商及线下诊疗等多个健康应用场景。

为给丁香园医生用户提供求职招聘专业交流与服务，2007 年丁香园成立了独立的人才求职招聘服务平台——丁香人才，以专门服务医疗大健康产业人才与机构。历经 14 年的发展，丁香人才共计为行业内 8000 余家机构，包括公立医院、民营医院、诊所门诊、康复养老、健康管理、医药生物行业等各大机构企业和上百万用户，包括医生、护士、药师等，提供专业人才的求职与招聘服务，并以其"多、快、好、省"的服务价值特点获得行业认可。

二、医学人才求职招聘的传统不足引发视频形式诞生

随着国家 2030 健康中国计划推出，以及老龄化社会的提前到来，中国健康产业的发展前景大有预期。健康行业要发展，医学专业人才是刚需。医学人才长期聚集于以国内公立医院为主的医疗单位中，公立医院的体制内特点，导致医学人才的求职与招聘的渠道与途径相对传统，主要方式如卫生局统一招考社会人才，参加每年高校应届生招聘会 / 双选会，以及使用第三方互联网招聘平台等。

丁香人才立足于让医学人才的求职与招聘信息更对称，效率更高的出发点，结合互联网持续发展的技术更新迭代，不断引入新产品技术，来提效求职与招聘全流程。

互联网技术从 PC 端进入移动端后，随着近两年 5G 时代的到来，信息传递方式与渠道也从图文内容发展到了视频形式。而医学垂直领域的平台

大部分仍然以传统的文字与图片形式生产与传播为主。丁香人才在2019年就捕捉到了这一市场变化的信号,开始对视频化求职与招聘进行探索。

三、丁香人才的"视频招聘"初体验

自2019年秋季起,丁香人才结合招聘单位的需求与人才供应方,如医学院校应届生人才的集中招聘与求职的季节时间点,开始尝试与客户合作视频宣传会。将传统的校园招聘环节中的一个重要环节:宣讲会,从过往习惯的落地举办方式,升级成线上视频直播。宣讲会内容一般会包括应届生职业生涯规划的分析与解读,招聘单位与详细招聘岗位的介绍,以及答疑三部分。丁香人才决定先从职业生涯规划开始尝试,由丁香人才多年的高级猎头顾问来担任职业规划导师。

首次尝试,从演播室选择、背景板制作、细化分享的主题、分享稿件的再三打磨,临时项目组花了不少心思。彼时公司有一款自己研发不久的直播工具,主要用于合作客户方的直播项目,比如某一医学疾病的治疗技术课程直播。作为尝试性项目,我们也决定用该平台进行直播。

从项目计划到最后直播实施,前后花了四周左右的时间。从过程来说,准备过程比较曲折,体现在流程不熟,大家摸索前进绕了不少弯路,比如演播室与背景板的制作过于简单,甚至可以用粗糙来形容。在事后项目复盘时才发觉,场景其实很重要。直播一向有"人,货,场"的要求,场景代表着专业度,在直播主播、嘉宾与观众的心目中都需要有专业度来做定心丸,不然心里会没底。

一个成功的线上直播活动有几项要素:主题与嘉宾的确定,保障内容层面的适用;前期渠道的运营,确保有观众参与;稳定的直播工具,保障直播技术稳定性;最后才是现场的配合。

医疗大健康行业的职业规划类内容,不同于普通的商业直播,可以借助于

第三方电商大平台的流量分配。像丁香人才这类专业职业教育内的直播，需要提前在求职用户们聚集的社群渠道中进行活动预热传播，流程相对较复杂。

从该项目的结果来说，初步达到预期，直播间观看量达到 2000+，作为首次尝试的直播项目，我们内部都认为是成功的。虽然观看数字不错，但从实施周期，以及对项目组人员的挑战来说，显然未达到预期。首先是直播主播本身需要有一个从 0 到 1 的适应过程，从内容准备到现场表达都比较有难度，所以也造成实施周期过长，项目的难复制性。这也导致了后续想要持续开展该项目的想法并未得到实现。

四、新冠肺炎疫情"被动"带来直播环境，丁香人才助力国家社会就业

如果说首次直播仅仅只是一个基于对视频前景的预判而进行的尝试，到了 2020 年春季，视频直播就成了丁香人才用户运营端工作开展的规定刚需动作了。由于新冠肺炎疫情的原因，丁香人才服务的医生、护士、求职者，以及医院招聘方，都无法正常开展求职招聘工作，特别是每年春天必有的春季校招直接停摆。虽然落地场景不具备，但求聘双方的需求仍然存在，尤其是新冠肺炎疫情以来，各医院急需 ICU 医生、医院感染传染管控专业人士，以及大量护理人员。丁香人才决定在线上发力，开展线上招聘职位宣讲会、线上双选会。

与此同时，国家人社部与杭州市政府组织部，以及其他各地的市政府为了确保 2020 应届生的就业促进，也都纷纷开展了具有互联网特点的线上招聘。丁香人才由于自身健康医疗的属性特点，成了国家人社部开展的"百日千万网络招聘专项活动"招聘活动唯一指定的医疗健康类求职招聘平台；在杭州市政府组织部开展的"杭向未来"人才会中，也成了唯一的医疗卫生人才专场。特别是在"杭向未来"的云聘会中，丁香人才现场搭建

直播间，为杭州市属三甲医院和千里之外的数十位求职者搭建了线上直播的面试桥梁，通过直播间面试，无障碍地实现了人员招聘求职工作的顺利开展，并获得活动主办方杭州市政府的好评（见图9-5）。

丁香园参与人社部百日千万网络招聘专项行动
助力湖北地区复工复产

来源： 东方网 2020-05-25 15:46   分享

3月20日至6月底，人社部启动主题为"职等你来、就业同行"的百日千万网络招聘专项行动，为近年来规模最大、覆盖范围最广的线上公益招聘活动。

丁香园作为活动主会场社会参与方之一，旗下专业的医疗行业人力资源服务平台丁香人才，聚焦医疗卫生行业招聘需要，将陆续推出湖北、长三角、珠三角医疗卫生专场等区域专场，以及高校毕业生医疗卫生人才专场，通过云招聘的形式面向全国招募医疗人才。预计将有2000余家用人单位参与，发布职位超过5万个、岗位需求17万人。

为促进湖北地区复工复产，优先上线"湖北卫生人才专场"。目前，已有包括华中科技大学同济医学院、汉口医院、湖北医药学院等近百家湖北地区医疗单位参与，发布1700余个职位，招聘人数超过5万人。后续长三角、珠三角卫生人才专场中，还将有中南大学湘雅医院、深圳市人民医院等公立三甲医院，以及东莞东华医院等民营三甲医院参与，预计将提供超过3万个岗位。此外，丁香人才还为诊所门诊、康复养老、健康管理、医药生物等大健康领域的机构与企业提供人力资源招聘服务。

新冠肺炎疫情发生以来，丁香人才助力各医疗机构和大健康企业，在四川、杭州、惠州等地陆续开展网络招聘工作，累计吸引了超过20万份次的简历投递。在刚刚结束的惠州"云聘会"上，丁香人才累计为45家医疗卫生机构发布近649个招聘岗位，在二十多天时间共收到求职简历29552份，涉及临床医学、妇产科、胃肠外科等上百个专业。在浙江省委人才办及杭州市委人才办组织的"杭向未来"云聘会上，丁香人才通过"网络招聘专场+视频云面试"的形式吸引了10万余份的简历投递。

丁香人才负责人帅玉环表示，作为国内领先的医疗行业人力资源服务平台，丁香人才基于多年积累的海量人才资源和服务经验，通过大数据分析和智能技术，积极为医疗健康产业组织赋能，将医疗专业人才和用人单位高效连接，实现精准匹配。此外，丁香人才也希望依托自身科技力的持续演化升级，帮助莘莘学子顺利推开职场大门，助力医疗大健康单位进行高校人才选拔与培养，为医疗人力资源行业提供更多有价值的解决方案。

目前，丁香人才已拥有320余万份专业人才简历，其中硕博学历占比25%，成立13年来为医疗大健康企事业单位持续输送专业人才，已累计帮助8000多家行业机构完成了超过95万个岗位的发布。

图9-5 国家人社部"百日千万"活动的新闻报道

截至2020年春季，丁香人才共举办了50余场线上直播宣讲与线上双选会，共发布企业招聘岗位2万余个，累计简历投递数已超400万次，活动总浏览量近3000万。

通过不断地发展，丁香人才视频直播有了一个广泛的应用场景，并逐步为行业内人士所认知。时间延续到2020年秋季，丁香人才继续发挥线上线下结合的模式，以线上宣讲和线下的双选会做结合，继续服务上千家招聘单位和几十万的求职用户。

至此，丁香人才已形成了每年春秋两季应届生招聘高峰期，运用视频与直播手段，开展线上线下双结合的求职招聘方式。在2021年，同类活动已覆盖全国近百所医疗高校和3000余所医院等医疗服务机构，提供5万多个岗位，预计吸引1000万人次参与活动。除了招聘求职服务，丁香人才还以视频的形式推出就业指导课、医护职场故事、医疗行业观察等形式多样的内容，帮助医疗从业者收获更加灿烂的职业人生（见图9-6和图9-7）。

图9-6　2021"丁香秋招节"海报

五、丁香人才视频直播全线升级

有了过去的实践经验，2021年3月底，丁香人才决定开设抖音号"医疗职场非常帅"与微信视频号"丁香人才"。以短视频的方式，将医生、医学院学生非常关心，也极容易产生困扰的医学专业选择、工作机会分析、职业困惑等进行主题式分享，以帮助医生护士们答疑解惑。账号一经推出，获得了专业用户的好评（见图9-8和图9-9）。

图 9-7　丁香人才为世界 500 强企业费森医疗打造的"带岗直播"

图 9-8　抖音号：医疗职场非常帅

图 9-9　抖音号视频中，用户活跃评论

300　视频直播营销

为了让招聘单位即广大医院,能更快速地熟悉和拥抱视频时代,2021年7月份丁香人才举办第四届中国医院发展大会(CHDC)时,在千人会议的现场搭建直播间,接连开设三场"带岗直播",每一场直播时长2小时,邀请5家医院管理者进行所在医院招聘岗位的宣传介绍,经数据统计,每场直播间观看人数均超5000人次,高峰期数据破万。除了与招聘求职息息相关的岗位直播,丁香人才还设置了"医者故事汇"与"医管Talk"两类视频栏目的视频录制。前者聚焦于以医疗人个体方式讲述从医生涯中的职业故事,以对他人有益。后者以医院管理者为讲述主体,采用访谈形式,提炼医院运营与管理的经验,分享于业内。几项视频活动均在现场引发热烈关注,并收获不少意向参与者(见图9-10和图9-11)。

图9-10　CHDC大会现场的"医管Talk"现场

图9-11　CHDC大会现场的"带岗直播"现场

六、关于视频直播的实践经验

经过2年时间的视频化探索,我们发现:

1）从人性角度来说，用户的需求没有变化。不论什么时代，用户永远都需要更多高质量的信息或知识，由于沟通场景变了，我们就需要尽快顺应时势，拥抱工具环境的变化。

2）用户至上。用户导向对于任何一个产业都是适用的。图文或视频都只是传播的一种工具，工具使用的目的需要很纯粹，就是为用户服务。不能为了视频而视频，容易本末倒置。

3）术业有专攻，专业团队很重要。视频工具有其特殊性，与其自己摸索花费时间和成本代价，不如聘请专业人员来担当视频策划与实施。

4）实践是检验真理的唯一标准。任何事物的发展都有一个从0到1的过程，过程中避免不了一定的摸索，可以多加思考，也一定要勤于实践。在实践中积累经验。

5G已来，视频时代已来，我们要拥抱视频化，成为视频时代的弄潮儿。

9.5 企业自播引领营销方式转变

分享人：用友友福研习社 _ 总经理 王本章

推荐理由

用友薪福社是用友集团控股子公司，专注于社会化用工领域，用创想与技术推动中国社会化用工的发展。用友薪福社于2017年提出和实践社会化用工，并设立"社会化用工研究院"，整合内外部多领域专家组建智库，研究行业及政策动向；已服务客户超过10000家，通过总结行业标杆企业应用，以及自身服务客户的社会化用工优秀实践经验，形成以"薪"用工结算、"用友友福研习社"企业自播培训为核心，以"薪"用工咨询、招募和保障服务为支撑的社会化用工整体解决方案。帮助企业建立创新用工模式及企业自播体系，提升企业人效，实现企业多维度营销领跑，助力企业业绩快速增长；帮助个人创造社会化用工机会，推动个人灵活就业，时间自由收入增加。

在直播带货火热之后，越来越多的企业开始进行企业自播（企业自己主办的直播带货）。而企业自播的能力需要逐步建立。用友友福研习社通过实践总结出企业自播能力建设的阶段路径，值得学习和参考。

一、企业自播成企业常态营销方式

互联网的迅猛发展，让传统的营销方式发生了巨大的改变，直播带货就是最火的一种。我们遇到过许多企业，都陷入了一个很大的误区，就是对于"带货"过分地执着，都是以强烈的销售目的作为出发点进行的，把直播间成交额作为唯一的追求目标。

很多企业寄希望于头部带货主播，但很快就会发现自己并不适合这个方法。因为不可控因素太多了，首先是成本太高，头部带货主播往往需要较大的优惠力度，还有高昂的坑位费和佣金，这对资金本来就不够雄厚的中小企业来说是一个很大的风险。而且最终的成交额没办法保证，最重要的一点是难以形成粉丝沉淀。所以，品牌影响力不是很强的企业，是不建议去依靠头部带货主播的，更不能把提升品牌影响力的希望寄托在头部带货主播身上。

企业请头部带货主播带货，终究不是长久之计。相比之下，企业自播的优势就很明显，可以根据自身的实际情况控制投入的多少。从产生的效果来说，企业自播不仅能打造自己的品牌直播间，对品牌宣传的效果也有很大作用。头部带货主播的粉丝效应也确实很强，但这容易让一些企业产生错觉，是不是可以给我的品牌涨粉？其实不是，搭建了成熟的企业自播体系之后，更利于实现粉丝的沉淀。我们发现，企业自播收获的粉丝黏性更强、复购率更高。做私域运营的成功率也更高。大多数情况下，头部带货主播即使达成再高的成交额，对品牌的影响力也非常有限，甚至是微乎其微。我们在电商平台看到一些知名度很高的品牌官方旗舰店，基本都是在做企业自播，这已经成为一种常态了。除了旗舰店外，各种有品牌授权的店铺也都在做企业自播。

二、企业自播能力建设历程

企业自播是一个"细水长流"的过程，具体的自播体系的搭建也很难一蹴而就。需要在日常的直播数据里不断地发现问题，再逐步地优化好每一步流程。我们在不断地尝试中，总结出来一些重要的经验。把企业自播的能力发展分为三个阶段，通过对核心岗位主播和自播运营的能力需求梳理，逐步地提升自播能力。

第一阶段，企业自播启动期。这个时候直播间的场观量和成交量都还非常低。我们第一步就是先让团队成员学习直播电商的相关知识，并熟悉平台规则。先保证直播主播和运营人员的理论知识不会落后，足以支撑企业自播的整个流程。接着尝试自己策划了一场直播，主要的直播内容是产品的介绍并进行推广成交。这段时间的直播效果并不好，在线观众很少。我们的团队在每场直播开始前都会先召开讨论会，熟悉直播流程，并对此次直播的效果进行预估。直播结束后，也会尽快做直播数据的复盘，并根据数据的变化及时做出调整。

第二阶段，企业自播成长期。这时自播团队已经有了基本的直播能力，但直播效果还是不好。这个时候，短视频的作用就慢慢体现出来了。利用短视频可以更好地打造和强化品牌的人设，吸引更多精准的用户，实现短视频和直播间的相互导流。通过总结之前的直播经验，我们对直播流程进行了进一步的优化，精进直播主播和运营人员的能力。对直播主播进行语言表达、肢体动作和直播状态的专项训练。比如直播间的开场设计，用怎样的话术，观众会有哪些不同的反应，反复观察不同直播间的开场设计，最终找出一个最适合我们自己的。在这个阶段，一定要看到直播主播营销思维的提升。从选品、话术、直播间搭建等各个方面都能有自己的处理办法，能够根据直播间的节奏变化随时做出调整，而不是单纯地跟着脚本走。有了之前的动作，直播主播的人设也开始慢慢地建立起来，直播间有很多观众很关注直播主播的动态，这个时候直播主播可开始做粉丝运营。

对于直播运营，要时刻关注直播电商发展变化，进一步了解各大电商平台的特点和用户群体。做好短视频的账号策划方案，并兼顾短视频与直播间的相互导流作用。经过多次对直播间主题、选品、活动等的打磨，就能发现适合自己产品的直播流程。运营人员能对直播间数据进行及时的复盘与优化，能够通过付费投放增加直播间流量，控制ROI（投资回报率），掌握更多的变现打法。

第三阶段，企业自播发展期。这一时期核心岗位的能力已经有了很大的提升，可以满足企业自播的要求。但在行业内的成绩并不算突出，我们的目标是通过对直播主播和直播运营岗位能力的系统培训，打造行业直播电商龙头企业。我们让直播主播尝试了很多办法，在一场直播间里就放几个商品，让直播主播在5分钟内讲清楚产品卖点并引导观众下单，考虑什么样的话术既能保证产品的利润空间，又能保证观众在直播间的留存。主播持续在直播间制造热点，保持高曝光率。我们通过前面的实践操作，这个阶段的直播运营、操盘能力已经有了很大的提升。这个阶段相关人员需要能够分析平台直播电商的趋势和红利，撬动免费的自然流量，掌握直播营销的核心思维和技巧。

三、企业自播将主导直播电商

在互联网营销方式多样化的今天，企业应该尽可能用多种方式开展营销活动，比如现在企业用得最多的也是最常见的"短视频+直播"的方式，在短视频这块，企业即使现在没有好的创意，可以先产出一些品牌和产品介绍的内容，我们最开始宣传的内容也只是这些，展现量肯定不会很高。目的是先把这些动作在媒体平台展现出来，当我们的用户群体进一步扩大之后，他们会通过这些平台去了解你，这些东西的作用自然就体现出来了。

2021年是企业自播快速崛起的一年，我们可以看到做得好的账号基本都在做短视频，有的还在做账号矩阵。从我们深刻的行业经验来看，做短视频比不做短视频的直播效果要好很多。尤其是现在"兴趣电商"的兴起，企业更加需要优质的内容去吸引用户，而短视频就是最好的方式之一。

我认为"兴趣电商"是主导未来电商发展的一条主线，利用抖音为代表的短视频平台，品牌应该利用短视频向观众呈现自己的"美好生活"，而不只是在平台上带货。所以，我们始终认为它是一个致力于打造自己电商生态的短视频社交平台。我们也一直在持续输出这些除了直播带货的内容，比如我们的品牌故事、我们的市场活动、我们对这个行业的看法、我们的员工日常工作情况等内容，这对于品牌的宣传作用非常大，企业在这方面的投入肯定是值得的。

除了短视频之外，企业自播还要做私域运营。如今公域的流量越来越贵，企业自播不能单纯地靠投放。我们在实践过程中深刻地认识到了这一点，很多企业靠着投放达到很高的月销量，但基本不赚钱，我们发现这类企业都有一个通病，就是私域运营做得不好。这样的案例不得不让我们开始警惕，成交额并不代表一切。将用户沉淀到自己的私域流量池，才能"细水长流"。

短视频和私域运营是我们认为目前做企业自播必须要有的两个动作。至于搭建企业自播体系的具体操作，如流量的获取、IP的打造，这些操作需要针对企业的品牌特点、市场情况、平台政策等多角度慢慢地研究和摸索。

新营销方式的出现，对大多数企业来说都是很大的挑战。想入局直播电商的企业，首先一定要做的是自播，这是最简单高效的办法。说到底，直播电商还是流量的游戏，谁掌握了流量，谁就有话语权，成为行业标杆。然而，目前我们看到的是，尽管现在企业自播已经占据了很大一部分的市场规模，但企业自播仍有非常大的发展空间，或者说想入局的企业还有很大的机会。我们经常可以看到短视频平台企业自播成交额排在前几位的企业直播间榜单，除了少数国内实力雄厚的大企业外，每隔一段时间名单就会发生很大的变化，根本就没有常胜将军。有很多即使是国内的知名企业，直播间的打造也只能说是平平无奇，对企业营收的贡献非常有限。所以中小企业不用过于担心做不好的问题，很多知名品牌也有这样的烦恼。我们要做的就是紧跟时代趋势，不断地提升在直播电商领域的能力，当有新的机会来临的时候，我们能通过这种方式，助力企业的营销，提升品牌知名度。

9.6 直播电商的前世今生与营销变革

分享人：华盟新媒_CEO 黄博

推荐理由 黄博老师在直播电商领域工作多年，特别是对于淘宝的发展如数家珍，让学习者可以清晰地了解淘宝内容电商的发展脉络，以及做好淘宝直播电商的关键点。

首先做一个简单的自我介绍，我叫黄博，有三个特征。第一个特征：我是一个有趣的人，我曾经减肥减了50斤，业余时间喜欢研究星座，有一年微博十大大星座博主投票，我排名第七，所以是一个懂占星的营销人。第二个特征：我做营销已经做了13年，自己创办了一家公司叫华盟新媒，荣获国内外100余个营销大奖，同时也是淘宝联盟的官方理事长，之前还担任过淘宝达人学院的校董。第三个特征：喜欢分享，我出版过两本书，一本书叫《超级IP运营攻略》，另一本书叫《淘宝直播运营与主播修炼手册》，这本书也是淘宝大学官方的主播教材。

要聊直播营销发展这个话题，首先要看其历史，去研究一下直播带货与内容电商是怎样发展起来的。

一、直播电商发展史

大概在 2015 年,阿里通过数据发现,中国有 5000 万女性每天睡前会来淘宝闲逛。于是阿里根据这个行为数据,觉得淘宝需要内容化,值得大家来闲逛、来溜达,淘宝的改版势在必行。

所以,2016 年阿里提出淘宝全面内容化,给予淘宝一个全新的定义:全世界最大的消费者媒体。注意!它不再是个电商卖货平台,而是一个媒体,并且在这个目标下,整个阿里生态(如天猫、聚划算、手淘、盒马、飞猪等全平台流量)都向这个目标开放。同时,阿里提出三年时间要补贴 100 亿元,让会做内容的人可以赚到钱。正所谓重赏之下必有勇夫,所以一时之间淘宝达人变得非常红火,各种大咖登录淘宝,各种网红来淘宝开通账号、开通直播间。

淘宝改版的整体步骤分为:优化内容入口、重新定义粉丝价值、不同类型达人孵化、建立优质达人标准。

我们先来看看手淘(即手机淘宝)是如何优化内容入口的,阿里手淘在不同阶段推出了不同的频道、不同的位置来推荐不同的内容。其实所有优化内容入口都有一个背后的底层逻辑,是淘宝一直在思考我们的商品到底应该怎么样去抵达消费者?

手淘提出了一套在当时前所未有的内容创造模型,但在现在看来已经成了一个主流模型。首先你要确定这篇内容是写给谁看的?说白了就是你的消费者、目标人群是谁?然后你要去做一些卖点的提炼,之后你再去生产内容,并且再将提炼的卖点植入其中。

手淘创新性地提出,禁止标题党,禁止写广告文,甚至在有些内容频道手淘要求"3 店 4 品"。什么叫 3 店 4 品?这篇内容里面要包含 3 个店铺的 4 个商品,这个要求刚出来的时候很多人认为,凭什么我拿这个品牌的广告预算、还得带上其竞争对手的商品?

但如今的热门爆款内容是不是全是各种教程类、测评类的，所以手淘当初提出的"3店4品"，现在回看是不是非常具有领先性？手淘要的是公平与公正对于消费者的推荐和引导，否则不如直接把流量给到人工智能。所以目前手淘的排版，上半部分是一些优质与深度的内容，下半部分完全是猜你喜欢，通过你的习惯、购物需求来不断地猜你喜欢什么东西，所以目前整个手淘的页面是这种优质内容与人工智能猜你喜欢两者并存的。

手淘对于优化内容入口这件事可不仅仅停留在首页，其将整个内容入口深入到了淘系的各个渠道，包含刚才讲的淘宝直播、哇哦视频、有好货、淘宝头条；同时还要求商家也要创造内容，商品里要有短视频，店铺要做企业号、做直播，商品评论里要有大咖的优质内容；以及要求店铺运营自己的粉丝，建粉丝群，可以针对自己粉丝做各种内容运维。

在搜索端，如果你在手淘去搜索一个牛排，没翻几页就会看到一个教你怎么做牛排的攻略。在这个攻略里面还会有黄油、平底锅，甚至这种教程会出现在你把某个商品加入了购物车、甚至在完成了支付以后。

因此大家会发现，内容会在整个零售生态多维地进入各个细节、各个碎片领域。在每个不同的领域它有不同的载体，可能是图文、短视频，也有可能是直播，因为每个载体的转化效率都是不一样的。

与此同时，手淘又把整个内容定义成三大场景。一是发现场，你可以通过各种手淘的展示位、各种广告投放来保证你的商品内容被消费者发现。二是内容场，你可以通过逛逛、直播这种天生就是纯内容的频道，通过关注与订阅，去看喜欢的品牌、喜欢的达人创造的内容。三是社交场，你可以通过分享优惠券、各种大额礼金的方式，来与朋友之间实现互动与裂变，甚至来实现更多的分佣机制。然而，撬动你的朋友下单效率的也依然是你的推介内容，你会发现在不同的场里面，它会通过不同的内容去进行商品展示。

如果说在发现场，图片肯定还是效果最好的；但在内容场很明显，短视频直播就是效果最好的；但如果到了社交场（发优惠券的场所），又会发现短视频加图文变成效果最好的，因此没有某一种内容形式是可以吃遍所有渠道的。

在不同的渠道它转化效能是不同的，所以你必须要评估自己擅长做哪个场，以及在这个场的目标和目的。

刚才我们讲了手淘内容化的第一步是优化整个内容入口，到了第二步手淘重新定义了粉丝价值。几年前大家会觉得淘宝店铺粉丝没什么用，但到今天你会发现淘宝的粉丝跟别的粉丝不一样，这些粉丝可都是带着钱来的，而且你的店铺粉丝与直播间粉丝与企业号粉丝之间是打通的，通过内容获取的粉丝，我们依然可以通过卖货来再次激活它。

我们靠卖货获得的粉丝有可能会围观我们的内容，你会发现整个粉丝价值达到了前所未有的高度。因此粉丝的价值不在于数量，而在于是否精准，是否与你的店铺或者购物链接形成了消费闭环，是否带着钱来与你互动以及关注你。

手淘内容化的第三步，是做不同类型的达人孵化，手淘的达人孵化分成两个渠道，一个渠道叫作孵化原生达人，另一个渠道叫作孵化外来的和尚。

最后一步，是手淘建立了优质达人标准，推出达人指数分，通过内容能力、互动能力、专业能力、选品能力、转化能力，来对达人做多维度的指数评分，然后再推荐给不同的商家。我们再对标今天的直播与短视频来看，你会发现内容质量、内容互动性、达人专业度、内容转化效率都是很重要的标准。

二、直播电商未来发展机遇

那么未来三年整个直播电商的机会在哪里？首先看总盘，未来三年整个总盘会达到 5000 亿元，我们认为会有五类角色来瓜分，第一是销售主播，你的优秀线下促销人员会继续以达人的方式，通过直播来实现转化；

第二是老板主播与明星主播，通过老板跟明星的影响力来做影响力变现；第三是店铺主播，未来店铺主播会比客服更有用；第四是供应链主播，直接展示你的工厂与仓库，让消费者们体验直购的实惠；第五是展会主播，未来我们要招代理与加盟商可能通过一个线上直播就搞定了，而不需要不停地参加各类展会活动。大家会发现，这几类都有一个共同点就是门店与场景只是直播化。

所以如果我们在门店做直播，就没有必要专门搭一个高端的直播间，直接使用门店的真实场景即可。供应链直播也是一样，只需要让人知道实体店、仓库的样子，接着通过直播的形式，把整个效率放大 1000 倍，再放大 1 万倍。然后我们针对优秀的直播主播以及优秀的直播片段，可以再做各种视频切片来做全网广告投放，从而全面激发优秀直播的效能。

总结一下，内容电商经历了优化内容入口、重新定义粉丝价值、不同类型达人孵化、建立优质达人标准，这四个阶段一步步地发展起来，未来我们需要做好的是，相信直播会在不同渠道多元化地展示，我们要尽量吸引有消费能力的粉丝，要给自己找到一个精准的类型定位，要关注的不仅仅是粉丝数与观看数，而是互动、转化与留存。

三、直播电商背后的数字营销变革

聊完了直播的产业发展以及未来的机遇洞察，我们再来聊聊直播背后的数字营销与电商环境的变化。众所周知，电商在过去几年，经历了三个阶段的变化。从货架式电商到内容式电商，再到如今更加高要求的内容式电商，属于沉浸内容式。

第一个阶段是 2003 年到 2013 年，这个时候也是很多淘品牌以及中国电商最早期崛起的 10 年。这 10 年其实整个电商环境是以货架式电商为主的，消费者的购物体验是来自于搜索和商品图片、详情页。消费者有了购买需求或者想法会先进行搜索，然后根据排名与推荐来购买自己喜欢的商品，这个阶段的销售主要靠优化标题、优化关键词、优化搜索排名。

第二个阶段在 2014 年到 2019 年，电商开始从货架式电商变为内容电商。用户通过溜达发现了我们、产生了兴趣、然后才有了购买。它的底层逻辑是：在这个阶段，大众已经不那么缺少货了，而是需要找到好的以及自己喜欢的货。所以在这个时期我们的重点是需要围绕自己的货来生产好的内容，比如说更优秀的图文、更优秀的广告内容，让用户看的下去、看得完，并且看完了还能产生购物兴趣从而来实现购买，在这个阶段的末期（2017 年前后）直播与短视频诞生了。

第三个阶段是 2019 年年末开始的，准确来说从 2019 年"双 11"开始电商又有了新的趋势。电商大环境下对内容的要求更高了，开始倡导互动式与沉浸式的导购内容，所以你会发现单纯依靠图文很难营造这种互动感与沉浸感，我们需要通过直播、短视频来实现"内容 + 电商"的模式。所以，在这个时期我们营销的主要抓手是，可以让顾客产生互动与沉浸感的品牌直播间与品牌货架。

因此，这些年整个电商环境的变革以及内容电商成为主流，不是阿里的哪一位领导自己拍脑袋想出来的，而是基于消费者对于媒体的使用习惯，从而产生的变革。这种变革的核心是，让电商变成了更有沉浸感、互动感的边看边买，让消费者在逛的过程里就可以感知到场景与互动。

那以后整个数字营销是不是就完全依赖直播？在这里我要强调一下，直播是让整个营销的效率得到了提升，因此成为目前数字营销的必备手段。那么，数字营销与过去传统零售之间到底有什么样的区别呢？

首先来看传统零售，要做好一个零售的生意，首先应该把店面的陈列、DM 海报（快讯商品广告）、店招等工作做好，然后再找到适合的促销员，再通过一些优惠券、赠品、活动来提升转化？一旦我们一个店的模型做好了、链路跑通了，是不是需要去开更多的零售门店？一旦我们有很多门店，很多客户数据之后，是不是又可以开始做会员管理？

然后我们再对标到今天的数字营销来看，你会发现过去线下的门店陈列以及 DM 海报等就是我们的各种免费与付费流量投放；而我们的促销活动与促销员变成了直播间的主播、KOL 带货达人，甚至还有我们与一些明星、IP 的联名，其中的底层逻辑就是为了加强消费者认知与消费者转化；而优惠券等活动到了线上会有更多新的玩法、各种满减，甚至阶梯优惠券、隐藏优惠券等。比如前两年聚划算推出了一个火炬手的功能，消费者给朋友分享聚划算某样商品的优惠券，自己还可以拿到一些佣金，所以你会发现连优惠券也具备了社交与裂变的属性。

而所谓的门店，过去是不停地在线下各个城市开各种各样的门店，现在我们可以在天猫、京东、拼多多、抖音小店开自己的直销与分销店铺；但会员管理现在在线上叫作社交资产运营，手段可比线下多太多了，你可以把用户留在企业号，还可以留在店铺关注、微信私人号等私域。

所以，虽说整个数字营销的环境与时代在发生变革，但每个营销动作最终需要达成的结果是没有变化的，变化的只是方法与效率。

每一位营销从业者的核心价值就是通过线上与线下不断地优化营销抓手，升级营销触点与手段来实现触达互动、销售转化、购买复购的全链路。所以，只有我们了解了其中最关键的抓手与要素是什么，才能掌握制胜的根本。

四、星盟罗盘操作指南

为此，我公司内部也专门开发了一套星盟罗盘，来帮助团队思考与优化，在具体执行的时候如何打磨产品、如何打磨内容、如何优化渠道、如何管理用户（见图 9-12）。

首先看产品端，所谓"爆品策略"就是要分析这个产品所处的品类在不在上升期？产品定价是否满足渠道与直播主播或达人的需求？包装与颜值能不能与竞争对手差异化？消费者拿到手的产品有何体验感？有没有信任感？

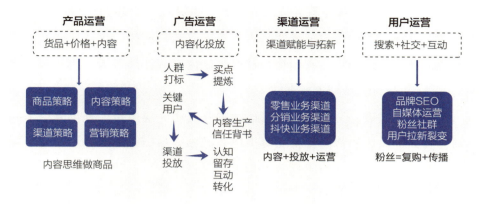

图 9-12 星盟罗盘操作指南

日本有一个品牌叫作FANCL，是一个保健品品牌，它的商品特别厉害的一个点是消费者一拿到他们家的商品，光看包装就天然产生一种信任感，就觉得好像我真的可以变好，感觉吃了一定很有效。

更高级的包装需求就是，消费者会不会拿到产品就想和我们互动？比如拍照晒图发朋友圈。就内部来说，当一个产品出现了几套设计方案无法定夺的时候，我们会全部都打样出来，然后找很多不同的人来用手机对其拍摄，最后发现哪一款包装大家都能拍得很好看，那大概率就是它了。

然后再看内容端，我们做内容之初就会对人群进行打标，明确我们的内容、广告，到底要准备把它推给谁。你不可能使用一个广告、一个内容去打动所有的人，在确定推给谁之后就开始做内容。其实做导购内容最关键的是，让消费者可以感受到场景，从而拥有购买的理由。

所谓的场景，可以是说消费者的使用场景，消费者能不能通过你的内容，脑补出来他会在什么场景下使用该产品达到什么效果，还可以是感知到你的生产场景，知道你的用料、你的匠心，最终给自己一个购买的理由，这种做内容的思维方式我们叫作买点思维。

不是总想着怎么去卖，而是多想想消费者为什么要买，一旦我们基于买点思维策划好了内容，就会进入内容生产的阶段，可能是图文、短视频，也可能是直播，我们比较推崇的是内容里要有购买链接，这样才能实现营销转化，甚至我们会直接在销售渠道里去做内容，让消费者一边认知一边购买，最后成为我们的忠实用户。

那么针对渠道，又是怎么来考虑的呢？其实底层逻辑就是反复思考一个点，我们的内容与产品在什么渠道转化效率最高，是在天猫、京东这种平台电商？还是在抖音快手这种兴趣电商？还是在自己的私域平台？大概率整体营销目标都需要通过不同的渠道来达成，并且需要考虑用不同的产品与内容去撬动不同的渠道，虽然现在每个平台都在强调内容，但其实各个平台对内容的要求，以及消费者对内容的感知还是不同的。

最后在用户运营环节，主要有两个关注点：你的用户质量高不高？你的用户运营效率高不高？

怎么来看用户质量呢？我们习惯把用户分成几类，潜在用户我们统称为游客，成交过一次称为用户，长期复购用户称为会员，想跟我们一起赚钱一起把事业做大的叫作合伙人，然后为不同的人匹配不同的权益。

那么，我们应该在什么渠道去运营以及获得这些用户，是微博？小红书？还是抖音、快手？其实不管哪个渠道，平台本身的流量只是一方面，还有一个很重要的点是这个平台是否方便你来做这套用户运营？是否可以支撑你引导用户不断升级？没有最好的平台，只有最适合你的平台。

其实，直播的背后是零售效率的改变与提升，不能仅仅站在卖货的思维上去看直播，而是要提升到用户运营的层面，来思考如何解决每一位客户带着钱来、来了都买、买了又买、介绍别人来买，直播只是抓手之一；还需要优化自己的产品、自己的销售渠道、自己的用户运营平台，甚至自己的团队。

我们的这套星盟罗盘就是帮助大家为直播带货这件事建立一个更高维度，以及更全面的思维模型，未来大家在落地数字营销时，通过不断应用与优化该方法，相信大家会用得越来越顺手。

9.7 Z世代营销人的视频营销创业之路

分享人：今朝科技_CEO 彭宫睿

推荐理由　"Z世代"一出生就与网络信息时代无缝对接，受数字信息技术、即时通信设备、智能手机产品等影响比较大。面对短视频、网络直播营销、数字化营销等网络信息营销手段，Z世代的理解和运用，又是怎么样的呢？

武汉今朝科技集团有限公司是一个以95后为主要核心力量组成的团队，凭借Z世代对平台、对视频化内容的理解、对数字化运营敏锐的感知，凭借年轻创业者特有的速度，在短视频和网络直播营销方面，抢到了红利，建立了自己的打法、玩法。

不同于北上广深杭的创业团队，身处武汉这座新一线城市当中，我们以一线的商业运作经验，低于一线的人才成本，收获了更多惊喜！

一、新消费力时代的平台契机，是属于我们的契机

从以前的网站、百度、微博、微信，到现在的小红书、抖音、快手，企业营销渠道的转变，我们不难发现，这就是舍弃中间商、离消费者越来

越近的过程，从而实现营销到销售的最短转化路径。

这一趋势造就了抖音、快手平台应运而生，也完成了自身平台从营到销的闭环，帮助营销实现真正的品效合一。

消费者接收资讯内容的方式正在发生改变，比如 10 年前，电商平台是以产品功能卖图、卖文案、以用户点击数据来检验结果。如今，用户接收平台的变化，使得内容营销大放异彩，现在是贩卖情怀、贩卖感受。消费者对内容营销的要求日益提高，也对专业的营销推广公司要求更高了。而内容到数据的转化是一切结果的论证。

越来越多的企业建立了新媒体的立体营销阵地，营销正在进入"新媒体闭环时间"。企业借力新媒体短视频工具、小红书内容种草等，利用其优质内容进行粉丝转化、沉淀私域流量，开辟品牌专属营销阵地。让广告成为有价值的内容，因此，抖音短视频丰富的互动玩法为企业带来了更多的营销空间。新消费力的时代，予以了这些没有"中间商"的平台以全新机遇。

而我们对于这些平台的理解有天然的优势，我们自己都是这些平台的深度用户，我们有用户视角、有用户立场，而不是单纯地为了营销分析研究，找套路、找方法论来运营。所以，我们认为，这些新消费力时代的平台契机，是属于我们的契机！

二、抖音红利萌芽期的初体验，这碗头啖汤好香

1. 7 天涨粉 100 万是一种什么体验，抖音流量密码只需两步

2018 年年底到 2019 年，抖音平台处于红利爆发的萌芽期，在商业运作上，那时还没有成熟团队，也没有成熟的商业模式得以借鉴。犹如一个没有人看到的事物，没有任何人能想象它的模样。本着对市场敏感的直觉判断，2019 年年初我们便开始着手全面筹备。机缘巧合下，我们接触到了第

一个客户，是一个微商产品的美妆客户，双方抱着尝试共赢的心态，完成了我们在抖音平台第一次的商业模式探索。

起步初期，举步维艰，我们仅仅用了三天时间，甄选、组建了首批由22人组成的初始团队。前期团队构成，基本是传统影视岗位的广告编导、拍摄和后期人员。转战到抖音平台，大家对抖音的运营以及商业运作都是一知半解。我们将初始团队划分成了5个小组，第一批次开启了10个账号。在尝试阶段，我们将账号的内容垂直定位为不同属性，涉及创业类、婆媳类、爱情类、友情类等。通过首批次的10个账号的创意构想，在国庆节这短短的7天假日，裂变了100万粉丝，其中7个账号均破十万粉，至今想来即便当时的内容欠缺考究，拍摄手法没那么精良，趁着萌芽期抖音平台红利的东风，依然能获得不错的流量。

2. 当物流车与发货车并排，直播带货仿佛在上演竞速赛

那是大家都在用小红书讨论投资回报率的时代，抖音的商业模式尚未形成从内容孵化到直播销售转化的链路闭环。当初期运营的首批账号流量趋于稳步上升的态势，我们便已经开始粉丝沉淀到直播转化的布局。通过前期的三场直播，售卖面膜完成百万销售额。那时候基本是每天专场直播一结束，物流车跟发货车不停地运输发货。这也完成了我们首次公域转私域的商业闭环，线下也通过专场直播的销售，裂变了近万名微商代理。

3. 人人都在找资本，能选择资本是一种怎样的烦恼

抖音和快手的逻辑分别是去中心化和中心化，抖音发展至今其实一直遵循的都是帅哥美女的颜值阵地，和快手宛如两个世界。当我们乘着流量红利的东风，完成账号孵化到直播带货的转化时，抖音平台的红利时代也正式开启，这时有不同方向的资本方找到我们，想让团队进入更大的平台运作，进行商业模式的加持。我们的考虑是，要平台不要现金，要前途不要钱途。

三、抖音红利爆发期的群雄逐鹿，万木争春、春归少年人

1. 流量是把双刃剑，是风口也是火山口

2020年年初，经过新冠肺炎疫情的洗礼，被动孵化了线上消费模式，短视频、直播各路人马杀进流量池，竞争大了意味着红利小了。各行各业都是这样，成本变高，利润变少。唯一不变的就是抖音不是企业救命的稻草，只能是锦上添花。就像研发抖音平台的字节跳动，都不知道自己会到今天这一步。

到2021年，直播尤其火热，平台机制多变，玩法多变。唯一不变的还是底层逻辑，怎么把粉丝变现，怎么让消费客群变多。直播简单也复杂，简单的是乙方一直需要项目不停地攒经验，复杂的是没有一个直播间是可以复制的，赚钱的人多，亏钱的人更多，流量是风口也是火山口。

2. 一路向 C 的时代，得青年者得天下

新消费时代最主要解决了"人、货、场"中"场"的问题，但是如果没有对新人群有认知，对新货品有认知，只想改变"场"，不会有特别好的效果。新消费时代要认真看"人、货、场"的次序。当95后的消费群成为主力消费群，我们应以C端年轻客群为第一视角探索，结合Z时代客群的内容获取方式及消费习惯，以承接消费者模式的内容营销，承载流量基数，从而结合直播对于"人、货、场"的销售承接，将内容营销及承接消费者情绪的销售链路打通。

比如我们在地产垂直领域进行探索，什么是用户思维，什么是更贴近消费者更迎合消费者的。以前的房产大V要么以专业视角絮絮叨叨，要么以硬件比拼。我们在账号设定初期，以新消费力群体喜欢收集体验，站在豪宅体验师的视角，进行一线豪宅的解构，相同的账号逻辑类似，可运用在不同的垂直领域。前期通过几个豪宅的免费曝光，美人、美物、美景、美境进行视觉沟通，以网络化、新奇化的语言，与终端消费者第一视角进行无障碍沟通。在粉丝累积后，实现品牌背书及专场直播，如果说房产作

为客单价最高的消费力产品的逻辑适用，那基本消费产品也相同适用。

四、抖音稳定横盘期的未来探索，更多收获、更多惊喜等着我们

1. 瞄准新一线"江城"，换个视角降维打击

区隔于深圳的创新之城、杭州的电商之城，坐拥新定位、新经济、新人口、新产业的机遇之城，造就了武汉的营商环境位居国内新一线城市前列。在新产业的蓬勃发展以及新高知人才的大量吸纳下，武汉企业的发展也从以前的粗犷型发展日益精细化，诞生的新媒体时代整合需求也日益旺盛，我们已经吸纳了北上广深的经验。与其在一线红海里面厮杀，不如换个视角，投身于武汉这座新一线城市，以一线的商业运作经验，低于一线的人才成本，加以复制。

2. 经验之上的惊艳，品效合一的再创新

在武汉这座融合之城，其实大量新消费需求的背后，很多垂直类目是没有头部的，这背后就诞生了很多机遇，比如我们合作众多的本土头部餐饮品牌，一来，面临新冠肺炎疫情的两次冲击，线下实体经济的活力不足；二来，面临品牌老化，如何破解跟新消费力群体对话的痛点。大多数企业的做法是找一些探店达人，做流量引入，我们认为与其去嫁接一个现有账号，嫁接它的流量池引流，不如创建一个头部平台，自建一个属于自己的流量池，比如，从我们本地黑珍珠这个二十年的头部品牌去做切入，全国的黑珍珠门店有300~500家，我们通过黑珍珠品牌餐饮的内容设定，进行头部餐饮平台账号的内容设定，获取高端消费的人群，在精准了我们的用户画像之后，再利用直播营销进行销售链路的转化。

主力消费群的转变，平台规则的多变，使得我们在每个时期，切入的商业模式玩法各有不同，而我们要做的是时刻应对这些变化，加以经验之上的创新，实现企业、内容提供方和消费者的多方共赢。